"十二五"职业教育国家规划教材修订版

高等职业教育**连锁经营与管理专业**

在线开放课程新形态一体化教材

连锁门店 开发与设计

黄　琳　主编

杨　刚　李艳军　副主编

清华大学出版社

北京

内 容 简 介

本书为"十二五"职业教育国家规划教材修订版,是浙江省普通高校"十三五"新形态教材。本书在浙江省高等学校在线开放课程共享平台建有配套在线开放课程,内含微课、图片、案例、视频、习题等丰富教学资源,本书还精选优质资源做成二维码在书中进行了关联标注。本书依照连锁门店开发的整个过程,设计了连锁门店开发策略与流程认知、连锁门店商圈调查与分析、连锁门店选址、连锁门店投资计划、连锁门店外部设计、连锁门店内部环境设计、连锁门店商品陈列设计、连锁门店开发推广与开业准备八个项目,系统介绍了连锁门店开发与设计的主要内容。本书内容贴合连锁门店开发与设计实际,并融合零售业新发展动向,介绍前沿门店开发知识、技能和方法。

本书既可作为高职高专院校、成人院校工商管理类连锁经营与管理、商务管理等专业的教材,又可作为商业企业的培训教材。

图书在版编目(CIP)数据

连锁门店开发与设计/黄琳主编.—北京:清华大学出版社,2022.10(2024.7 重印)
高等职业教育连锁经营与管理专业在线开放课程新形态一体化教材
ISBN 978-7-302-60376-4

Ⅰ.①连…　Ⅱ.①黄…　Ⅲ.①连锁店－商业经营－高等职业教育－教材　Ⅳ.①F717.6

中国版本图书馆 CIP 数据核字(2022)第 047595 号

责任编辑:左卫霞
封面设计:杨昆荣
责任校对:刘　静
责任印制:沈　露

出版发行:清华大学出版社
　　　网　　　址:https://www.tup.com.cn,https://www.wqxuetang.com
　　　地　　　址:北京清华大学学研大厦 A 座　　　　　邮　　编:100084
　　　社 总 机:010-83470000　　　　　　　　　　　邮　　购:010-62786544
　　　投稿与读者服务:010-62776969,c-service@tup.tsinghua.edu.cn
　　　质量反馈:010-62772015,zhiliang@tup.tsinghua.edu.cn
　　　课件下载:https://www.tup.com.cn,010-83470410
印 装 者:三河市少明印务有限公司
经　　销:全国新华书店
开　　本:185mm×260mm　　　印　　张:12.25　　　字　　数:297 千字
版　　次:2022 年 10 月第 1 版　　　　　　　　　　印　　次:2024 年 7 月第 3 次印刷
定　　价:48.00 元

产品编号:087676-01

前　言

连锁经营这一组织形式在我国发展了近四十年,已经成为我国零售业、餐饮业、服务业等行业普遍采用的经营方式。目前很多连锁企业都处在规模扩张期,企业之间的竞争不断加剧,为了适应连锁企业的迅猛发展,企业对于连锁经营方面的人才的需求也达到了顶峰。高职院校连锁经营与管理专业的发展与建设也应该与时俱进,需要做各方面的提升与改进,以适应行业的需求,其中教材的建设与更新,更是刻不容缓。基于行业发展与专业建设的需求,又逢浙江省高校"十三五"第二批新形态教材建设的契机,我们在原"十二五"职业教育国家规划教材的基础上,进行了改进与修订。

连锁门店开发与设计课程是高职高专院校连锁经营与管理专业的核心专业课程之一。该课程所教授的连锁门店开发与设计方面的知识与技能,更是连锁专业学生进入连锁企业必须掌握的一项核心能力。有效的连锁门店开发与设计更是连锁企业成功经营的必备条件,该课程帮助学生掌握连锁门店开发与设计的基础知识和基本技能,为学生胜任连锁门店的开发与设计工作打下坚实的基础。我们编写和修订该课程的配套教材《连锁门店开发与设计》也正是为满足连锁专业对于该项核心能力的需求而进行的理论和实践上的准备。

本书的编写是以连锁企业开发部门的工作任务为依据,以连锁门店开发与设计的流程为主线,旨在有效培养学生从预设开店到门店开业期间的一系列专业知识和技能。本书主要包括连锁门店开发策略与流程认知、连锁门店商圈调查与分析、连锁门店选址、连锁门店投资计划、连锁门店外部设计、连锁门店内部环境设计、连锁门店商品陈列设计、连锁门店开发推广与开业准备等内容。

修订后,本书的主要特点如下。

1. 依托行业组织,对编写人员的选择注重实践性要求

为增强教材的实用性,本书的编者大部分为双师型素质教师,以使本书内容更好地体现出实用性、先进性和技术性。

2. 实现项目化编写

为配合任务驱动式的教学法,本书坚持"实践第一,能力为主"的原则,以连锁企业开发部门的工作任务为依据,按照连锁门店开发与设计的过程,将从预设开店到门店开业期间的一系列工作任务进行有效的项目化设计,精心设计了8个项目内容。以案例导入作为各项任务的引入,使教学过程紧紧围绕工作任务而展开,缩短了理论与实践的距离。

3. 图表结合,直观效果强

图表是对问题的直观描述,无论是复杂的问题内部还是问题之间的复杂关系,一旦用图表展示出来,必定一目了然。本书在一些关键问题的讲述中,例如,商圈的分析、客流量的调查方法及门店选址等内容中,把门店开发与设计中的一些问题形象化、简单化,为读者提供了一个认识问题的有效途径。

4. 案例及扩展阅读内容丰富

为扩展学生的知识面,突出理论的实践应用,本书在编写中进一步丰富了"案例导入""案例分析"和"扩展阅读"等项目的内容,更新案例和扩充知识点,使学生通过该课程的学习,能够对连锁门店开发与设计有更广泛的理解和认知。

5. 建有在线开放课程资源,实现信息化教学

教师可以利用线上丰富的数字资源和可视化教学工具,节约备课时间,同时也极大地丰富课堂教学素材;学生可以通过网上素材,拓展课外阅读资源,激发学习积极性,增强系统思维和创新思维能力,提升学习质量。本书在线开放课程在浙江省高等学校在线开放课程共享平台上线,扫描本页下方二维码即可在线学习该课程。

本书由浙江经贸职业技术学院黄琳担任主编,浙江经贸职业技术学院杨刚、李艳军担任副主编,浙江经贸职业技术学院潘茜茜,上海必胜客有限公司吴晓霞参与了本书的编写。具体编写分工如下:项目一、项目二、项目八由黄琳编写,项目五中的任务一和任务二、项目六、项目七由杨刚编写,项目四、项目五中的任务三由李艳军编写,项目三由潘茜茜编写,项目五中的任务四由吴晓霞编写。本书由浙江经贸职业技术学院冯亚伟副教授审稿。

本书在编写过程中得到了浙江经贸职业技术学院省级特色专业建设领导小组的大力支持,在此表示衷心的感谢! 在本书编写过程中,我们也参考、借鉴了多部著作,在此向所有相关的作者表示感谢。高等职业教育的改革和发展是一个长期而艰难的过程,教材的更新必须要跟上教学的要求。由于编者水平有限,本书难免有不足之处,恳请广大读者提出宝贵意见,促使本书进一步完善。

编 者

2022 年 4 月

连锁门店开发与设计
课程简介

连锁门店开发与设计
在线开放课程

CONTENTS

目　录

项目一　连锁门店开发策略与流程认知 ·································· 1

　　任务一　认识连锁门店的构成及开发的一般特点 ················ 3

　　任务二　选择连锁门店开发的基本形式 ······················ 5

　　任务三　分辨连锁门店开发的不同业态 ······················ 7

　　任务四　认识连锁门店的开发流程 ·························· 11

　　任务五　制订连锁门店开发的分项计划 ····················· 13

项目二　连锁门店商圈调查与分析 ································ 20

　　任务一　认识商圈 ·································· 22

　　任务二　组织商圈调查 ······························· 25

　　任务三　进行商圈分析 ······························· 33

　　任务四　撰写商圈调查分析报告 ························· 37

项目三　连锁门店选址 ····································· 40

　　任务一　认识连锁门店选址工作 ························· 43

　　任务二　分析连锁门店选址的区域类型 ····················· 46

　　任务三　分析连锁门店选址的具体因素 ····················· 53

　　任务四　评估连锁门店选址条件 ························· 59

项目四　连锁门店投资计划 ································· 74

　　任务一　认识连锁门店开发的可行性研究 ··················· 75

　　任务二　认识连锁门店开发的投资构成 ····················· 77

　　任务三　预测连锁门店的销售额 ························· 81

　　任务四　进行连锁门店投资的经济评价 ····················· 86

项目五　连锁门店外部设计 ································· 97

　　任务一　认识企业识别系统（CIS） ······················ 99

　　任务二　设计连锁门店的店面 ·························· 106

　　任务三　设计连锁门店的店名、店标与招牌 ·················· 111

　　任务四　设计连锁门店橱窗与停车场 …………………………………………… 120

项目六　连锁门店内部环境设计 ………………………………………………… 127

　　任务一　卖场整体设计 …………………………………………………………… 128

　　任务二　设计卖场通道及服务设施 …………………………………………… 131

　　任务三　设计卖场照明、色彩 ……………………………………………… 141

　　任务四　设计卖场声音、气味和通风设施 …………………………………… 144

　　任务五　设计卖场 POP 广告 ……………………………………………… 146

项目七　连锁门店商品陈列设计 ………………………………………………… 152

　　任务一　了解商品陈列 …………………………………………………………… 153

　　任务二　掌握商品陈列方法 …………………………………………………… 158

　　任务三　确定商品陈列区域 …………………………………………………… 167

项目八　连锁门店开发推广与开业准备 ……………………………………… 174

　　任务一　实施连锁门店开发推广 ……………………………………………… 176

　　任务二　准备连锁门店开业 …………………………………………………… 178

　　任务三　设计开业促销活动 …………………………………………………… 182

参考文献 ………………………………………………………………………… 190

连锁门店开发策略与流程认知

学习目标

【知识目标】

1. 了解连锁门店常见的组织结构。

2. 了解连锁门店开发的一般特点。

3. 了解连锁门店开发的3种基本形式。

4. 掌握连锁门店的不同业态。

5. 掌握连锁门店的开发流程。

6. 掌握连锁门店开发的分项计划。

【技能目标】

1. 能设计门店的开发计划。

2. 能辨别门店的业态类型。

3. 能设计门店的一般构架。

【课程思政】

1. 树立商业文化自信,正确认识门店开发的大环境。

2. 坚守一丝不苟的精神,规范门店开发的流程。

 案例导入

苏宁易购门店的开发分析

2021年8月30日晚间,苏宁易购发布了2021年半年报。数据显示,2021年1—6月,苏宁易购实现营业收入936.06亿元。截至2021年6月30日,苏宁易购拥有2 517家自营门店和8 225家苏宁易购零售云加盟门店,涵盖3C电器、大卖场、母婴、百货等业态,覆盖城市核心商圈、社区和农村等市场。

就在2021年春节后,苏宁集团董事长张近东表态要聚焦零售主航道、主战场,强化苏宁易购主站、零售云、B2B平台、猫宁4个规模增长源。这意味着苏宁多元化发展的战略将迎来重大改变。

下面基于极海品牌监测的数据,分析苏宁门店的开发情况,会发现一些很有意思的特点。

首先,分析苏宁门店分布情况。目前苏宁门店分布呈现"聚焦"的特点,只在几个特定的城市密集分布,没有采用"全面开花"的策略。具体而言,除在广东省覆盖了2个城市外,其他省及直辖市(上海、北京、四川、天津、江苏、河北、浙江、湖北、重庆)只覆盖到1个城市。需要注意的是,苏宁门店所分布城市大多是一线及新一线城市,这表明苏宁门店含金量比较高,家底殷实。

其次,通过横向对比,分析苏宁门店数量的变化情况。根据极海品牌监测数据,绘制电器行业门店总数对比图(图1-1),单个色块面积大小代表该品牌门店数的多少;可以看出在电器行业,目前头部位置是联想和美的电器,而昔日霸主苏宁和国美同处第二梯队。

从行业整体数据可以看出,电器行业整体在降温。线上电商瓜分了传统电器行业的市场,线下门店的日子普遍是今不如昔。但各个品牌具体情况如何呢?

下面从门店更替比率这一新视角来分析门店发展情况。

门店更替比率是指某一品牌或行业在一定时间内关闭门店和新开门店的比值,当门店更替比率大于1时,说明这段时间内关闭的门店比新开的门店多,对品牌发展来说是负向指标;当门店更替比率小于1时,说明门店在扩张,是正向指标。

图1-2列出了行业平均数据与各品牌的门店更替比率的对比分析,品牌门店更替比率低于行业平均水平则认为是健康的扩张,高于行业平均水平且小于1则是不太健康的扩张。

品牌	门店更替比率	对比行业
苏宁电器	1.39	0.70
联想	1.00	0.31
五星电器	0.56	−0.13
永乐电器	0.45	−0.23
国美电器	0.36	−0.32
大中电器	0.15	−0.53

图1-1　极海品牌监测同行业门店总数对比图　　　　图1-2　2020年电器行业各品牌门店更替比率

由图1-2可以看出,苏宁的门店更替比率超过了1,说明这一年来关店比开店多,大约是开5家店关7家店的节奏;联想则是开一家关一家。对比行业数据,只有苏宁和联想高于行业数据,门店扩张出现问题;其余品牌包括国美电器都优于行业平均水平,门店在健康扩张。

最后,看苏宁门店的选址策略。统计分析了苏宁门店位置,会发现它们绝大部分分布在住宅,其次是购物场所,最后是办公场所。值得关注的一个点是苏宁有一定比例的门店分布在学校周边,具体见图1-3。

在苏宁门店周边,通常分布哪些"伙伴门店"呢?通过对苏宁电器门店在全国范围内周边500m范围的统计发现,盒马鲜生、华为、蜜雪冰城、瑞幸咖啡在苏宁电器周边经常出现,它们是苏宁电器的"好朋友"品牌(图1-4)。而它的头号好友是盒马鲜生。

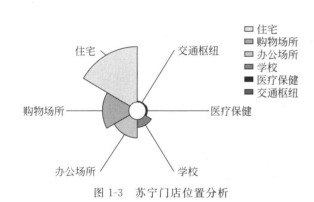

图 1-3　苏宁门店位置分析

图 1-4　苏宁门店周边 500m 内"好朋友"品牌

通过上述分析,会发现整体而言,苏宁门店拓展遇到挑战,处于收缩调整阶段,但门店质量仍处于较高水平;而与阿里的结盟,也为门店开发带来了一些新气象。

资料来源:我们分析了上千家苏宁门店,真实现状如何? [EB\OL]. [2021-03-19]. https://www.huxiu.com/article/416049.html.

连锁门店的开发,是指在核心企业或总公司(母公司)的统一领导和组织下,采用规范化经营同类商品和服务,实行共同的经营方针,一致的营销行动,集中采购和分散销售有机结合,实现规模化效益的门店开发策略。连锁企业开设新店,拓展企业经营区域和服务范围、提升企业规模,从而扩大效益。连锁门店是指经营同类商品、使用统一商号的若干门店,在同一总部的管理下,采取统一采购或授予特许权等方式,实现规模效益的经营组织,连锁门店一般由总部、门店和配送中心构成。在一个连锁企业内部,门店开发的工作往往属于连锁总部的门店拓展部或市场开发部等类似部门。门店开发工作往往包括连锁门店的业态与业种的选择、商圈调查分析、选址、门店开发的投资可行性分析、物业的建设或租赁等工作。门店开发人员必须根据连锁企业的实际情况制定适合于本门店的开发策略,从源头上理顺门店开发的前期工作。正确的策略选择和制定是门店开发成功的前提与保障。

任务一　认识连锁门店的构成及开发的一般特点

连锁经营(chain operation)与连锁门店(chain store)是统一的关系、表里的关系,对它们的解释不能割裂开来。业界一般认为,连锁经营是一种商业的经营模式和组织方式,而连锁门店是这一模式的具体体现和载体。

一、连锁门店的构成

微课:连锁门店开发的一般特点和基本形式

连锁门店是由总部及相关职能部门和各分店构成的一个完整的整体,如图 1-5 所示。

总部是连锁门店经营管理的核心,又称总店或本部。具备以下职能:采购配送、财务管理、质量管理、经营指导、市场调研、商品开发、促销策划、教育培训等。其中配送中心是连锁门店的物流机构,承担着各门店所需商品的进货、库存、分货、加工、集配、运输、送货等任务。配送中心主要为本连锁企业服务,也可面向社会。配送中心内部一般可分为检验组、库管组、储运组和信息组,由配送中心经理直接管理。

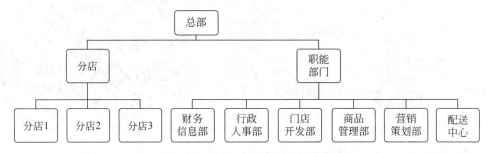

图 1-5　连锁门店的常见组织结构

各个分散的门店习惯上被称为连锁(分)店。门店是连锁店的基础,是连锁总部各项政策的执行单位,主要职责是按照总部的指示和服务规范要求,承担日常销售业务。它们不折不扣、完整地把连锁企业总部的目标、计划和具体要求体现到日常的作业化管理中。连锁门店的组织结构相对较简单,因为连锁企业实行的是商品采购、配送、财务等作业的总部集中性统一管理;而门店的组织结构主要视门店的性质、业态特征、规模大小及商品结构等因素的不同而有所差异。

连锁企业组织结构的设计必须注意:店面经营部与采购部门的协调、配送中心的设置、地区性管理组织或事业部组织的设置。顾客、信息化技术等成为促使对连锁经营组织变革的主要影响因素,也是组织战略、社会发展、技术创新、组织成长、组织文化等连锁企业组织变革应考虑的关键因素。

连锁店大多从单店向多店发展,通常是单店的经营成功,具备特色,再向多店发展,但从多店走向连锁店的成功案例很少。这是因为多数的企业经营者无法体会单店、多店和连锁门店三者之间的差异,从而形成很多误解。三者之间的差异如下。

(1)单店。即独立从事经营管理的店铺,大多具有一定的特色,偏向于特色经营。

(2)多店。在资金、人力的支持下,再加上多店的经验,发展多店铺经营。但是多分店之间并没有太大的联系,可以说是多个单店的集合。往往发展到一定规模后,便无法突破瓶颈。

(3)连锁门店。这是一种不同于单店和多店的经营体系,具有多店铺的特点,但是与多店相比,是一种商业组织形式的划时代革命。

二、连锁门店开发的一般特点

与单店、多店相比,连锁门店具有 5 项鲜明的特征:统一的经营理念、统一的企业识别(CIS)、统一的商品服务、统一的经营管理、统一的扩张渗透。拥有这 5 项特征才算具备了连锁经营的基础,才能真正成为连锁门店,充分发挥连锁门店的魅力。

1. 统一的经营理念

任何一个成功的连锁企业,一定是一个独特的文化团体。经营理念是企业的灵魂,是企业经营方式、经营构想等经营活动的根据所在,连锁商店,作为一个成员店,无论规模大小、地区差异,都必须持有一个共同的经营理念。

2. 统一的企业识别（CIS）

企业的经营理念一致了，还要使看得到、感受得到的物体和行为在每个店都形成一致，这样才能使连锁更坚固，包含招牌、装潢、标准色彩、外观、物品陈列、布置、包装材料、手提购物袋、制服旗帜、收银台、名片、标识卡、意见箱、垃圾箱等硬件及礼节、口号、招呼等行为语言，皆能识别出企业的味道，即连锁商店要在众多店铺中塑造统一的企业形象，有利于消费者识别，更重要的是使消费者产生认同感。

3. 统一的商品服务

连锁商店店内的商品陈列、标价、促销等和所提供的服务皆一致化，各店铺的商品按照统一的规划摆放、组合。操作规范一致化，不管哪一家店均大同小异，使消费者对连锁店形成稳定的预期，即使顾客去任何一家消费都有相同的感觉；消费者无论到哪家店铺，都保证可以享受到连锁商店所提供的一致商品和服务。

4. 统一的经营管理

连锁业强调标准化、一致化，管理制度就是维护标准化的工具，因此，必须建立一套标准化的经营管理制度系统。管理整个连锁系统的是组织，规范的是管理条例，组织制度使得加盟者的差异减少，不因个人的世界观不同使其加盟企业经营方式有所差异。连锁商店接受总店统一管理，实施统一的经营战略、营销策略等。

5. 统一的扩张渗透

连锁企业的总店和分店的扩张渗透战略必须一致，也就是说它们扩张和渗透的方向、深度、广度、速度都必须统一。

以上"五个统一"是相对的统一，而不是绝对的统一。重点是必须统一经营理念。经营理念是属于指导性、方向性的东西，一旦方向偏离了企业运营的轨道，那么后续的经营活动就会出错。

但这种统一又并非僵死的，一成不变的。连锁经营的全局好像一盘棋，怎么经营全靠棋手——经营者的智慧。就像肯德基在中国南方，提供用餐后的牙签，适应当地的文化来变革，是一个很成功的做法。

任务二　选择连锁门店开发的基本形式

根据连锁门店与总部之间的所有权和经营权之间的关系，连锁门店的开发有 3 种基本形式：直营连锁、特许经营和自愿连锁。如何选择要根据门店开发的不同形式和特点，以及前期开发所沿用的具体形式来决定。大型零售门店以直营连锁居多，中小型零售门店以直营连锁和特许经营为主要开发形式。

一、直营连锁

直营连锁店简称直营店，是指由总公司直接经营的连锁店，即由公司总部直接经营、投资、管理各个零售门店的经营形态。总部采取纵深的管理方式，直接掌管所有的零售门店，零售门店必须完全接受总部指挥。直营连锁的主要任务在于"渠道经营"，是指通过经营渠道的拓展从消费者手中获取利润。因此,直营连锁实际上是一种"管理产业",简称 RC,即公司连锁(corporate chain),业界通常还称其为直营连锁(direct chain)、正规连锁(regular chain)。

虽然不同国家和地区对直营连锁店的定义不一样,但其本质是一样的,即所有权属于统一公司或统一老板,由总部直接经营所有的门店。直营连锁作为大资本运作,利用连锁组织集中管理、分散销售的特点,充分发挥了规模效应,其主要特点体现在以下几个方面:所有权的集中统一、管理权的高度集中统一、财务制度的集中统一、人力资源开发与管理的集中统一。

二、特许经营

特许经营连锁店是指以特许加盟的方式加入某一特许体系的店铺,又叫特许加盟店。国际连锁加盟协会(IFA)对连锁加盟所做的定义是:连锁总公司与加盟店两者之间是持续契约关系。根据契约,总公司必须提供一项独特的商业特权,并加上人员训练、组织结构、经营管理,以及商品供销的协助;而加盟店也需付出相对的报偿,连锁加盟是一种经济、简便的经商之道,通过一种商品服务及行销方法,以最小的投资风险和最大的机会获得成功。特许连锁具有下列主要特点:所有权的分散与经营权的集中、特许连锁的核心是特许权的转让、特许授权经济合同是维系特许连锁经营的纽带、总部与加盟店的关系是纵向关系。因为特许经营是通过总部与加盟店签订一对一特许合同而形成的经营关系,所以总部与加盟店的关系是纵向关系,而各加盟店之间不存在横向联系。

 扩展阅读　　　　　　　　　**酒店连锁经营的四种模式**

纵观当今酒店业发展历程,不难发现,采取直营连锁是酒店连锁的基本模式,特许经营和管理合同是其扩展的最有效方式,战略联盟是一种新的扩展模式。接下来阐述目前市场上存在较为普通的四种经营模式。

1. 直营连锁

直营连锁是指有两个或两个以上的子公司隶属于同一母公司的经营形式。母公司对子公司的控制可通过完全拥有、租赁、租借建筑物或土地等形式来实现。

除投资饭店(包括兴建、租赁、租借建筑物等)形式外,目前的直营连锁的形式主要有以下 3 种:直接并购、杠杆收购、合并或联合。直营连锁,目前最典型的品牌是香格里拉酒店集团,其在全球的酒店基本上是自己所投和运营管理。

2. 特许经营

特许经营是指饭店企业附属于某一业已经营成功的连锁集团并同时保持一定水平的所有权。特许经营有两种方式:一是"产品和品牌特许经营",这一类在特许经营中占主导地位;二是"企业经营模式"特许经营,受特许权人通常获得使用特许权人的品牌名称、形象、产品、经营程序和营销系统,加入集团营销体系。

3. 管理合同

管理合同又称委托管理,它是一种非股权式的运营方式,指业主委托酒店管理公司代为管理酒店。业主与管理公司通过签订管理合同来实现这一运作方式。

采用管理合同进行委托管理的 3 个主要原则:①经营者有权不受业主干扰管理企业;②业

主支付所有的经营费用并承担可能的财务风险;③经营者的行为受到绝对保护,除非他具有欺诈或严重的失职行为。管理合同保证经营者获得管理费,其余所得则归业主方。

4. 战略联盟

战略联盟是指企业为了保持和加强自身的竞争力自愿与其他企业在某些领域进行合作的一种经营模式。战略联盟分为竞争对手联盟、顾客联盟和供应商联盟。

以上 4 种模式是酒店连锁在目前市场经营的基本方法,也是酒店行业经历这么多年发展衍生出来的产物。未来酒店行业可能还会衍生出更多的模式。

资料来源:酒店连锁经营的四种模式[EB/OL].[2020-04-21]. https://baijiahao.baidu.com/s?id=1664533247999413915&wfr=spider&for=pc.

三、自愿连锁

自愿连锁加盟店也称自由连锁店,是指自愿加入连锁体系的门店,它是指一批所有权独立的商店,自愿归属于一个采购联合组织和一个服务管理中心(总部)领导,在总部的指导下共同经营。各成员店使用共同的店名,与总部订立有关购、销、宣传等方面的合同,并按合同开展经营活动。在合同规定的范围之外,各成员店可以自由活动。根据自愿原则,各成员店可自由加入连锁体系,也可自由退出。这种门店由于原已存在,而非加盟店开店伊始就由特许总部辅导创立,所以在名称上有别于特许加盟店;自愿加盟体系中,商品所有权是属于加盟人所有,而运作技术及商店品牌则归总部持有。所以自愿加盟体系的运作虽维系在各个加盟店对"命运共同体"认同所产生的团结力量上,但同时也兼顾"生命共同体"合作发展的前提;另外,则要同时保持对加盟店自主性的运作,所以,自愿加盟实际可称为"思想的产业"。其意义即着重于两者之间的沟通,以达到观念一致为首要合作目标。自愿连锁加盟店的所有权、经营权、财务权是相对独立的。总部是由加盟店或加盟店与主导批发业务的批发商结戚的经营联盟组织。自愿连锁加盟店总部与各个加盟分店之间分属不同的资本总体,彼此结成协商服务关系。因此,各分店的所有权和经营权均相对独立,各店铺不仅独立核算、自负盈亏、人事自主,而且在经营品种、经营方式、经营策略上也有一定的自主权,但要按销售额或毛利的一定比例向总部上交加盟金及指导费。总部经营所得的利润,也要部分返还各加盟店铺。

任务三　分辨连锁门店开发的不同业态

一、业态概述

连锁门店开发与设计前的一项重要决策就是确定所要选择的门店业态和业种,即门店要选择什么样的经营形态以及主要经营哪些方面的内容。

业态是指商业服务于某一顾客群或某种顾客需求的店铺经营形态。业态是现代商业在店铺上的经营形态,它与传统商业的业种的本质区别是:业态是根据"如何销售"这一营销学的命题来划分零售业的,而业种则是根据"销售什么"这一社会商品供应

微课:门店开发的
不同业态

不充分条件下的命题来划分零售业的。业态是在细分目标市场,确定顾客目标的基础上来开展商品经营活动的;而业种是指门店经营商品的种类,一般对顾客不作区分,即面向所有人。从业态和业种的区别可以知道,以业态来设定零售店是符合市场环境变化实际的,这正是现代商业的要求。

业态又是指由零售商品、环境、服务等要素组合的经营形态,如超市、百货店、便利店等业态是零售经营方式的外部形态,是零售商用以组合经营要素的形式,如百货店有百货店的要素组合形式,超市有不同于百货店的组合形式,仓储店又有不同于前两者的组合形式等。

零售业态的概念来源于日本,但其在具体定义上主要借鉴了美国的惯例。对于零售业态的含义有两种不同的见解:一种认为零售业态是“以人为中心,以服务为手段”的销售方式,另一种认为零售业态是“营业的形态”,认为业态是零售业经营的形态。业态作为外部形态,它体现零售商与顾客之间的关系,或者说体现零售经营方式的市场功能。业态的问题是经营方式的功能设计问题。

具体而言,业态主要包括提供物(offering)和专业技能(know-how)两大部分。提供物包括消费者可见的外部因素(花色品种、购物环境、服务态度、位置和价格等)、物流配送和吸引消费者购物的娱乐设施。专业技能是指其内部因素,决定零售商的经营优势和战略方向。包括两个方面:一个是零售技术,即零售企业所采用的系统、方法、程序和技巧;另一个是零售文化,包括理念、惯例、规则、操作和经验。通过对零售业态的分析,可以增强零售商评估环境、明确其发展趋势进而解决问题的能力。零售业态可以反映零售商的竞争能力,是其竞争规划的重要组成部分。其中,在零售技术中的产出、经营效率与零售文化中所蕴含的知识和经验决定了零售商在市场上的定位。

目前世界或中国共有多少种零售业态,并没有一个准确的数字。粗略估计,自从百货商店产生以来的150年的时间里所产生的20多种零售业态,几乎都在中国出现了。主要有百货商店、超市、便利店、仓储商店、折扣店、专业商店等多种类型的零售业态。

二、零售业态的分类

零售业态的分类主要是依据零售业的选址、规模、目标顾客、商品结构、店堂设施、经营方式、服务功能等确定。我国的零售业态主要分为百货商店、超市、大型综合超市、便利店(方便店)、专业店、专卖店、购物中心和仓储式商场8种,这8种业态及它们的特点如下。

1. 百货商店

百货商店是指在一个大型建筑物内,根据不同商品部门设定销售区,开展进货、管理、运营,满足顾客对时尚商品多样化选择需求的零售业态。其主要特点:①选址在城市繁华区、交通要道;②商店规模大,营业面积在 5 000m² 以上;③商品结构以经营男装、女装、儿童服装、衣料以及家庭用品为主,种类齐全、少批量、高毛利;④商店设施豪华、店堂典雅、明快;⑤采取柜台销售与自选(开架)销售相结合的方式;⑥采取定价销售,可以退货;⑦服务功能齐全。

2. 超市

超市是指采取自选销售方式,以销售生鲜食品、副食品和生活用品为主,满足顾客每日生活需求的零售业态。其主要特点:①选址在居民区、交通要道、商业区;②以居民为主要销售对象,10min左右可到达;③商店营业面积在1 000m² 左右;④商品构成以购买频率高的商品为主;⑤采取自选销售方式,出入口分设,结算由设在出口处的收银机统一进行;⑥营业时间每天不低于11h;⑦有一定面积的停车场地。

超市之所以能得到迅速发展,主要在于其创新性的经营方式。它在继承了百货商店规模大、品种多等优势的基础上,采取开架自选售货方式以及低费用、低毛利、低价格的"三低"政策,从而使顾客购买商品时感到更方便、轻松、自如,体现了先进的生产方式和生活方式。

3. 大型综合超市

大型综合超市是指采取自选销售方式,以销售大众化实用品为主,满足顾客一次性购买需求的零售业态。其主要特点:①选址在城乡接合部、住宅区、交通要道;②商店营业面积在2 500m² 以上;③商品构成为衣、食、日用品,重视企业自身的品牌开发;④采取自选销售方式;⑤设有与商店营业面积相适应的停车场地。

4. 便利店

便利店是指以满足顾客便利性需求为主要目的的零售业态。其主要特点:①选址在居民住宅区、主干线公路边以及车站、医院、娱乐场所、机关、团体、企事业单位所在地;②商店营业面积在100m² 左右,营业面积利用率高;③居民徒步购物5~7min即可到达,80%的顾客是有目的的购买;④商品结构以速成食品、饮料、小百货为主,有即时消费性、小容量、应急性等特点;⑤营业时间长,一般在16h以上,甚至24h,终年无休;⑥以开架自选货品为主,结算在收银处统一进行。

5. 专业店

专业店是指以经营某一大类商品为主,并且具备丰富专业知识的销售人员和适当的售后服务,满足消费者对某一大类商品的选择需求的零售业态。其主要特点:①选址多样化,多数店设在繁华商业区、商业街或百货店、购物中心内;②营业面积根据主营商品特点而定;③商品结构体现专业性、深度性,品种丰富,选择余地大,主营商品占经营商品的90%;④经营的品牌具有自己的特色;⑤采取定价销售和开架销售相结合的方式;⑥从业人员需具备丰富的专业知识。

6. 专卖店

专卖店是指专门经营或授权经营制造商的品牌,适应消费者对品牌选择需求和中间商品牌的零售业态。其主要特点:①选址在繁华商业区、商业街或百货店、购物中心内;②营业面积根据经营商品的特点而定;③商品结构以著名品牌、大众品牌为主;④销售体现量少、质优、高毛利的特点;⑤注重商店的陈列、照明、装潢、广告;⑥采取定价销售和开架销售相结合的方式;⑦注重品牌声誉,从业人员必须具备丰富的专业知识,并提供专业服务。

7. 购物中心

购物中心是指企业有计划地开发、拥有、管理运营的各类零售业态、服务设施的集合体。其主要特点:①由发起者有计划地开设、布局,统一规划,店铺独立经营;②选址为中心商业区或城乡接合部的交通要道;③内部结构由百货店或超市作为核心店,与各类专业店、专卖店、快餐店等组合构成;④设施豪华、店堂典雅、宽敞明亮,实行卖场租赁制;⑤核心店的面积一般不超过购物中心面积的80%;⑥服务功能齐全,集零售、餐饮、娱乐功能于一体;⑦根据销售面积,设置相应规模的停车场地。

8. 仓储式商场

仓储式商场是指以经营生活资料为主,储销一体、低价销售、提供有限服务的零售业态(其中有的采取会员制形式,只为会员服务)。其主要特点:①选址在城乡接合部、交通要道;②商店营业面积大,一般为 10 000m² 以上;③目标顾客以中小零售商、餐饮店、集团购买和有交通工具的消费者为主;④商品结构主要以食品(有部分生鲜食品)、家庭用品、体育用品、服装衣料、文具、家用电器、汽车用品、室内用品等为主;⑤店堂设施简朴、实用;⑥采用仓库式陈列;⑦开展自选式销售;⑧设有较大规模的停车场。

上述 8 种主要零售业态在我国均已存在,而且各种业态已经广泛采用了连锁经营这一组织形式。

 扩展阅读　　　　　　**百货业态的细分**

原国家商贸委所制定的业态划分标准由于过于宽泛,因而对于企业经营实务中的业态竞争和零售市场分析几乎没有实际的指导意义,事实上,百货业态发展至今,已经在一些更低的细分层面上展开了竞争。总体上来讲,百货业态可以细分为精品百货、流行百货、折扣百货、品类百货、物流百货,对百货业态如此细分的方法来源于对当前百货零售业竞争格局的分析及其对未来竞争发展趋势的预测,以业态市场定位和经营管理模式作为划分标准,各个细分百货业态的经营管理特征阐释如下。

1. 精品百货

精品百货业态以奢侈品消费需求的顾客作为目标顾客群,这一类型的顾客群体对商品品质和社会价值认同度的重视程度高于一切,因而,精品百货业态以不可比拟的商品价值和近乎"一对一"的贴身服务以及极度重视顾客感受的经营特征区别于其他业态。

由于这一类型的顾客数量在整个消费人口中所占比例甚少,因而,精品百货业态实际上是一个较小的细分市场。

2. 流行百货

流行百货业态以时尚性消费需求的顾客作为目标顾客群,这一类型的顾客对商品时尚的关注程度最高,包括个性化时尚和大众化时尚,由于时尚性消费需求实际上是社会功能性质的需求,因而,流行百货业态以其丰富的商品品牌营销策略和新品策略的经营特征区别于其他业态,并以丰富多样的品牌数量和品牌营销,被誉为零售业的品牌管家。

由于这一类型的顾客群体属于功能性消费群体,事实上无法锁定到某一类具体的消费人口,任何一个具体的顾客个体,都会产生显式的时尚性消费需求,而无论其年龄、收入程度、社会地位,因而,流行百货业态是一个很大的细分市场,并且这一细分市场将以高于零售业整体发展速度的速度予以扩大。

3. 折扣百货

折扣百货业态从其发展根源来看,实际上是作为精品百货业态和流行百货业态的一种补充业态而出现的,最初是为了解决品牌价值较高的过季商品的积压库存问题,如今已经演变为一个独立的业态。

折扣百货业态以品质消费需求的顾客作为目标顾客群,这一类型的顾客群体具有理性消费程度很高的特点,会在商品购买成本和商品品质及其品牌价值之间做合理的平衡,因而,这一类顾客对过季商品的非时尚性特征的重视是以商品购买价格作为交换条件的,这就会表现出一种现象:作为精品百货和流行百货的忠诚消费群体,同时也是折扣百货业态的常客。折扣百货业态以其明显的价格折扣幅度和丰富多样的品牌而区别于其他业态。

4. 品类百货

品类百货以极其宽广的商品线宽度显著区别于其他业态,事实上,最初的ShoppingMall业态即是由品类百货业态扩展而来的,所以,品类百货比任何一个其他的细分百货业态都要求更大的卖场区域。

品类百货强调商品的品类方面的全面性,以显式的功能性商品需求的顾客作为目标顾客群体,这一类型的顾客关注商品的有无甚于商品的其他方面,其消费特征表现为由商品而引发购买需求,这与精品百货和流行百货由品牌而引发购买需求的消费特征截然相反。

品类百货业态以品类作为管理单元,而每一个品类下的品种价格带却非常窄,一般情况下,不会对品类结构做大幅的调整,而是根据商品绩效对单品结构做经常性的调整。

如果对品类百货不断进行非售货功能性消费项目的扩展,并且将商品管理职能逐渐向供应商转移,就会逐渐演变为ShoppingMall业态。

5. 物流百货

物流百货业态以低价格消费需求的顾客作为目标顾客群体,这一类型的顾客对商品价格的关注程度甚于商品的品牌和功能,虽然综合超市业态也具有这方面的特征,显然综合超市业态具有明显的百货功能较弱的特征,食品日用品才是超市业态的生命力所在,并且百货业态天然的购物舒适度是超市业态所不具备的。

物流百货业态强调部分品类竞争优势的营造,与品类百货业态相反,物流百货业态只会专注于部分品类,而每一个品类下的价格带却很宽,但是与专业店业态相比,它的价格带又明显较窄,因此物流百货业态的价格带处于品类百货业态和专业店业态之间。物流百货业态的商品趋向于商品流量较大且价格处于中低水平的单品,也就是以主流的畅销单品为主,并不像专业店业态追求单一品类下的品种全面的极致,物流百货业态呈现明显的多品类。

正因为物流百货的顾客群体的消费特征,物流百货业态比任何一个细分百货业态都要强调商品流转成本。

资料来源:http://www.linkshop.com.cn/web/Article_news.aspx?ArticleId=16124.

任务四　认识连锁门店的开发流程

一个企业必定有其基本经营方针及长、短期经营计划,一家连锁门店的经营也不例外,尤其是大规模的连锁门店,在开店之前更需要有一套完善的计划。开店计划的操作程序如下。

微课:连锁门店开发
流程与分项计划

一、基础调查阶段

其内容包括"市场调查"及"店铺选址调查",其结果虽然不是提供作为设店可能性的直接判断,但可作为具体计划立案时有关投资内容的建议。

二、制订基本计划阶段

其内容包括"经营位置"及"建设计划"两大重点,同时要注意两方面相互的关联性,对投资的内容要具体化,要以严密、客观的立场,为决策提供依据。

三、设店意向决定阶段

设店意向决定阶段是根据基础调查及基本计划的结果,由决策者决定设店与否的阶段。在作决策时,除对个别计划的内容加以判断外,更要针对全面经营可能产生的影响进行详细研讨,各项客观情报也应作为决策时的参考。

四、制订具体计划阶段

根据决策所定项目,为达到一定的实施要求,而将基本计划作更具体的立案,使基本设计、施工设计、建设费估算以及与经营有关各项业务的具体计划,均配合基本方针、基本目标等作详尽的规划。

五、计划实施阶段

在实施之际对于工作的进度要随时加以研究,力求与计划充分配合,讲求实施的成效。

六、开店阶段

整体开店业务的完成阶段,其重点在于开店时各项行政管理业务准备,以配合开店的需要。开店流程如图 1-6 所示。

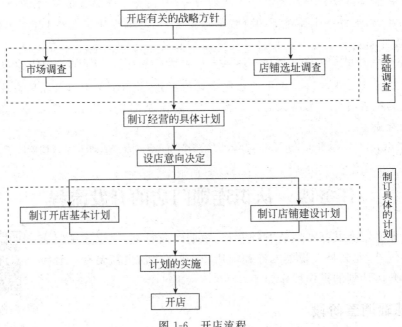

图 1-6　开店流程

任务五 制订连锁门店开发的分项计划

店铺开发的分项计划主要包括用地计划、商品计划、营销计划、建设计划。

一、用地计划

用地计划包括用地选定、用地取得、用地整备。

1. 用地选定

用地选定就是店铺选址,也就是适合店铺开设的位置的选定,一般分三步走。第一步,选择区域市场;第二步,选择店铺位置类型;第三步,选择具体位置。这三步是一个由"面"到"点"的过程,即由"区域市场面"到"位置类型"最后到"具体店址"这个地理点的选择过程。由于店铺存在形态的多样性和选址目的的差异,这 3 个层次在实际的选址活动中不一定全部存在,也不一定需要全部按照顺序依次走完。

2. 用地取得

选定合适的地点后,应立即展开用地取得活动。用地取得的可能情况有购买土地(土地所有权的转移)、设定土地使用权或土地租赁权、确保建筑物的租赁权等方法。

3. 用地整备

取得用地后,应开始地质调查,为店铺开发做好基础设施的准备工作。用地整备的内容包括与开店有关的所有项目,如店前道路的改善,电气、煤气、自来水的引入以及施工时各种危险的防范措施等。

二、商品计划

1. 商品经营定位

就连锁企业来说,业绩创造来自商品销售。所以,如果每家店铺是一座宝藏,商品定位就是宝藏的内涵。换句话说,商品是连锁店铺的生存命脉,科学的商品定位能活跃店铺的生命力,使店铺更加蓬勃发展。

若要做好商品经营定位,首先需要进行市场需求分析与竞争态势分析,在此基础上结合店铺业态进行目标市场定位,确定需要满足的消费者需求,并根据需求确定需要经营的商品组合。然而每一个需求点的产品品牌很多,店铺必须根据自身情况选择每一个需求点的品牌,也就是目标品牌的锁定,接下来就是根据目标品牌定位寻找出品牌背后的目标供应商,当然,有些时候品牌定位与供应商定位是同时进行的。

2. 经营方式及合作条件的确定

确定了商品结构之后,需要与供应商合作,以便将商品摆放到店铺中,而与供应商合作的前提是先确定与供应商的合作模式。根据与供应商交易方式的不同,连锁店铺的采购方式有租赁、联营、代销、经销 4 种常见的形式,由于与供应商的合作模式不同,造成了店铺的运营体系的不同,所以,下面需要对这 4 种模式进行简单分析。

(1)租赁。租赁严格意义上不是采购,它仅仅是将店铺中的某块固定面积的经营空间租给供应商来经营,经营范围必须是店铺在商品定位环节希望在此面积经营的商品,也就是根据店铺的规划来出租卖场营业空间。一般来说,在租赁模式下,店铺根据面积大小与位置收取固定租金,供应商自己进行商品库存控制、销售人员配置、收银等各项工作,店铺方相当于商业地产运作,作为房东(或二房东)赚取房租,不参与供应商的具体运作。

(2)联营。联营是指店铺在计算机系统中记录详细的供应商信息,但是不记录详细的商品进货信息,销售时由店铺方进行统一收银。在结账时,店铺财务部在双方认可的购销合同中所规定的付款日,在"当期"商品销售总金额中扣除当初双方认可的"提成比例"金额后,将剩余销售款付给供应商。在这种方式下,联营商品的销售人员配备与商品库存控制由供应商进行。

(3)代销。代销是指店铺在计算机系统中记录详细的供应商及商品信息,销售时由店铺方配备销售人员并统一收银。在每月的付款日准时按"当期"的销售数量及当初双方进货时所认可的商品进价付款给供应商。卖不完的货可以退货或换货,代销商品的库存控制一般由店铺方进行。

(4)经销。经销又叫买断采购,是指店铺计算机系统记录详细的供应商及商品信息,可能是现金采购,也可能是在双方约定的账期,按当初双方进货时所认可的商品进价计收货数量付款给供应商,供应商主要负责供货,至于后续的销售工作由店铺方进行。通常情况下,换货、退货是不存在的,这种方式下店铺的商业风险最大,相对来说,利润也最高。

3. 采购招商

在与供应商的合作方式确定之后,店铺方就可以与供应商进行采购谈判,并签订合作合同,签约之后,供应商按照店铺的商品管理流程将货品摆放到店铺货架上,达到可销售状态。

三、营销计划

营销计划又称开店宣传活动计划,宣传活动的内容包括开店日期、宣传主题、宣传标语、重点宣传地区、媒体运用、商品企划配合等。

1. 开店宣传计划的进度

(1)宣传活动计划的立案与决定。最理想的是在开店前两个半月能够立案,在开店前两个月能定案。开店日期(年、月、日)、宣传主题与重点、宣传文案、宣传期、商圈的重点地区、店铺特性、行政业务等均应在计划中加以考虑。

(2)开店实施前的引导宣传。如召开招商会、工程及内装修进度发布会、记者招待会及筹备情况说明会等,以及通过各种媒体开展开店前的公共关系活动。

(3)开店宣传活动的实施。在开店前1个月左右展开,在开店当天达到活动的高潮。其实施方式与内容要与员工对商圈内家庭的访问、各种广告媒体的运用、公共关系活动的开展、开店当天庆祝活动的实施以及所提供的特别服务项目相结合。

(4)开店后的宣传活动。开店后的宣传活动配合上述系列宣传活动的内容,是开店宣传活动的持续,包括文化性活动、商品促销和服务性措施。

2. 宣传活动开展的重点

(1)开店宣传活动计划形成之际,应考虑公司内外的因素及预算情况,协调营业、行政、人事、财务等部门,经研究分析后再做调整或进入实施阶段。

（2）在宣传活动的内容方面，应列出开店预定日、宣传标题、文案表现、店铺特性、楼层构成特色等诸项活动的重点。

（3）施工现场外观和周围建筑物也可作为宣传之用。

（4）在广告媒体的运用方面，应针对诉求对象进行有效的组合，以求达到最佳的宣传效果。

四、建设计划

1. 建筑计划

建筑计划重点关注以下 3 个方面。

（1）店铺配置及面积的确定。对建筑法规的规定事项、周围的环境状况、建筑施工的安全问题等，均要统筹考虑。在建筑面积的运用上，均应根据资金状况、管理体制、对卖场面积及后勤设施的空间和配置以及将来扩建的可能性进行整体规划。

（2）平面计划的确定。确定卖场规划与货位布局，将卖场进一步划分为销售空间、服务提供空间、商品陈列空间、作业空间等。对顾客出入口、员工出入口、商品出入口、顾客动线、商品运送动线、员工动线都应充分考虑，为使卖场面积得到最有效的运用而进行详细计划。

（3）建筑物外观的确定。为求整个建筑物能具有吸引力并能加深顾客的印象，对建筑物的外观设计及使用的建材要充分考虑，要塑造一个观念，使卖场不只能容纳商品及防风避雨，更具有促销功能。

2. 设备计划

设备包括空调设备、给水排水设备、电力照明设备、通信设备、运送设备和消防安全设备等。

3. 装修计划

装修的施工内容包括以下几项。

（1）对天花板、墙壁、柱子、地面等色彩和装潢材料的确定和使用，以配合商品特性的表现。

（2）照明设备的种类、位置及配置方式的确定，以发挥整个卖场的灯光效果。

（3）陈列道具的使用场合与色彩的确定，以求卖场的变化及气氛的营造。

（4）顾客动机引导功能，以使顾客能容易看见商品，能方便地接触和选购商品。

（5）卖场内防止意外事件的紧急出口、消防安全设备均应配合设备计划加以规划。

4. 关联设施建设计划

在店铺的关联设施（如停车场、配送中心、员工宿舍）方面，不仅要考虑资金的运用情况，还要考虑与店铺本身的关联性。

复习思考题

1. 连锁门店开发的一般特点是什么？

2. 连锁门店开发的基本形式有哪些？

3. 连锁门店开发的整体布局策略有哪些？

4. 什么是业态？我国的零售业态主要有哪些？

5. 简述超市、便利店业态的主要特点。

6. 连锁门店开发的总体计划分为哪几个阶段？

7. 用地计划和商品计划分别包括哪些内容？

8. 连锁企业的一般组织结构图是怎样的？

实训项目

以小组为单位，调查并分析学校所在城市零售业态的主要类型。

案例分析

安踏的门店选址战略

2019 年，安踏组织架构大调整，形成零售、采购、生产、电商及职能五大中台，三大品牌集群，如图 1-7 所示。

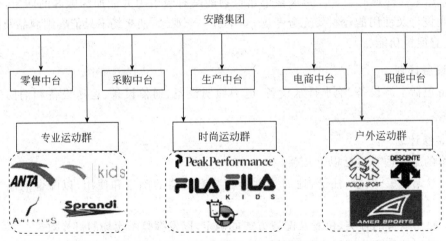

图 1-7　安踏新的组织架构

三大品牌集群中，安踏主品牌和 FILA 处于品牌成熟期；迪桑特自 2019 年首度扭亏为盈，当前处于高速发展阶段。据 2020 年年报，安踏主品牌营收占集团总营收 44.3%，FILA 对应的占比则为 49.1%；迪桑特 2020 年贡献收入 16 亿元以上，同比增长超过 60%。

其中，安踏主品牌瞄准大众市场，由批发转向直营，以街铺店为主；以性价比为核心，产品受众广。安踏主品牌目前已经进入成熟期，2020 年开始渠道升级，启动由"批发分销的零售模式"向"直面消费者的直营模式"转型。另外，为快速摸清消费者需求，提高渠道效率，安踏结合数字化在渠道推广 DTC（直面消费者）业务。

品牌进入成熟期后，街铺流量下跌，叠加购物中心、独立百货也能吸引到一定大众客流，且拥有广告效应，所以安踏主品牌逐渐增加商场场景中的门店布局。2017—2019 年，安踏主品牌非街铺门店的占比从 10% 以上提升到 25% 以上，期间关闭 1 000 多家低效的店铺，新开店铺趋向落位商场内。

而 FILA、迪桑特则是走高端路线，只开直营店，偏爱进各类综合购物体。FILA 定位于高端运动时尚市场,而迪桑特主攻高端户外运动市场,均瞄准高消费力客群。打动客户,靠的不是门店露出频次高,还需在装潢、服务上下功夫。

考虑到经销商难以承担在高端商场拓店的成本,以及实现装潢、服务上的统一化和标准化,FILA、迪桑特运营采用直营模式。直营模式下,品牌虽然承担了高开店成本,但得益于高端装潢和服务、对终端精准掌握,"少而精"门店效率倍增。数据显示,2020年,FILA的同店收入达869.89万元/家,远高于安踏主品牌158.73万元/家。

由于定位高端,对标高端客流,FILA、迪桑特的门店拓展始终坚持以购物中心与独立百货为主。

一、安踏城市布局术

定位不同,渠道不一,但唯一不变的则是"销售"的本质。而精准的门店选址,则是实现线下销售的关键环节。可以这样说,安踏今日之高市占率、高市值,根本上离不开其差异化的选址策略。由于迪桑特门店数尚少,以下分析将聚焦在安踏主品牌与FILA上。

品牌选址,选合适的城市是第一步,能有效对标目标圈层,提高渠道效率,释放产品势能。

观察安踏和FILA进驻的城市数量情况,可以发现,两者布局策略呈现出一定差异性。一、二、三线城市,安踏和FILA均已布局完毕;四、五、六线区域,安踏进驻的城市更多,趋近成熟;而FILA进驻的城市个数较少,未来可继续拓展的潜力空间大。

下面引入"品牌市均门店数量"这一指标,以便更能直观、客观地反映出安踏当下城市布局现状。"品牌市均门店数量"是指用不同经济线级城市中的品牌门店数量除以城市数量,如图1-8所示。

城市经济线级	安踏市均门店数量/(店/市)	FILA市均门店数量/(店/市)
一线城市	138.75	53.75
二线城市	51.97	17.81
三线城市	21.74	4.30
四线城市	13.39	1.88
五线城市	7.74	1.13
六线城市	8.01	1.65

注:城市经济线级依据2020年第一线财经公布的名单及分类赋值,其中二线城市包含新一线城市。
数据统计时间:截至2020年6月。

图1-8　安踏与FILA的市均门店数量情况

通过对比数据可知,安踏主品牌、FILA的市均门店数量与城市线级高低基本成正比关系,城市线级越低,市均门店数量越少。但分品牌看,具体表现也有所不同。

一、二、三线城市:安踏主品牌市均门店数量较为均匀,一线城市是二线城市的2.7倍,二线城市是三线城市的2.4倍。而FILA一、二、三市均门店数倍数差虽略大于安踏主品牌,但整体来说还算平衡。具体来看,一线是二线的3倍,二线是三线的4.1倍。

四、五、六线城市:安踏主品牌市均门店数量,依旧保持着一个相对高且稳定的数字。而

FILA 对应的数字相较高线城市明显降低,不到 2 家/市。

这种差异,说到底是安踏主品牌和 FILA 的渠道类型差异造成的。安踏的渠道类型以街铺为主,FILA 基本在购物中心和独立百货之中。对于后者而言,低线城市相较高线城市可选的商场数量明显较少,从而导致其门店拓展选择空间在一定程度上受限。

二、安踏的商圈策略

一般来说,核心商圈是指城市的主要商业聚集区域,在商圈内,不同的业态和门店产生集聚效应,客流稳定,产生更大经济效应。

以商业项目位置分布为基础,结合自然障碍,在城市中划分出核心商圈边界,且结合多维测评标准进行打分:9～10 分表示优秀,7～8 分表示良好,5～6 分表示一般,5 分以下表示很差,将得分 7 分以上的商圈划分为优良商圈。根据此标准,可观察到一线城市中,安踏主品牌与 FILA 优良商圈的覆盖率最低值都在 70% 以上,如图 1-9 所示。

城市	优良商圈总数	安踏与FILA未入驻的优良商圈总数	优良商圈未覆盖率
北京	31	9	29.03%
上海	38	9	23.68%
广州	18	4	22.22%
深圳	28	2	7.14%

注:优良商圈指赢在选址中商圈评分为7以上的商圈,商圈评分是依据商业成熟度、客群消费力、人口规模、交通便利性和聚客能力对商圈整体实力的综合计算。
数据统计时间:截至2020年6月。

图 1-9　一线城市中安踏集团尚未部署渠道的优良商圈数量占比

以客群消费力指数(根据核心商圈商业消费档次及客群特征等数据进行量化计算后得出的指标,用于衡量核心商圈的客群消费力)、商圈评分(依据商业成熟度、客群消费力、人口规模、交通便利性和聚客能力综合计算,衡量商圈的整体实力)来看,FILA 门店所在核心商圈的指标均高于安踏主品牌,如图 1-10 所示。

城市	商圈平均评分		商圈平均客群消费力指数	
	FILA	安踏主品牌	FILA	安踏主品牌
北京	8.40	8.23	7.70	7.44
上海	8.38	8.36	7.94	7.87
广州	7.48	7.18	7.57	7.16
深圳	8.35	8.13	7.86	7.79

注:客群消费力指数,依据核心商圈商业消费档次及客群特征等数据进行量化计算后得出的指标,用于衡量核心商圈的客群消费力。商圈评分,依据商业成熟度、客群消费力、人口规模、交通便利性和聚客能力综合计算,用于衡量商圈的整体实力。
数据统计时间:截至2020年6月。

图 1-10　一线城市的 FILA 及安踏主品牌渠道所在商圈质量指标统计

为进一步从微观角度切入、观察安踏在具体城市的选址布局,以安踏主品牌、FILA 稳定在北上广深布局的门店作为观察样本,发现了一些有意思的结论。

(1)安踏主品牌。呈"天女散花"状,均匀散落各行政区,但不同城市略有差异。在北京、上海、广州,安踏主品牌门店一开始主要密布在老城区传统商业聚集地。但随着这些城市周边区域商圈的崛起,安踏门店开始呈放射状向周边扩展。

(2)FILA。向顶流商圈聚集,四周零星落点。在北上广深,FILA 的门店聚集于城市核心的区域,且向着顶流商圈靠近。

简而言之,敢叫板阿迪达斯的安踏,回到门店选址这一朴素的商业常识中,也无法随性而为。把店开在哪,说到底要看卖的是啥货,以及最大量的买家究竟在何处。

资料来源:安踏的门店选址 眼光有多狠?〔EB/OL〕.〔2021-04-19〕. https://www.ebrun.com/20210419/430152.shtml.

【问题】

(1)安踏 3 个品牌群的定位差异是什么?

(2)安踏 3 个品牌群在网点布局上的做法有什么不同?

(3)解释导致安踏主品牌和 FILA 品牌商圈差异的原因。

连锁门店商圈调查与分析

 学习目标

【知识目标】

1. 了解商圈的基本概念及构成。

2. 了解影响商圈范围的几个重要因素。

3. 了解商圈分析的作用。

4. 掌握各种商圈调查方法。

5. 掌握商圈分析的要点。

6. 掌握商圈调查分析报告的撰写要点。

【技能目标】

1. 能组织商圈调查。

2. 能根据实际选择商圈调查的方法。

3. 能撰写商圈调查报告。

【课程思政】

1. 坚持工匠精神,认识商圈调查的严谨性和指导性。

2. 坚守一丝不苟的精神,端正商圈调查对门店开发的指导意义。

案例导入

借助大数据技术增益商圈调研成效

连锁门店在选址的时候,必须事先估计当地的市场潜能,因此,商圈调查就变得尤为重要了。传统的商圈调查方式,只能依靠人去目的地蹲点,观察目标店址所在商圈人流、交通便利性、竞争对手位置、周边配套是否能吸引来潜在客户等。这种方法的好处是能够获取一手信息,且能够直观感受商圈氛围;不足之处在于成本高、数据不全面,收集到的信息不一定能真实反映市场情况。

当一家门店采用传统方法进行商圈调研时,通常首先确定商圈范围。以麦当劳为例,通常以这个餐厅为中心,1~2km为半径,画一个圆,作为它的商圈。然后把整个商圈分割为主商圈和副商圈。商圈的范围一般不要越过公路、铁路、立交桥、地下道、大水沟,因为顾客不会越过这些阻隔到不方便的地方消费。

商圈确定以后,麦当劳就开展商圈特征调查。商圈特征的调查必须详细统计和分析商圈内的人口特征、住宅特点、集会场所、交通和人流状况、消费倾向、同类商店的分布,并且对商圈的优缺点进行评估,预计设店后的收入和支出,对可能的净利润进行分析。

　　调查一般采取抽样统计方式。例如,抽样统计可将一周分为 3 段:周一至周五为一段;周六为一段;周日和节假日为一段。从每天的早晨 7:00 开始至午夜 12:00,以每两个小时为单位,计算通过的人流数、汽车和自行车数。人流数还要进一步分类为男、女及青少年和上班、下班的人群等,然后换算为每 15min 的数据。

　　除进行抽样统计外,还要对顾客进行实地调查,或称作商情调查。实地调查可以分为两种:一种以车站为中心;另一种以商业区为中心。同时还要提出一个问题:是否还有其他的人流中心,答案当然应当从获得的商情资料中去挖掘。以车站为中心的调查方法可以是到车站前记录车牌号码,或乘公共汽车去了解交通路线。以商业区为中心的调查需要调查当地商会的活动计划和活动状况,调查抛弃在路边的购物纸袋和商业印刷品,看看人们常去哪些商店或超级市场,从而准确地掌握当地的购物行动圈。通过访问购物者,调查他们的居住地址,向他们发放问卷,了解他们的生日,然后把调查得来的所有资料一一列入最初画了圈的地图。把这些调查得来的数据以不同颜色标注在地图上,最后就可以在地图上确定选址的商圈。

　　随着信息技术的发展,利用一些在线的大数据平台,通过城市商业地理数据结合时空智能、用户画像技术,为商圈调研分析提供便捷的数据获取能力。下面以某大数据平台为例,简单介绍一下基于大数据如何开展商圈分析。

　　首先,自定义选择 0.5～3km 半径商圈范围,可选择多个商圈交叉对比分析。扫码查看自定义半径的商圈分布彩图。

　　其次,该平台提供多种参数供选择,连锁企业可以根据自身商业业态,针对选择商圈各项业态数据指标,全面洞察分析。扫码查看商圈参数彩图。

　　选定参数后,接下来就对各个参数进行具体分析。职业分布、消费水平及年龄分布分析图(扫码查看)是利用该平台对人口数量、人口结构及常住/外来人口、消费特征、购买力和人文特征进行的分析情况。

　　该平台还可以锁定商圈覆盖住宅小区,洞察小区房价,人群消费特征。同时,还能全面把握商圈内部业态类型分布,评估商圈的市场机会和发展潜力。扫码查看商圈内部业态分析彩图。

自定义半径的　　　　　商圈参数　　　　　职业分布、消费水平　　　　商圈内部
商圈分布　　　　　　　　　　　　　　　　及年龄分布分析　　　　　　业态分析

　　利用大数据分析平台,可以助力企业在激烈的竞争中便捷获取数据结论,提升决策效率,服务商业决策。当前,越来越多的企业在开展商圈调查时,都采取传统调查与大数据相结合的方式,两者相互补充,以达到在控制调研成本的同时改善调研成效的目的。

商圈调查与分析是门店选址的重要手段,在实际执行过程中,不仅需要对商圈概念以及具体影响因素有深入的了解,而且要求对调查方案的设计、调查方法的选择、实际调查工作的执行、调查结果的分析研究能够很好地把握。由于其所要求的专业性较高,所以一些中小型连锁企业会委托专业的市场调研公司来进行该部分工作,大型连锁企业则要求自己的开发人员来进行。选址人员必须构建出一个可以分步实施和操作的选址流程,通过一系列具有逻辑关系的评估工作,最终根据店铺的类型特点确定合适的区位。不同类型的店铺对选址的要求不一样,它们的商圈也存在相当大的差异。所以企业的开发策略确定之后,商圈调查与分析就是这一步具体工作的开始。

任务一 认识商圈

一、商圈的概念及构成

商圈是指以店铺所在地为中心,沿着一定的方向和距离扩展,吸引顾客的辐射范围。简而言之,商圈就是店铺吸引其顾客的地理区域,也就是来店购买商品的顾客居住的地理范围。商圈是一个以店铺为中心的地理范围。在谈到商圈概念时必然隐含着对店铺地理位置的确定,没有店铺也就不存在商圈的概念。日常口语中讲的商圈就有"商业中心"的含义。

商圈的地理范围是以其吸引顾客来店的最大半径为界定标准的。不同的店铺吸引顾客的能力存在差异,因此商圈范围也不一样。例如,典型的购物中心的商圈范围可以超出其所在城市的区域,辐射的最大半径可以超过 100 千米,而位于居民区的便利店其商圈辐射的最大半径通常不会超过 500m。在现实条件下,大部分店铺的商圈都存在彼此重叠的情况。

商圈是来店顾客在地理分布上的范围,因此从某种意义上讲,这部分顾客就是店铺实现利润的基础。一般来说,为了便于分析,商圈设定是以店铺所在地为圆心,以周围一定距离为半径来划定一定的范围,如图 2-1 所示。然而这仅能作为原则性标准,实际上商圈多表现为不规则的多边形,在具体设定时,还要考虑店铺的业态、商品特性、交通网分布等因素对商圈的影响。

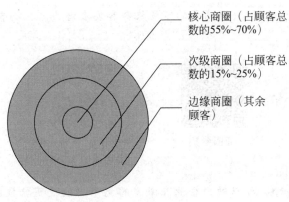

核心商圈(占顾客总数的55%~70%)

次级商圈(占顾客总数的15%~25%)

边缘商圈(其余顾客)

微课:认识商圈

图 2-1 商圈构成

根据顾客地理分布和对店铺业绩的贡献程度，理论上可以将商圈进一步划分为 3 个层次。任何一家商店都有自己特定的商圈。商圈由核心商业圈、次级商业圈和边缘商业圈构成。

核心商业圈的顾客占顾客总数的 55％～70％，是离商店最近、顾客密度最高的区域，每个顾客的平均购货额也最高。

次级商业圈的顾客占到商店顾客的 15％～25％，位于核心商圈的外周，顾客较为分散；日用品商店对这一区域的顾客吸引力极小。

边缘商业圈包括所有余下来的顾客，顾客最为分散，占顾客总数的 5％～10％，便利品商店吸引不了边缘区的顾客，只有选购品商店才能吸引顾客。

二、影响商圈范围的因素

门店经营的活动范围通常都有一定的地理界限，也即有相对稳定的商圈。不同的门店由于所在地区、经营规模、经营方式、经营品种、经营条件的不同，使得商圈规模、商圈形态存在很大的差别。同样一个零售店在不同的经营时期受到不同因素的干扰和影响，其商圈也并不是一成不变的，商圈规模时大时小，商圈形态表现为各种不规则的多角形。如一般小型的连锁店，其商圈设定的因素可能会考虑商店周围人口分布的密度以及徒步多少分钟可能来店的范围（通常消费者愿意步行来购买商品的距离为 500m，但会随着四周的一些障碍，如道路、山河等改善，有所增减变动）。对一家大型连锁店而言，其商圈设定的因素除周围地区之外，交通网分布的情形就必须考虑，顾客利用各种交通工具很容易来店的地区均可列为商圈范围。

为便于研究，一般将商圈视为以零售店本身为中心的同心圆形。实际上，商圈不一定都是同心圆模式，其规模与形状是由各种各样的因素决定的。其中包括商店的类型、规模、竞争者的坐落地点、顾客往返的时间和交通障碍等。设在同一商圈的不同商店，对顾客的吸引力也不一样。如果商店供应商品的花色品种很多，推销宣传很广泛，并且建立了良好的商誉，它的商圈就会比竞争力弱的对手大一两倍。有一类商店称为"寄生店"，即没有自己的往来通道，也没有自己的商圈，它依靠的是那些被其他原因吸引来的顾客。

1. 店铺开设形态

通常来讲，店铺的开设有两种最常见的形态。一种是地铺店，即店铺直接开设在街道上，顾客直接进入店铺中，如街道上位于一楼的各独立店铺等；另一种则是店铺依附在某大型的商业网点中，顾客购物是先对大型商业网点产生光顾兴趣，然后再进入店铺购物。这种大型商业网点最常见的代表就是百货公司、购物中心等。这两种开店方式在商圈界定方式上存在明显差异。独立开设的地铺店，可以直接以该店铺为中心再根据辐射半径划分商圈范围，而对于依附在大型商业网点中的寄生店，其商圈的界定应以该大型商业网点的商业范围为标准。

2. 店铺规模

一般来说，店铺规模越大，其市场吸引力越强，从而有利于扩大其销售商圈。这是因为店铺规模大，可以为顾客提供品种更齐全的选择性商品，服务项目也随之增多，吸引顾客的范围也就越大。当然，店铺的规模与其商圈的范围并不一定成比例增长，因为商圈范围的大小还受其他因素的影响。

3. 经营商品的种类

对于经营居民日常生活所需的食品和日用品,如食品、牙膏、卫生纸等的店铺,一般商圈较小,只限于附近的几个街区。这些商品购买频率高,顾客购买此类商品,常为求方便,不愿在比较价格或在品牌上花费太多时间。而经营选择性强、技术性强、需提供售后服务的商品以及满足特殊需要的商品,如服装、珠宝、家具、电器等,由于顾客购买此类商品时需要花费较多时间精心比较商品的适用性、品质、价格及式样之后才确认购买,甚至只认准某一个品牌,因而店铺需要以数千米或更大的半径作为其商圈范围。

4. 店铺经营水平及信誉

一个经营水平高、信誉好的店铺,由于具有颇高的知名度和信誉度,吸引许多慕名前来的顾客,因而可以扩大自己的商圈。即使两家规模相同,又坐落在同一个地区、街道的店铺,因其经营水平不一样,吸引力也完全不一样。例如,一家店铺经营水平高、商品齐全、服务优良,并在消费者中建立了良好的形象,声誉较好,其商圈范围可能比另一家店铺大好多倍。

5. 促销策略

商圈规模可以通过广告宣传、推销方式、公共关系等各种促销手段赢得顾客,如优惠酬宾、有奖销售、礼品券等方式都可能扩大商圈的边缘范围。香港百佳、惠康超级市场经常大做广告,通过每周推出一批特价商品来吸引边缘商圈顾客前来购买。

6. 竞争对手的位置

竞争对手的位置对商圈大小也有影响。如果两家竞争的店铺间相隔一定距离,而潜在顾客又居于其间,则两家店铺的商圈都会缩小;相反,如果同业店铺相邻而设,由于零售业的集聚效应,顾客会因有更多的选择机会而被吸引前来,则商圈可能因竞争而扩大。

7. 交通状况

交通地理条件也影响着商圈的大小,交通条件便利,会扩大商圈范围,反之会缩小商圈范围。很多地理上的障碍如收费桥梁、隧道、河流、铁路,以及城市交通管理设施等,通常都会影响商圈的规模。需要注意的是,大店和小店对交通的预期不同,大店希望周边交通改善,以便更远处的顾客都能方便地过来,一定程度上,小店不希望交通改善,因为小店的优势之一就是距离近,交通便利,一旦外部交通改善之后,它的便利优势便下降了,很可能出现购买力外流的情况,其自有商圈反而缩小。

8. 时间因素

无论采取哪种方法划定商圈,都要考虑时间因素。例如,平日与节假日的顾客来源构成比重不同;节假日前后与节假日期间顾客来源构成比重不同;开业不久的店铺在开业期间可能吸引较远距离的顾客,在此之后商圈范围则可能逐渐缩小,所以要正确估计商圈的范围,必须经常不断地进行调查。

三、商圈分析的作用

商圈分析就是经营者对商圈的构成、特点、范围以及影响商圈规模变化的因素进行调查、评估和分析,为门店选择店址、制定和调整经营方针和策略提供依据。商圈分析的作用主要体现在以下 3 个方面。

（1）商圈分析是合理选址的基础。新店经营者选址时要了解商圈的详细资料,在明确商圈范围和分析市场商圈内人口规模与特点、劳动力市场情况、商品的供应情况、竞争程度等各种市场及非市场因素的基础上,预测经济效益,评估店址价值,选择合适的店址,使商圈、店址、经营条件有机结合,创造出经营优势。商圈分析在这一过程中极为重要。

（2）商圈分析有助于制定竞争经营策略。尤其是在日趋激烈的市场竞争环境中,仅仅运用价格手段显得太有限了。连锁店为取得竞争优势,广泛采取非价格竞争手段,诸如改善形象、完善售后服务等。经营者通过商圈分析,了解商圈的详细信息,并根据顾客的需求特点采取竞争性的经营策略,从而吸引顾客,成为有竞争力的赢家。

（3）商圈分析有助于制定市场开拓战略。一个连锁店经营方针、策略的制定或调整,总要立足于商圈内各种环境因素的现状及其发展趋势。通过商圈分析,可以帮助经营者制定合适的市场开拓战略,调整商店经营战略和经营方针,不断延伸经营触角,扩大商圈范围,提高市场占有率。

此外,商圈分析还可以帮助商店测算出一定区域内分店设置的最佳数目,能够准确识别市场地理位置上的特点,帮助经营商掌握竞争状况、金融服务、交通运输、政策法规、商品配送、劳动力供给等情况。

任务二　组织商圈调查

连锁门店为准备开店所做的商圈调查,一般可分成两个阶段:第一个阶段的调查主要是针对开店的可能性做大范围的调查,其结果可作为设店意向的参考,重点在于设店预定营业额的推算及商店规模的概要决定,所以此阶段的内容包括调查设店地区的市场特性及了解该地区的大致情形。第二个阶段的调查主要是根据第一个阶段的调查结果,对消费者的生活方式作深入的研究,作为决定商店具体营业政策的参考,重点在于商店具体的商品构成、定价及销售促进策略的决定,所以此阶段的内容包括对消费者生活方式的深入分析及商店格调设定等基础资料的提供。

微课:商圈
调查的方法

一、商圈调查的基本流程

（1）宏观上要对各种权威性的统计数字与资料进行分析。把握人口分布、生活行动圈、中心地区功能分布等总体情况,根据自己的开店政策,确定目标区域,主要参照人口规模、地域发展性、商业饱和度等。

（2）实施对特定区域的市场调查,包括立地环境调查、商业环境调查、市场特性调查、竞争店调查等。

（3）通过市场调查,筛选出具体的目标地点,主要考察以下几个方面的内容。

① 稳定的家庭（人口）数的具体位置。考虑影响门店设定地的人口变为顾客的稳定的因素。

② 商业环境的利弊。确认有无竞争店,能否在面积、停车场、商品构成、营业能力等方面与竞争店形成差别。

③ 将来具有良好发展前景的地区。人口增长率、城市规划政策均要研究。

④ 对销售额做出预测,粗略地确定商圈范围。

(4) 对具体的地址要进行详细调查,做出优劣、适合性的具体评价。如土地房产的适用性、周围环境状况尤其是公共配套设施的状况、将来发展余地、基础配套设施状况等。

(5) 根据土地房产的优劣顺序,对该房产的每个必要条件做出确认。经过对房产所有者、用途、面积的确认,经所有者的认可,制订开店计划书,经公司批准后签订合同。

以上 5 个阶段即商圈调查的基本流程。

二、商圈的划定方法

商圈的划定主要根据当地零售市场的销售潜力,运用趋势分析,包括分析有关部门提供的城市规划、人口分布、住宅建设、公路建设、公共交通等方面的资料,预测未来的发展变化趋势。商圈划定方法对于已设店铺和新开店铺各有不同。对于已设店铺,在国外,常常根据顾客信用卡或其他邮寄资料中的地址来分析估计商圈范围。在我国,信用交易与邮购不够普遍,这些资料的获得比较困难,但是可通过抽样调查记录、售后服务登记、顾客意见征询等途径收集有关顾客居住地点的资料,从资料分析统计中即可掌握本企业客流量的大小。其中哪些是固定消费群体,哪些是流动顾客,根据固定消费者住址,在地图上加以标明,便可分析出店铺的商圈范围。

对于新开设的店铺,如果新建店铺附近已建有同类型的店铺,也可参考该店消费、客流量和购物距离进行统计调查。如果没有,则需要分析城市规划、人口分布、住宅建设、公路建设、公共交通等方面的资料,预测未来的发展变化趋势,分析有关顾客为购物愿意花的时间与所行的距离,以及其他吸引人前往购买的资料。根据以上资料进行类比分析和综合分析,即可大体预测出新建店铺的商圈。

由于受各种因素影响,商圈设定会多少有些差异,因此在调查时,可归纳为以下的几种方法确定商圈范围。

(一)现成资料的方法

现成资料的方法是利用政府商业主管部门通过调查而整理的现成资料的方法,因为政府做的调查通常是大规模的,因此,官方资料是了解大范围的消费者行为的好线索。

(二)独立的调查方法

调查采用以下方式进行:①直接征询光顾商店者的意见,调查他们的地址、来店频率、使用的交通工具等。或以计划中的开发地址为中心,设定半径 300m、500m、1 000m 等的范围为拟调查商圈范围,然后就消费者在竞争商店街的购买行为,商圈边界地区的消费者的购买行为等问题,在街上直接询问调查。②间接调查法。一般可以从来店顾客的车牌号查询其地址,也可以由发票的填写得到顾客的地址。③访问调查方法,具体是直接进行家庭访问,通过邮政部门发放调查问卷、电话调查等,问卷的内容有住址、性别、职业、年收入、购买额、在哪个商店街或商店购买哪种商品、喜欢哪些商店、讨厌哪些商店、来商店的交通方式等。

（三）经验法

由于连锁门店所处位置、规模大小、购物出行方式及购物频率的不同，商圈范围也不同，需要进行具体的分析。

根据以往经验来设定商圈，这种经验包括以往经营过程中获得的各种经验、经历等。例如，便利品（购买频度较高的商品）的商圈为步行10min左右的距离，而购买频率较低的商品为30min左右，这是通常的基本范围；再如，便利店的商圈半径是500m。这些都是根据他人或自己过去的经验所得出的结论。使用这种方法来决定商圈时，还应综合考虑地区性、社会性、自然条件等环境因素的影响。

1. 根据业态设定商圈范围

各种商业业态的商圈范围有较大的差异。百货商店、高级专卖店、购物中心一般追求大商圈。百货店商圈的人口在30万～100万，大型购物中心的商圈则可包括周边的几个城市；而超级市场与百货店、购物中心等业态相比，商圈偏小，来店单程时间约为10min。超市奉行小商圈主义，地处社区或居民区，商圈人口7万～12万；以经营食品为主的超级市场的商圈更小，商圈人口仅为3.5万～5万。据调查表明，人们对肉、鱼、蔬菜、水果的经常性购物距离不足2km，而对服装、化妆品、家具、耐用消费品的购物距离为4～5km。

2. 根据零售店所处位置设定商圈范围

一般位于都市中的超级市场商圈要远小于位于城郊的超级市场的商圈范围。对于居民区类店铺来说，如社区型超市商圈仅为社区范围，便利店常常没有边缘商圈的顾客；对于商业中心区类店铺来说，核心商业圈的顾客较少，次级和边缘商业圈的顾客较多，商圈范围较大。

3. 根据零售市场规模设定商圈范围

一般零售市场规模越大，商圈范围越大；反之，则越小。除不同业态的零售店经营规模不同、商圈的范围不同外，同一业态由于规模的不同，商圈的范围也不同。以超市为例，法国超级市场调查统计表明超市规模与商圈范围如表2-1所示。

表2-1 超级市场规模与商圈范围

规　　模	面　　积	商圈范围
小型超市	120～399m²	步行10min之内
中型超市	400～2 499m²	步行10min或开车5min
大型超市	2 500m²以上	驱车20min左右

4. 根据顾客购物出行方式设定商圈范围

人们购物出行的方式不同，零售店商圈范围也不同。出行方式现代化程度越高，商圈越大；反之，则越小。

5. 根据顾客购物频率设定零售店商圈范围

一般来说，顾客购买的频率越高，商圈范围越小；反之，则越大。不同的商品，其购买的频率不同，人们出行的范围也不同。例如，食品、日用品的购买频率较高，出行的范围较近；

而耐用品购买频率低,人们购买出行的距离较远。受收入水平及消费习惯的影响,居民购物频率显示出不同的特征,即使是对同一种商品,也会出现购物频率的差异。

6. 定量分析法

采用定量法划定商圈的方法主要有雷利法则。雷利法则也称零售引力法则(law of retail gravitation),是由美国学者威廉·J. 雷利(W. J. Reilly)提出的。雷利用了 3 年的时间,调查了美国 150 多个城市,在 1931 年发表了《零售引力法则》。雷利认为,商圈规模由于人口的多少和距离商店的远近而有所不同,商店的吸引力是通过最邻近商圈的人口和距离两方面发挥作用的。雷利法则的基本内容是:在两个城镇之间设立一个中介点,顾客在此中介点上可能前往任何一个城镇购买,即在这一点上,两城镇商店对此地居民的吸引力完全相同,这一点到两城镇商店的距离即是两商店吸引顾客的地理区域。其公式为

$$D_{AB} = \frac{d}{1 + \sqrt{P_B/P_A}}$$

式中,D_{AB} 为 A 城镇商圈的限度(中介点到 A 城镇的距离);P_A 为 A 城镇人口;P_B 为 B 城镇人口;d 为 A、B 两城镇之间的距离。

例如,A 城镇人口为 16 万人,B 城镇人口为 4 万人,A、B 两城镇之间的距离为 30km,计算两城镇的商圈。

$$D_{AB} = \frac{30}{1 + \sqrt{4/16}} = 20(km)$$

$$D_{BA} = \frac{30}{1 + \sqrt{16/4}} = 10(km)$$

该中介点与 A、B 两城镇的相对位置如图 2-2 所示。

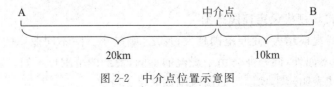

图 2-2　中介点位置示意图

计算结果表明,A 城镇吸引与中介点距离 20km 内的顾客,B 城镇吸引与中介点距离 10km 的顾客。这就划定了 A 城镇与 B 城镇中商店的商圈范围。

雷利法则通过确定一个位于两区域间的中介点,并根据此点来确定商圈大小。该法则表明特定区域人口越多、消费规模越大、商业基础越发达,对顾客的吸引力就越大,商圈也就越大,而处于中介点上的消费者不论到哪里购物利益均等。雷利法则既可以用于不同城市商业之间的定量分析,也可以用于同一城市内不同商业区之间的定量分析。但雷利法则的成立必须有两个前提:一是两个地区同样地接近主要公路;二是两个地区的零售商的经营能力一样。

利用雷利法则来划定商圈简单易行,特别是在资料不全时尤为适用。但它只考虑到两区域的人口和距离,而未考虑交通时间和网点的集散顾客能力,且该法则并不是确定某一网点的商圈,而是确定某一区域的商圈。此外,若存在广告的影响,或顾客对某特定商店的忠诚和某些商店有特殊吸引力时,雷利法则的有效性会减弱。

三、信息资料的获取方法

数据来源和资料获取直接关系到指标测量工作的可行性及后续分析工作的准确性,是选址工作正式开始前就应该纳入设计范畴的重要问题。通常而言,数据来源和资料获取途径主要有以下 4 种。

1. 直接引用统计资料

政府、行业公开出版的统计报表或相关统计资料都比较具有权威性,而且有历年的资料数据可以查阅,这就为选址工作的开展创建了极为方便的条件,选址人员只要根据需要,对统计公报或统计年鉴上的数据直接引用并进行数据加工整理即可。通常这种数据资料适合于宏观及中观层面上的评估,对应于指标体系中的直接测量指标。

2. 重要人物的访谈或业内交流

受统计制度和现实条件的制约,选址人员所关心的某些重要数据往往在出版物上查不到,如某城市的流动人口对零售业的贡献等。这时就需要以访谈、交流的方式就某些问题或事项进行专门的了解,以补充数据获取上的不足。此外,对于不可量化的信息,如行业发展趋势、竞争对手的综合实力等问题,也需要借助访谈交流的形式加以了解。通常访谈的对象可以包括企业高级管理人员、行业具有影响力的权威人士、学术界专家和学者、行业管理部门人员以及从事行业跟踪分析的专业研究人员等。

3. 连锁企业自身积累或调查的数据资料

该种方法是指连锁企业根据自身多年经营的数据积累对某些指标进行选择性的类比替代或直接进行市场调查来获取资料。例如,在衡量某城市居民购买力的时候,可以直接进行大规模的问卷调查(可委托专业的市场调查公司),也可以直接将其他同等量级、具有极大相似性的城市数据作为类比资料加以引用代替。此外,对消费者的市场问卷调查还能解决诸如消费者品牌认知度、竞争对手综合印象等不可量化的指标数据获取问题,是将不可直接计量的信息转化为间接测量的重要途径。

4. 其他资料来源

其他资料是指上述 3 个资料以外的资料。在运用这些数据资料的时候,选址人员一定要特别注意资料来源的权威性和时效性。凡是没有权威性或时效性差的数据资料都不能作为分析评估的依据。

四、客流量调查方法

客流量大小是影响连锁门店成功的关键因素,客流包括现有客流和潜在客流,连锁店选择开设地点总是力图寻找潜在客流最多、最集中的地点,以使多数人就近购买商品。

(一)客流类型

一般连锁门店客流分为 3 种类型。

(1)自身客流。自身客流是指那些专门为购买某商品的来店顾客所形成的客流,这是连锁门店客流的基础,是连锁店销售收入的主要来源。因此,新设连锁店在选址时,应着眼评估本身客流的大小及发展规模。

（2）分享客流。分享客流是指一家店与邻近店形成客流的分流，这种分享客流往往产生于经营相互补充商品种类的商店之间，或大店与小店之间。例如，经营某类商品的补充商品的商店，在顾客购买了这类主力商品后，就会附带到邻近补充商品商店去购买供日后进一步消费的补充商品；又如，邻近大型店的小店，会吸引一部分专程到大店购物的顾客顺便到毗邻的小店来。不少小店依大店而设，就是利用这种分享客流。

（3）派生客流。派生客流是指那些顺路进店的顾客所形成的客流，这些顾客并非特意来店购物。在一些旅游点、交通枢纽、公共场所附近设立的商店主要利用的就是派生客流。

（二）客流测算方法

1. 新型商业项目的客流测算方法

目前有很多的新型商业项目离开传统的商业圈，选择在成熟商业圈的周边作为自己的建址之所。而此时进行客流调查划定的测算范围则比较大，基本覆盖一级商圈 1km 以上，二级商圈 2～3km 的范围内。在确定测算范围后，要明确能够到达项目所在位置的所有交通路线的网络布局。投资者应该以 1km 为半径画圆，明确这个范围内包括写字楼、商业、住宅、公园等建筑设施的布局情况，了解哪些路能使消费者经过本项目、哪些岔路口会导致人群分流，为客群测算做好前期准备。

对于新型商业项目而言，它的客流测算步骤有以下几点。

（1）渗透法。即本项目对其他商圈的人流吸引力，通过计算可以得出其他商圈未来可能会到达本项目的人群数量。

（2）车流计算法。通过计算日常经过本项目的机动车和非机动车（自行车等）数，以及可能会在本项目停驻的机动车和非机动车的数量，以此来判断本项目潜在的消费客群数量。

（3）岔道计算法。由于项目附近会分布很多交通路线，而岔道的出现可能会导致人群的分流，因此要计算有多少条道路能直接到达项目本身，以便掌握第一手的真实客群数据。

（4）细节调研法。在对投资项目进行细节调研时，调查者会在平常时间内分四个阶段，每个阶段一个小时，以进入商业区人数为标准，每隔一个时间段清点一次，分时来测算客群的通过数据，然后根据营业时间推算全天客流量，力求做到不重不漏。连锁门店客流量调查表见表 2-2。

表 2-2　连锁门店客流量调查表

实测日期		星期	
商业区域名称		实测路段	
实测地点		天气状况	
统计时间段		统计人数/人	调查人签字	备注
上午	8:00—9:00			
	9:00—10:00			
	10:00—11:00			
	11:00—12:00			

续表

统计时间段		统计人数/人	调查人签字	备注
中午	12:00—13:00			
	13:00—14:00			
下午	14:00—15:00			
	15:00—16:00			
	16:00—17:00			
	17:00—18:00			
晚间	18:00—19:00			
	19:00—20:00			
	20:00—21:00			
	21:00—22:00			
	22:00—23:00			
总计人数				

注：1. 每个时间段调查完毕,调查人员必须签字确认。

2. 采样时间一周内至少要包括周一、周五、周日。

2. 成熟商业项目的客流测算方法

成熟商业项目由于已经拥有一定的客群支持,因此投资者选择以此作为商铺经营之地时,在测算客群流量的同时,还要掌握客群的构成情况,以便根据客群的实际需求,有的放矢地设置最适合该区域人群消费习惯的商铺经营方式。

成熟商业项目主要采取的测算方法是竞争对手调研法,其调研方法与细节调研法大致相同,也是分平日和节假日两个时间节点,在商铺选址地附近的同类商业项目中,选取一定的时间段作为调研基准,以 1h 为计算时间段,来测算进入商业主体的日均客流数量。

调研者还可以对实际购买者进行拦截式的访问,了解消费者居住区域与本项目的距离远近,是否是本项目所在商圈的覆盖范围,是否是该项目的长期消费者。调研时一般会以240 个消费者作为标准样本,核算出来自本商圈覆盖范围内的消费者比例和偶然性消费者的比例,以获得常态消费、随机消费的实际比值。投资者在进行商业规划时,可以将随机消费的客群作为销售的吸引增长点,进一步扩大商业项目的目标客群范围。

在对客流量进行调查的同时,还应该对消费者的构成结构、消费意向以及对商业区的总体评价等内容采取随机问卷的方法进行随访。同时注意调查样本在年龄、性别方面的分布情况,作为商铺经营的原始数据储备。

对于一个商业项目而言,其所在区域的自然人流、人群的特征及消费水平是体现项目价值的重要因素。不少商业项目在规划之初,都对本项目所在地客流情况进行实地测算,以此作为商业规划方向。

（三）有效的客流评估

在了解客流测算的基本方法后,投资者还应该分析在实际计算的客群流量中,哪些是有效的客流数量。

1. 人流动线分析

投资者在进行客流测算时,一定要关注目标客群的购物动线情况,即在测算客流整体状况时,还应该确定人流动线的分布状况是怎么样的。人流动线对于商家的可持续经营起着至关重要的作用。如果由东向西的客流较多,而项目在相反的南北位置,即使区域日均客流量很高,由于人们购物动线的习惯性,也会使项目的有效消费者大打折扣。

另外,投资者在进行客群测算时,还要考虑人流的主要动线会不会被竞争对手截住。因为人们现在对品牌的忠诚度还没达到只对一个品牌情有独钟,除非是消费别无选择,否则商家的目标客户很有可能被在同一交通动线上的其他相同类型的商铺所吸引。因此,分析人流的主要动线,有助于商家获得更多的潜在客户。

2. 交通状况分析

投资者在进行项目客群测算时,除测算该位置所在人行道上的人流外,还要测算道路中间的和道路对面的人流量。道路中间的只计算骑自行车的数量,开车的不在计算范围内。是否计算道路对面的人流量,要看道路宽度,当路宽超过一定标准,一般有隔离带的,顾客就不可能再过来消费,就不能计算在实际的人流量中。因此路面的宽度、交通拥挤程度以及有无交通管制等,与有效客流量的大小有直接关系。具体分为以下 4 种情况。

(1) 商业街较长,门店处于商业街中部,且周围几条道路车辆较多,行人不便穿过道路,如图 2-3 所示。门店客流量则统计 1、2 两条动线客流量之和。

(2) 门店处于商业街街角,周围道路车辆较多,行人不便通过,如图 2-4 所示。门店客流量则统计 1、2、3、4 四条动线客流量之和。

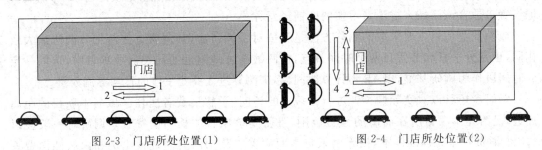

图 2-3　门店所处位置(1)　　　　　图 2-4　门店所处位置(2)

(3) 门店处于商业街中段,周围道路车辆较少,行人通过道路比较容易,如图 2-5 所示。门店客流量则统计 1、2、3、4 四条动线客流量之和。

(4) 门店处于商业街街角,周围道路车辆较少,行人比较容易通过,如图 2-6 所示。门店客流量则统计 1、2、3、4、5、6、7、8 八条动线客流量之和。

第 3、第 4 种类型一般是在小城市,其门店正前方的道路宽度小于双车道(道路宽度小于 12 米),且道路中间没有任何障碍和隔断,可自由穿行,可以将道路对面人流的 50% 计入总人流量,则总人流量的计算如下。

店址一侧人流量＋店址对面人流×50％＝总人流量

如果门店正前方的步行街宽度小于 20m,且步行街中间没有任何障碍,可将对面人流全数计入,则总人流量的计算如下。

店址一侧人流量＋店址对面人流＝总人流量

但是,如果步行街宽度大于 20m,或马路中间有障碍存在,则一般不统计对面人流。

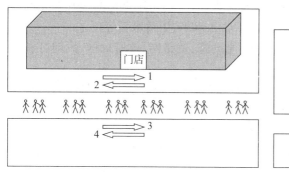

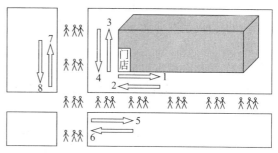

图 2-5　门店所处位置(3)　　　　　　图 2-6　门店所处位置(4)

 扩展阅读　　**天猫"6·18"全国核心商圈热力图：消费力回来了！**

2020 年 6 月中旬，天猫"6·18"发布的全国商圈热力图显示，上海南京路、广州珠江新城、成都春熙路、南京新街口、重庆解放碑、杭州武林等核心商圈拥挤指数已回到从前，深圳华强北甚至同比增长 20%，比往日更加车水马龙。扫码查看全国核心商圈热力图。

全国核心商圈
热力图

后疫情时期，"6·18"期间的消费还呈现以下特点。

(1) 到家服务备受青睐。过去一周，饿了么蓝骑士配送的商超订单环比增长 260%，口红、手机、项链、书等都可以 30min 送达。上海、北京、武汉 3 城最爱商超到家服务，重庆、青岛、沈阳、成都、南京、大连、深圳的订单量也位居前十。

(2) 美容美发、婚假旅拍、休闲娱乐等本地生活服务类商品，成为 2020 年消费的一大亮点。饿了么的数据显示，消费者在天猫下单的美容美发服务商品订单环比增长超过 500%。银泰喵街上的各大品牌新零售订单，也同比 2019 年增长了近 4 倍。

(3) "夜经济"迅速发展。盒马、银泰都延长了夜晚服务时间。多城"盒区房"的消费者无论到店还是在家，都可以尽享冰啤酒小龙虾。西安 11 家盒马门店推出"盒马夜市"，武汉盒马的"夜市大排档"有 9 种口味的小龙虾。

资料来源：天猫 618 全国核心商圈热力图：消费力回来了！［EB/OL］.［2020-06-15］. https://baijiahao.baidu.com/s?id=1669551913356182740&wfr=spider&for=pc.

任务三　进行商圈分析

为配合设店的决定，要进行各项基本调查，将所得到的资料加以整理并进行深入的分析。这一部分资料的内容包括人口结构、消费水平及城市结构等项目，可以反映出城市化进展的状况，而零售业的发展，也可以反映出生活水平与消费水平的情形，尤其是大型的零售业，更与城市的发展有着密切的关系。因此一家零售店的设立，特别是大型的百货店，与该地区内消费的形态、城市设施的变化及发展过程密切相关，所以，对于整个城市计划及设施发展状况，可从 3 方面加以观察，同时也应在市场调查工作时做深入研究。

微课：商圈分析

（1）对于该地区内消费者生活的形态必须深入探讨，因为其与城市化的过程有相当的关系。具体的内容可包括人口、家庭户数、家庭成员、收入水平、消费水平等项。

（2）构成消费者活动空间的各项要素，例如，交通设施、道路网、政府机构、民间各种设施等。

（3）在整个城市机能的组合中，实际反映出消费者行动的消费活动结果，即零售业的构造也要予以深入了解，例如，零售业的销售额实绩、各种零售业态种类、大型店的动向等。

一家连锁店在设店之前，对于该地区内的各种条件，诸如商圈内的消费购买能力、同业竞争店的营业状况等，必须经由调查资料做出分析判断，以作为设店时营业额预测及商店规模决定的参考。进而利用这些资料规划商店整体的经营策略、经营的收益计划、设备资金计划以及经营的价值或缺失等。

但是，在做上述资料的收集、整理、分析与评价时，有两项重点是不容忽视的：其一，除对于此地区内过去及现在的情况要了解之外，有关将来的预测，即今后的发展也必须考虑到。其二，在运用调查资料做比较分析时，与其以该商圈的成熟度作为判断基准，倒不如以类似的商圈或某一成熟的商圈来做比较，更能作为在该地区设店的判断依据。

虽然调查的重点，可能较适用于一般大型连锁店设店时的调查，但是有关市场调查的重点，对于中小型的连锁店而言，仍是有相当的参考价值，在实施时可依商店的规模与特性，针对实际相关的因素予以斟酌运用。现就生活结构、城市结构及零售业结构3方面在市场调查时的重点予以说明。

一、生活结构

生活结构分析就是收集该地区内消费者生活形态的资料，即针对消费者生活的特性，依人口结构、家庭户数构成、收入水平、消费水平、购买行为等方面进行整体和定量的研究。了解商圈范围内有多少人口、多大的潜在消费额、人们的消费行为等，以确定其发展前景如何。一个门店的生存和发展，依赖于商圈范围内有供其吸收的充足购买力，没有理想的购买力，门店将难以为继。

（1）人口结构。除对目前人口的结构进行调查之外，有关过去人口集聚、膨胀的速度及未来人口结构的变迁也要加以预测，同时将人口结构依行业、年龄、教育程度等进行分类整理，以便深入分析。

（2）家庭户数构成。家庭户数构成是人口结构的基本资料之一，可据此对家庭户数变动的情形及家庭人数、成员状况、人员变化趋势进行了解，进而可以由人员构成的比率洞悉城市化的发展与生活形态的关系。

（3）收入水平。通过收入水平的资料，可以了解消费的可能性，进而利用家庭、人口的资料，得知每人或每一家庭的收入水平，并将所得资料与其他城市、地域相比较，从而做进一步的分析。

（4）消费水平。这方面资料是地区内消费活动的直接指标，对零售业者来说也是最重要的指标。据此可以了解每人或每个家庭的消费情形，并针对消费内容依商品类别划分，得知其商品类别的消费支出额，同时也可以知悉商圈内消费购买力的概况。

（5）购买行为。对于消费者购买行为的分析，可以从消费者购买商品时的活动范围及经常在何商店购买哪种商品予以了解。研究消费者购买行为的目的，一是可以得悉消费者购物活动的范围；二是可以知悉消费者选择商品的标准，以便对该地区的消费意识做深入研讨。

当然，上述资料可以从政府机构发行的刊物或报道中取得，诸如人口统计的资料、家庭收支调查与个人收入分配研究资料等。除此之外，商店本身也可以配合实际业务上的需要进行各种调查，以便进行研讨分析。

二、城市结构

通过对地域内实际生活的空间，包括中心地带及周围区域城市结构机能的调查，了解该地域内设施、交通状况、活动空间等环境的现状以及将来的发展规划。

（1）地域。对于地域内地形状况调查，尤其有关平地的广阔度及腹地的大小要予以了解，对于气候的特殊性也要深入了解，因为零售店与气候因素有相当的关系。

（2）交通。商店的位置以开设于交通要冲之处比较好。因为交通网密布的地方往往是人口集中或流量特别大的地方，自然是开店的理想地点。所以在调查时，对于交通路线与车辆往来班次、载送量都要考虑调查。

（3）繁华地点的位置、形态。在繁华的地段，往往是商店容易集中之处，所以零售店选择热闹地段设店是理所应当的，但繁华地段的地价和租金较高，因此在投资成本提高的情况下，如何有效地运用以及将来可能变动的方向，都成为在繁华地段设店的考虑要素。

（4）各项城市机能。一般设店位置若在行政、经济、文化活动等密集的地方，则整个城市机能易于发挥出来，诸如行政管理、经济流通、娱乐服务、商品销售等机能，自然成为人流集中的焦点，因此流动的人口究竟是以公务人口为主体还是以购物、社交、娱乐的流动人口为主体，也应作为调查的事项。

（5）城市发展规划。除城市结构的现状外，有关将来发展的方向，诸如交通网的开发计划、社区发展计划及商业区的建设计划等，均是设店时在地点因素上所必须考虑的要点。尤其是连锁店的发展，不仅要考虑单店的选址，还要考虑连锁网点的总体发展。

三、零售业结构

以上两项调查是针对地区内居民生活状况及生活空间的城市结构情形所做的调查，零售业结构调查则是对此地区内零售业实际情况所做的调查，本调查资料的结果不但可以作为设店可能性及经营规模决定的判断依据，更可以作为了解该地区内零售店商业活动的指标及各大小型零售店发展动向的依据。

（1）地区间销售动向。针对营业面积、从业人数、年营业额等项目做调查，尤其要对营业面积及营业额总量和过去的增长状况进行了解，同时针对城市中心地域及周边地域的销售额密度及商圈的范围做比较。

（2）业种别、品种别销售动向。将地区内业种别商店的构成及品种别销售额做统计分析，不但可以了解商圈内消费者购物的情形，而且可作为设店时商品构成的参考。

（3）商业地区间的竞争店的竞争情况调查与分析。同一商圈范围内的竞争门店是影响门店竞争激烈程度的最重要因素，对于门店的销售、盈利等经营要素影响重大。针对各地区间有关商品构成内容及目标顾客阶层做比较分析，以便深入了解其间的竞争情形，并据以分析各地区间的特性。对于商圈内竞争店情况调查与分析是商圈调查分析的重中之重。

竞争店调查主要立足于商圈范围内，重点是那些具有相关竞争性的店型。做好开店前的竞争店调查可以做到心中有数，以便做好决策。对于商圈内竞争店基本情况的调查主要包括：①综合调查。由公司高级负责人对竞争店的情况进行综合调查，包括选地、用地、店铺构造、商品策略、店铺计划、运营管理等内容。如果调查证明它是一个没有竞争力的店，可不用再进行具体调查；如果是一个威胁性很大的竞争店，则必须再深入地进行具体调查。②商品能力调查。商品品质高、结构优是门店成功的重要因素。这种调查一般由采购员和部门负责人对竞争店每一部门经营商品的品种、面积、货源等情况进行调查，以便进行市场定位；或与自己的超级市场进行比较，找出双方的差异，以求改进。③店铺调查。店铺调查包括对竞争店店址环境、店铺设计及店堂陈列布局等内容进行调查。店址环境调查主要包括竞争店选地、用地、停车场及商品搬入口的调查。店铺设计调查主要包括竞争店的店铺形象、构造、建筑、空调、电气设备、器具等各个专门领域的调查。店堂陈列布局调查主要包括竞争店的楼面构成、平面布局、面积分割、商品陈列及家具备用品等方面的调查。④店铺运营管理调查。店铺运营管理调查主要包括对促销、补货、陈列及清扫等店铺运营管理方面的调查。

在了解竞争店基本情况的基础上，还要进一步对竞争店进行分析。对竞争店进行分析是开店前的必要准备工作，是业态选择和形象定位的重要基础，对竞争店进行分析主要立足于商圈范围内的竞争分析。具体分析表现在：①业态确定前的竞争环境分析。如果连锁企业还没确定自身的业态，也没有相应的意向选择，那么对竞争店的分析就要着眼于商圈内的整体商店布局情况，考察各种业态的情况或商店饱和度情况。商圈商店饱和度可通过两种方法来计算：一是每个零售店服务的人口数。如果商圈内该数字超过标准平均数，就意味着未达到饱和；反之，则认为实现了饱和。二是每平方米销售面积的营业额。如果商圈内该数字超过标准平均数，就意味着未达到饱和；反之，则认为实现了饱和。②业态确定后的竞争店分析。如果连锁经营公司已有业态选择意向，就要进行直接竞争店和间接竞争店的分析。直接竞争店是指那些与待建店铺业态类型相同的店铺。例如，某公司拟定开一家超级市场，那么商圈范围内的超级市场就成为直接竞争店。间接竞争店是指那些与待建店铺业态类型不同，但却经营着某些相同商品的店铺。例如，某公司拟开一家名牌时装专卖店，那么商圈范围内的百货商店就属于间接竞争店。国外有些专家认为，快餐店也是超级市场的间接竞争店，种种迹象表明，去快餐店的人多了，去超级市场买食品的人就少了。

无论是直接竞争店，还是间接竞争店，都需要对营业面积、目标顾客、商品构成、价格策略、促销活动及店堂陈列情况进行详细的分析。

（4）大型店的动向。因为大型店的动向对于地区内的竞争情况多少有影响，所以无论大小型商店的设立，对于现有大型店的规模、营业额、商品构成、商品设施等资料，必须加以调查，评估其优劣势、长短期的规划与策略，并把它作为设店时的参考。

任务四　撰写商圈调查分析报告

商圈调查报告是连锁企业总部在企业店铺开发策略的指导下,对某一个预开店铺或已经开发店铺的商圈进行调查所形成的,并为经营决策提供依据的书面报告。它是商圈调查结果的具体体现。商圈调查报告的具体内容包括以下几部分。

微课:撰写商圈
调查报告

(1) 调查的背景。包括连锁企业的发展形势、连锁企业的扩张战略、连锁企业的开店策略、国家的政策背景、店铺所处行业的发展前景等。

(2) 调查的目的。主要有获得商圈范围的资料、商圈性质的资料、商圈结构、商圈经济水平的资料,为开店决策、经营操作提供依据。

(3) 商圈调查的内容与因素。主要内容即前面讲述的商圈分析的要点。

(4) 商圈调查的方法与资料处理方法。主要有观察法、经验法、直接询问法、间接调查法、对手分析法、专家判断法、雷利法则等。数据处理包括资料的统计分组、频数分布与累计分布、绘制统计图的类型。

(5) 报告的结果。篇幅较大,要按一定的逻辑顺序提出紧扣调研目的的一系列结果。主要包括数据结果(消费水平)、现象结果(汽车的档次、住宅类型)、政策结果(导向问题)、趋势结果(威胁与前景)等。

(6) 结论与建议。主要是肯定与否定的意见,针对意见提出的下一步应进行的举措或思路。

(7) 体现形式。包括封面、前言、摘要、目录、各种图表、报告正文、调查表、参考资料、被访问人员名单等。

复习思考题

1. 影响商圈范围的因素有哪些?

2. 商圈分析有何实际意义?

3. 商圈分析的要点是什么?

4. 简述商圈的含义及其构成。

5. 简述确定商圈的方法。

6. 如何对同业竞争店进行调查?

7. 商圈调查报告的具体内容包括哪几部分?

8. 如何分析客流规律?

实训项目

以小组为单位,在自己所在的城市选择一家超级市场,完成一份商圈调查分析报告,并为其绘制一份商圈地图。

案例分析

咖啡馆"奇葩选址"背后的商圈选择逻辑

菜市场里、洗车行边、立交桥下,这些被遗忘的城市角落,正在变成"咖啡青年"的秘密根据地。有些咖啡店,专门选址菜市场、停车场等"冷门位置",而且有人稳定经营多年,已开了5家店。这是怎样的"奇葩"开店思路,背后有什么逻辑?

开在洗车行的咖啡馆——"让咖啡像豆浆油条那样日常"

最近在武汉的朋友迷上了一家小店,听她说,这家店开在汽车美容店旁边,每次过去都得费点功夫,但让人念念不忘。

咖啡店门店不算大,只有10~15 m²,但"麻雀虽小,五脏俱全",经典款、创意饮品应有尽有。比选址更独特的,是她们的创意咖啡。比如,以"武汉"为主题的创意饮品,就结合了当地特色热干面,将芝麻酱、花生酱、浓缩咖啡调和,淋在光明奶砖上;以"兰州"为主题的创意饮品,则使用了兰州市花苦水玫瑰。

这家咖啡店叫作上野咖啡,主理人欧阳师傅已经在武汉开了3家店。欧阳师傅告诉我,她们的第一家店开在了菜市场旁,后来菜市场倒闭,才有了上野咖啡。之所以选择这些"小地方"是因为固定成本更低。在上野咖啡日均出杯量40~50杯,第一波客群自然是车主,年龄在22~50岁的他们,保养车辆较为高频,属于中高端人群,与咖啡的调性比较契合。除此之外,还有不少爱好打卡的年轻人专门赶来打卡拍照。吸引他们的注意,靠的就是店内创意饮品。

"我们更愿意将节省的固定成本投入在咖啡和顾客身上。"欧阳师傅介绍。除了成本这一必要的因素外,选址在菜市场、洗车行,欧阳师傅还有别的考虑:她希望将咖啡真正变成日常,而不是必须"停下来细品"的小资饮料。

"我们想做的咖啡,不是让你停下来去喝,而是进入你的生活,像豆浆油条那样真正日常化。"把店开在菜市场、洗车行旁,就是一种融入日常生活场景的方式。

这一想法不是个例,把咖啡馆开在菜市场、洗车行、停车场,似乎是低成本开店的一个好思路。

菜市场卖咖啡,已经开了5家店

最近,有家天津的咖啡店开在菜市场旁,客单价平均16元,堂食、外带都可以,店内菜单丰富,经典款、特调都有,也有果咖系列。这家店叫久星咖啡,已经稳定经营了5年,周边有很多固定客群。

久星咖啡还专门设立了一个"早餐时段":7:30—9:30,是打工人的时间,美式9.9元,还送特产大黄油饼干,除此之外,还有14.9元、16.9元的早晨套餐。"赠送饼干是考虑到上班族早起太匆忙,空腹喝咖啡容易身体不适。"主理人老于告诉我。

这家店选址在菜市场不是偶然,最近老于正在筹备第6家店。这几家店都有一个共性:都开在菜市场旁边或菜市场内。

选址菜市场,租金低是一方面,另一方面则是菜市场自带人流量,消费人群不仅仅是年轻群体,就连大爷、大妈,也会来买杯咖啡。菜市场的选址,本身就是居民区的核心位置,交通多半也比较方便。而"逛菜市场"是一个刚需的固定行为,每周都要来几次,见得多了,购买的概率也就大大增加。

开在停车场,周围是海鲜排档

在福建的小明,则在老家村庄停车场的入口里开了一家咖啡店——Day-off。

对于老板小明来说,在这里开店足够方便,又是老家,周围还有自家的海鲜排档,节省了不少开支,店内产品均价25元,以经典款咖啡为主,也有少量特调和单品手冲。

与武汉的在野,天津的久星类似,小明认为,开在停车场附近,会有一波固定的人流量,再加上海鲜排档就在周围,很容易拥有稳定客群。除了这波稳定客群,也有不少慕名而来的探店型客人。"旅游城市往来的客人会有咖啡的需求。"小明说。门店面积 $15m^2$,咖啡多为打包杯,堂食、外带都很方便,平均日出杯量在30杯,对于乡村咖啡店来说,已经是一个不错的成绩。

如何将饮品"刚需化",这些独立咖啡人已经告诉我们答案。在没人注意到的"奇葩"角落里,用较少的成本做被忽视的生意,他们对自己已经有了精准定位和认知。

资料来源:http://www.linkshop.com/news/2022482544.shtml? sf＝wd_search.

【问题】

(1) 分析这些选址"奇葩"的咖啡馆的商圈构成,为什么要选择这样的商圈?

(2) 观察身边有特色的咖啡馆,尝试为它们做商圈分析。

连锁门店选址

 学习目标

【知识目标】

1. 了解门店选址的重要性。

2. 了解门店选址的基本原则。

3. 了解门店选址的过程。

4. 掌握门店选址的区域类型分析。

5. 掌握门店选址的具体因素分析。

6. 掌握门店选址的评估条件。

【技能目标】

1. 能组织门店选址调查。

2. 能根据实际选择选址调查的方法。

3. 能对门店选址进行评估。

4. 能撰写门店选址调查报告。

【课程思政】

1. 坚持工匠精神,认识门店选址的严谨性和指导性。

2. 坚守一丝不苟的精神,端正门店选址对门店开发的指导意义。

案例导入

中小餐饮连锁企业选址的误区和黄金定律

一家餐厅经营的好坏,选址占了70%的比重。

如果选对址,餐厅的客流量就有了保证,餐厅的经营就可在营销、产品、运营、扩张等多维度展开;餐饮老板如果选错址,就要耗费大量的人力和物力。因此,选址是餐饮业最重要的经营决策之一,选址的好坏甚至能决定门店是否能存活下去。

餐企品牌该如何选到合适的商圈,又如何在选址战中杀出重围?

一、重视人流匹配度,根据品牌定位及变化大胆选址

好的位置一般都被大型的餐企品牌占据,高租金又让小餐企、新晋餐企品牌望而却步,它们该如何选址？

首先，在选址之前，餐饮老板要明确自身品牌的定位，弄清楚自己的目标消费人群在哪儿，否则就会摔大跟头。例如，获得数亿元投资的茶饮品牌"嫩绿茶"曾在重庆最大的计算机市场百脑汇选了一个门址，旁边是地铁站出入口，人流量巨大，但少有顾客进店消费。

其实原因很简单，"嫩绿茶"只看到了人流量，却忽略了人流匹配度。

"嫩绿茶"的消费群体是对生活品质有高要求的白领，而百脑汇的人流量确实大，却唯独缺少了小资白领，因此关键不在人流量，而在人流匹配度。摔过跟头之后，"嫩绿茶"选择了和轻餐扎堆以形成圈层文化，此后逐渐摸索出了适合自己的选址策略。

不少小餐企商家都懂得人流匹配度的道理。我们常常发现在人流量大的地铁口卖早餐、在白领聚集的写字楼卖午餐或是在住宅区附近卖火锅烧烤的那些商家，往往都生意火爆。

上述这些商家都是深谙顾客心理的行家，早餐只要出餐快、方便、便宜再加上好吃就能笼络上班族的心；写字楼的午餐也是如此，够快、好吃即可；至于晚餐，在住宅区附近经营火锅、烧烤等品类满足了顾客对聚会、社交的需求。

在人流匹配度高的地段开店，满足了目标顾客群体的刚需，店面可正常运转。但要想做成品牌，还得不走寻常路，根据自身品牌定位，在选址上独辟蹊径，实现弯道超车。

主打家常菜的"外婆家"最初和一般的商家无异，门址都选在人流量大的社区和街边，后来进行转型，陆续关闭了社区店、街边店，"外婆家"把门店开进了综合购物中心和写字楼。

这些地段虽然租金贵，但人流量大，顾客群消费能力也强，特别是购物中心中午、晚上都有人，节假日更是全天都有人。利用黄金地段人流量大的优势，主营消费基础好的家常菜，以高性价比吸引顾客，通过高翻台率实现增收，"外婆家"走出了一条自己的路，所以现在许多综合体都十分欢迎"外婆家"，不惜以减租金甚至是免租金的条件邀请其入驻，"外婆家"的选址策略改革无疑是成功的，其形成的品牌效应和强大的消费者聚集能力便是证明。

主营咖啡和甜点的"85度C"也在选址上颇有心得。最初它靠低价且紧贴星巴克开店的选址策略在我国台湾一度超过星巴克，后来打开大陆市场后，"85度C"发现它的甜点十分受欢迎，于是利用甜点的外带属性改变选址策略，不仅在商圈，还在车站、路边岔路口、社区住宅楼等地段租下小面积的门店，主营外带，销量一度猛涨。

因此，餐饮连锁企业在选址前，找准自己的目标顾客群体便能保证运营的大方向，而要想有更多的客流量、创造更高的营收，需要根据自身品牌定位以及运营中的变化及时调整创新，唯其如此，才能抢夺更多客流量。

二、品牌借势使巧劲，"店中店"、低价策略轮番上阵

懂得了人流匹配度、懂得了如何选择商圈，老板们还要吸收其他品牌的选址智慧，这样才能省点儿力气，实现弯道超车，所谓"既要低头拉车，也要抬头看路"就是这个道理。

1. 店中店模式，共享空间减少成本

在核心商圈开店的高租金让许多餐企望而却步，但通过店中店模式可减少租金。例如，冰淇淋品牌 Stickhouse 就通过"店中店"的形式来扩张，其在酒吧、电影院、景区甚至是火锅店中摆放自己的冰淇淋柜台。

"虾 baby"也是这一模式的受益者。其创始团队发现，商圈内许多餐厅都有大量的闲置时间和空间白白浪费，于是这个品牌抓住契机，与一家面馆共享厨房资源、错峰使用。但随着"虾 baby"的订单越来越多，厨房已无法被共享，"虾 baby"当时只好关掉堂食体验店，专做小龙虾外卖。

这种店中店模式是典型的共享经济,借助共享空间的方式,节省房租成本和人力成本,为品牌增加曝光度、增加销售。

也应看到的是,上述这样的模式也有品类的局限性,如冷饮因为无须依赖厨房而且占地面积小更适合这种店中店模式,而对于堂食类的餐饮品牌来说,共享空间随时有爆仓的风险。"店中店"作为一个相对比较新的模式,必然有自身的优势但也存在问题,当下要做的便是探索解决其问题的方式并利用其优势。

2. 紧贴大品牌开店,以平价策略实现增收

麦当劳、肯德基这样的餐厅开店一定会选择最优的位置,餐企如果盲目跟随、正面交锋,那只有死亡,如若转化思维,或许别有洞天。

前面提到的"85度C"就紧贴星巴克开店,通过低价策略,成功从星巴克抢来客流,同时增加了品牌的知名度。

还有一些餐厅也紧贴高端餐厅开店,将门店开在商圈外围,同样以平价吸引顾客并主营外带,因此租金减少、收入增加,品牌也打造了出来,可谓是"大丰收"。

因此,"小餐厅选址肯定拼不过大品牌"的言论也就不攻自破,成功的方式千千万,弱者才会停滞不前,狭路相逢勇者胜,只有敢于变革者,才能抢占先机。

总之,其实在选址时,餐饮老板应抱着"不求最好,只求合适"的心理,不去争抢所谓的黄金地段,而是根据自身品牌定位来匹配合适的地段,在选址上大胆创新并借鉴好的成功经验或有另外一番天地。

此外,还需厘清一个认知:租金≠成本、租金=投入。

有些餐厅为了节省成本,把餐厅开在了明显有硬伤的地段,例如,路边二楼的某个角落或是进深长的巷子里。这样的地段要想获利,除非有强大的 IP 支撑,否则,再完美的营销也无力回天。

对于餐厅来说,租金到底意味着什么? 从表面上看,它意味着餐企老板要从腰包里掏出一笔钱租下一个门店,这是一种消费行为,往深里想,它其实是一个投资行为,餐厅的租金不是成本,而是投入。

餐饮门店不同于办公室,它会带来显著的利润。租金的高低是相对的,租金的高和低必然有它的理由,现实的情况也是租金越贵的越容易做得好,租金越低越没生意,租金高往往坪效也高。

虽然租金等于投入,但投资也有风险,老板们要量力而为,要根据餐厅的翻台率、客单价等算一笔营收账,看是否能覆盖高租金。一味冒进的话,只会落得被迫关门的下场。

资料来源:租金≠成本,餐饮品牌在选址上有哪些误区和黄金定律?〔EB/OL〕.〔2020-09-16〕. http://www.linkshop.com.cn/web/archives/2020/454979.shtml?sf=wd_search.

连锁门店筹建时,做好商圈分析是必不可少的,商圈分析重在选取一个具有现实意义和发展前景的市场,其最终目的还是选定适当的设址地点。业内有句名言:"门店最重要的是什么,第一是选址,第二是选址,第三还是选址。"可见选址对于连锁企业的重要性。连锁门店选址是经营者的一项长期投资,如何选址关系着门店未来的经济效益和发展前景。

据统计,连锁门店店址选择对开店成败的影响力可达 70%。在西方国家,连锁门店的

开设地点被视为开业前所需的主要资源之一,不同的开设地点下,连锁门店能够吸引顾客的距离范围和其吸引顾客的多少是有很大差异的,这也决定了门店能够获得的销售收入的高低,从而反映出开设地点作为一种资源的价值大小。

任务一　认识连锁门店选址工作

一、连锁门店选址的重要性

微课:认识
门店选址

俗话说,好的选址是成功的一半。门店选址是否成功,在开店战略中至关重要。连锁门店店址选择的重要性主要表现为以下几点。

1. 店址选择是企业战略决策行为

连锁门店店址选择是一项全局性、长期性投资,关系着企业的发展前途。店址无论是租借的,还是购买的,一经确定就需要大量的资金投入。当外部环境发生变化时,它不像人、财、物等经营要素那样可以做相应调整,而是具有长期性、固定性特点。因此,店址选择要做深入调查,周密考虑,妥善规划。

2. 店址选择是门店经营目标确定的重要依据

店址选择是连锁门店确定经营目标和制定经营策略的重要依据。不同的地区有不同的社会环境、地理环境、人口状况、交通条件、市政规划等特点,它们分别制约着其所在地区连锁店的顾客来源和特点,以及连锁店对经营的商品、价格、促进销售活动的选择。所以,连锁店经营者在确定经营目标和制定经营策略时,必须考虑店址所在地区的特点,以达到策略的可实施性和目标的可实现性。

3. 店址选择直接影响门店经济效益

店址选择是否得当,是影响连锁门店经济效益的一个重要因素。店址选择得当,就意味着其享有优越的"地利"优势。在同行业门店之间,如果在规模相当,商品构成、经营服务水平基本相同的情况下,必然享有较好的经济效益。所以,连锁店在分析经济效益过程中,不可忽视店址的影响效果。

二、连锁门店选址的基本原则

连锁门店选址有三大基本原则,即方便顾客购物、有利于连锁门店开拓发展、有利于获取最大的经济效益。

(一)方便顾客购物

连锁门店店址选择要以方便顾客购物为首要原则,从节省顾客的时间成本、交通成本、体力成本角度出发,最大限度地满足顾客的需要。

1. 交通便利

交通便利是指让预期数量的消费者能便利地从其出发地到达商场所在的地域。对交通便利性的研究,是以商家对消费者的预期数量为基础的,这个预期数量又源自商家对周边人口分布及其消费水平的调查分析。不同商家在同一地区或同一商家在不同地区,对消费者的预期数量都可能会有所差异。对于大型零售商家而言,目前对有效商圈常住人口的预期数量一般不会少于 20 万人。交通便利性主要涉及消费者对交通时耗的便利需求,并由此引申出消费者对不同交通方式、不同交通道路等方面的便利需求以及由于一些自然障碍因素对便利性的影响。

2. 确认便利

确认便利是指让消费者能便利地找到目标商场。即使是已被消费者熟悉的商场,由于其周边社区、道路和其他相邻建筑物的发展变化,也会不可避免地让人一时"难找"甚至"找不到"。特别是对于自驾车的消费者而言,在行驶中寻找想去的目标商场会更困难,商家为此需要增强商场建筑物的可视性。而且加强确认的便利性还会增加消费者即兴购物的可能性。主要措施包括:500m 外的要有高位店标、指路牌,方便顾客远距离确认;200m 外的临主路、建筑临街面的外墙要有大型店标且无遮挡,周边开阔,方便顾客中距离确认;50m 外的要有商场入口标牌、三角立匾,方便顾客近距离确认。

3. 进出便利

进出便利是指让消费者能便利地进出商场。对于建筑面积超过 1 万平方米的大型超市,考虑的主要因素包括:①多组并联的外门构成的商场主入口,总宽度不宜小于 12～16m。②门口外的台阶尽可能少且不宜超过 4 级,防滑,有手推车通行坡道及残疾人无障碍通道。③门口外有较大的雨棚,门口处有充足的照明。④超市不设在首层且对首层无使用权时,应有直接通向超市的自动步道且步道的入口尽量靠近首层商场主入口。⑤机动车停车位宜达到 200 个以上(仓储式商场宜达到 300 个以上)。室外停车场应靠近商场主入口,购物小推车可到达每个车位;室内停车场应设在超市商场的同层或邻层(不宜隔层设置),并应设置自超市直通室内停车场的自动步道。⑥有出租车上下乘客的场地及出租车排队候客的场地(不宜少于 5 个车位)。

4. 购物便利

购物便利是指让消费者能便利地在商场内辨认、选择、拿取、携带所需商品以及结算付款。因此,选址时需要选择或设定相关的建筑条件满足商场硬件方面的需求。通常,根据顾客的便利性需求和商品经营技术的需求,大型综合超市通常需要约 1 万平方米建筑面积,其中 60%～65% 为卖场经营面积。建筑层高通常宜大于 4.80m。建筑柱距利于商场平面布局,通常柱距 8～10m 为宜;适宜的通道,便于推购物车的顾客通行。通道地面平坦,饰面材质防滑、耐磨、抗碾压;适宜的楼层,首层为佳,尽可能避免跨层,必须跨层时,超市总层数不宜超过 2 层。跨层时应设双向自动步道,其出入口前需有 4～6m 距离的缓冲区。

(二)有利于连锁门店开拓发展

连锁门店选址的最终目的是要取得经营的成功,有利于门店开拓发展,因此要着重从以下 3 个方面来考虑如何便利经营。

1. 提高市场占有率和覆盖率,以利于商店长期发展

连锁门店选址时既要分析当前的市场形势,又要从长远的角度、用发展的眼光去考虑是否有利于进一步扩充规模、提高市场占有率和覆盖率,并在不断增强自身实力的基础上开拓市场。

2. 有利于门店发挥特色

不同行业的商业网点设置,对地域的要求也不同。连锁门店在选址时,必须综合考虑行业特点、消费心理及消费者行为等因素,谨慎地确定网点所在地点,并综合、全面地考虑该区域和各种商业服务的功能,创立门店的特色和优势,树立一个良好的形象。

3. 有利于合理组织商品运送

连锁门店选址既要注意规模,又要追求规模效益。发展现代商业,要求集中进货、统一运送、合理规划运输路线,这有利于降低采购成本和运输成本。因此在门店店址的选择上应尽可能地靠近运输线,这样既能节约成本,又能及时组织货物的采购与供应,确保经营活动的正常进行。

(三) 有利于获取最大的经济效益

企业经营能否取得好的经济效益是衡量连锁门店店址选择优劣程度的最重要的标准。门店地理位置的选择一定要有利于经营,才能保证最佳经济效益的取得。

三、连锁门店选址的过程

连锁门店店址选择,是综合考虑各种影响因素的结果。要使选择在各个方面都能令人满意,客观上往往不容易办到,因此选择合适的区域及地点要在对各种因素的利弊做一平衡后才可确定。连锁门店选址要经过以下程序:确认前提条件;选择店址区域位置;落实最佳结合点;选定具体地点。

1. 确认前提条件

所谓确认前提条件,就是综合考虑各种相关因素,制定企业的分店选址择定标准。

2. 选择店址区域位置

以目标顾客为中心,设想目标顾客的可能去处,往往可以发现经营成功的契机。例如,经营日用品的超市可以随顾客到新的住宅小区,并且最好在闹市区或专业街上。依据目标顾客的需要进行这样的划分,一个城市里可供选择的区域就缩小了。当然,可以根据房地产开发商的产品定位,确定目标顾客群,再决定自己是否适合在此开店。

3. 落实最佳结合点

绘制出上述重点区域简图,在图上标明朝向、竞争店、互补店、主要商业机构、人流汇集走向、交通要道、居民区等相关因素。信息越多,越容易决定。然后挑选对本企业、周边环境最重要的几大因素进行比较,选出拟开分店核心商圈所在的位置。这显然是"缩小包围圈"的过程。

4. 选定具体地点

在上述重点区域(最好在该商圈区域内),根据上一步骤分析的结果寻找几处作为样本,进行实地调查,以了解客流量及方向、人口及家庭数量、交通状况,从而决定拟开门店的最佳位置。

任务二　分析连锁门店选址的区域类型

一、城市规划与区域选择

微课:连锁门店
选址的区域类型

连锁门店的区域选择要分析城市建设的规划,既包括短期规划,又包括长期规划。有的地点从当前分析是最佳位置,但随着城市的改造和发展将会出现新的变化而不适合设店;反之,有些地点从当前来看不是理想的开设地点,但从规划前景看会成为有发展前途的新的商业中心区。因此,企业经营者必须从长远考虑,在了解地区内的交通、街道、市政、绿化、公共设施、住宅及其他建设或改造项目的规划的前提下,做出最佳地点的选择。

1. 城市地理分布变化导致新的商业区域出现

这种情况多发生于快速扩张的大中型城市中,城市中心由于过度膨胀空间日渐窘促,因此开始向外拓展,整个城市结构由中心集团式向组团式发展,原本高度集中在市中心的多种服务功能也伴随人口扩散向外迁移,这样就直接导致了新的商业区域的产生。这些新的商业区域大多尚未成熟,消费者还没有对它产生清晰的印象。远离中心城区的新商业区域客流规模也较小,因此进驻这些地区存在一定的风险。但由于是新商业区域,所以存在的机会也相对较多。例如,相对旧商业区域,新商业区域有更为宽松和适合经营的物业条件可供选择等。

2. 城市重心转移引起的商业区域地位改变

这种情况即是由于城市经济、人口重心伴随城市拓展向外转移,导致原有商业区域的重要程度逐步下降。这意味着原来的城市核心商业区可能出现消费群体分流的情况,选址人员应对分流后原商业区域的人气做出评判。

3. 城市发展导致商业区域功能发生变化

这种情况多出现在城市中的市级商业区中。对于选址人员来说,商业区域功能的增多能加强其集聚客流的能力,蕴涵着大量的商业机会,非常值得继续深入考察。

4. 城市发展导致商业区域之间的重新组合

城市的发展导致原有商业区域之间相对地位的改变和功能的综合调整。这些变化必然引起商业区域特性的变动,同时也会使商业区域进入持续的更新改造。在这些变化中,既有威胁,又有机会,需要选址人员进行仔细评估。

二、店址区域类型选择

连锁门店店址选择,在为了适应人口分布、流向情况,便利广大顾客购物,扩大销售的原则指导下,绝大多数门店都将店址选择在城市繁华中心、人流必经的城市要道和交通枢纽、城市居民住宅区附近以及郊区交通要道、村镇和居民住宅区等购货地区,从而形成了以下 4 种类型的商业群。

1. 城市中央商业区

这是全市最主要的、最繁华的商业区,全市性的主要大街贯穿其间,云集着许多著名的百货商店和各种专业商店、豪华的大饭店、影剧院和办公大楼。在一些较小城镇,中央商业区是这些城镇的唯一购物区。

2. 城市交通要道和交通枢纽的商业街

它是大城市的次要商业街。这里所说的交通要道和交通枢纽,包括城市的直通街道,地下铁道的大中转站等。这些地点是人流必经之处,在节假日、上下班时间人流如潮,店址选择在这些地点就是为了便利来往人流购物。

3. 城市居民区商业街和边沿区商业中心

城市居民区商业街的顾客,主要是附近居民,在这些地点设置连锁店是为方便附近居民就近购买日用百货、杂品等。边沿区商业中心往往坐落在铁路重要车站附近,规模较小。

4. 郊区购物中心

在城市交通日益拥挤、停车困难、环境污染严重的情况下,随着私人汽车大量增加,高速公路的发展,一部分城市中的居民迁往郊区,形成郊区住宅区,为适应郊区居民的购物需要,不少连锁店设在郊区住宅区附近,形成了郊区购物中心。例如,近年来蓬勃发展的奥特莱斯名品折扣店,都是选择在交通便利的郊区,一般都要求在高速路旁。

 扩展阅读　　　　**专卖店店址类型选择**

经营专业化已成为中小商店对付大商店的法宝。事实证明,专卖商店并非越"专"越好,假如在某个乡镇开个法国香水专卖店,一定会失败,但如建在大都市的中心商业区,则成功的可能性就比较大。就像每一种植物都有适宜自己生长的地域一样,每一种专卖店都有自己生存、发展的最佳地理位置。

1. 中心商业区的专卖商店

中心商业区的专卖商店应以高度专业化为特征。以鞋店为例,可以依对象、价格、用途的不同,划分为流行女鞋店、高级绅士鞋店、运动鞋店、中老年人鞋店、儿童鞋店。再以服饰店为例,可分为女装店、内衣店、大众服装店等。

中心商业区之所以能容纳专卖店,是因为高度专业化的商店所经营的商品范围很窄,顾客相对较少,因此它所在的位置应是商圈大、顾客聚集的地方。这些条件刚好是大城市的中心商业区所具备的。

另外,中心商业区常以高、中档商品为主,而高度专业化的商店也具有精品形象,这会与顾客来中心商业区购物的需求相吻合。因此,在中心商业区开设专卖商店最好不要贩卖一般大众商品,如平价运动鞋和雨鞋等;服装店最好不要销售廉价的成衣和棉织品,而应以毛料、丝织品为主。

过去,都市购物分区不太明显,无论是大型商店还是中型商店或专卖商店,经营商品大致相同,商店很少依地理位置进行商品选择,收入差距很大的顾客只能在相同区域和商店购买。现在不同了,依地区差异而形成的商业区、商业群相继出现,每个人都可到适合自己的商店购买商品。由于地理位置不同,形成经营商品的差异,这为专卖商店的成长提供了更大的空间。

2. 非中心商业区的专卖商店

非中心商业区的专卖商店应以上班族所需的大众商品为主,专卖商店就应避免高度专业化,如经营的商品过窄,分类过细,容易走进死胡同。但对于一些较为繁华的非中心商业区,可以设立专业化程度较高的商店,前提是独一无二。

非中心商业区的专卖商店采取中等价位策略,即商品等级略低于中心商业区的专卖商店,高于住宅商业区的专卖商店。专家认为,中心商业区的专卖商店应以高级流行性商品为主,非中心商业区的专卖商店应以普通流行性商品为主。例如,音响器材商店如果建于中心商业区,应尽量囊括一切音响设备及相关商品,以对顾客产生强大的吸引力,诸如唱片、乐器等;而在非中心商业区,经营普通音像制品即可,不必扩充至唱片、乐器,除非该商业区规模和影响接近于中心商业区。

对于连锁专卖店,假如设立在同一城市,最好选择非中心商业区,这样既可以招徕顾客,又便于管理。

3. 住宅商业区的专卖商店

专卖商店的最初设立地点常是人群聚集的地方,而日常生活中所需的专卖商店位于居民区。但是,随着经济的发展和城市的扩大,住宅区与商业区逐渐分离,专卖商店向高级化和专业化发展,那些经营日用品、电器的商店逐步向城市中心迁移。

因此,在住宅商业区最好开设食品店、杂货店、花店、水果店等。由于这些商品家家都需要,虽然其辐射区域不大,但前来购物的顾客会比较多。就高级专卖商店来说,如果开在居民区就容易失败,因为人们在购买高级商品时总习惯多跑几家商店,对款式、价格等进行比较和选择,而且一般会去中心商业区选购。

另外,在住宅区开设专卖店时应避免经营范围过于狭窄,要尽量适合多层次顾客的需要。假如要在住宅区开设一家鞋店,那么经营的种类就要多样化,等级也需多层次,昂贵与廉价兼顾。而且要办成综合性鞋店,经营绅士鞋、女鞋、凉鞋、拖鞋、运动鞋、布鞋等多个品种。凉鞋应以中级商品为主,运动鞋、长筒靴、拖鞋可以高级商品为主。

资料来源:专卖商店地点选择.[EB/OL].[2012-05-28]. http://www.doc88.com/p/776894065094.html.

三、不同商品类别的区域选择分析

连锁门店店址区域位置选择指的是连锁店应选择设在哪一个区域,即在哪一级商业区或商业群中。作为一个具体的门店应选择哪一类商业群,就应充分考虑顾客对不同商品的需求特点和购买规律。顾客对商品的需求一般可分为3种类型,每一类型相对应的店址区域位置要求也会有所不同。

1. 顾客普遍、经常需求的商品(日常生活必需品)

这类商品同质性大,选择性不强,同时价格较低,顾客购买频繁,在购买过程中,求方便心理明显,希望以尽可能短的路程,花尽可能少的时间去实现购买。所以,经营这类商品的商店应最大限度地接近顾客的居住地区,设在居民区商业街中,辐射范围在半径300m以内,步行在10~20min为宜。

2. 顾客周期性需求的商品

对这类商品,顾客是定期购买的。在购买时,一般要经过广泛比较后,才选择出适合自己需要的商品品种。另外,顾客购买这类商品一般是少量的,有高度的周期性,因此,经营这类商品的商店宜选择在商业网点相对集中的地区,如地区性的商业中心或交通要道、交通枢纽的商业街。

3. 耐用消费品及顾客特殊性需求的商品

耐用消费品多为顾客一次购买长期使用的商品,购买频率低。顾客在购买时,一般已有既定目标,在反复比较权衡的基础上再做出选择。特殊性需求的商品购买的偶然性大,频率低,顾客分散。所以经营这些类别商品的商店,商圈范围要求更大,应设在客流更为集中的中心商业区或专业性的商业街道,以吸引尽可能多的潜在顾客。

四、不同零售形式的区域选址分析

连锁门店选址是决定商家经营成败的关键因素,不同业态、不同档次的零售门店,在经营上有不同的要求,在区域选择的要求上也大相径庭。例如,出售大众日用品和副食品的超市不宜设在闹市区,而应设在居民区内或交通方便的几个居民区的交汇处;仓储式超市或会员式超市一般应设在城乡接合部。国外的购物中心,尤其是大型或超级购物中心,都远离市区,设在城乡接合部或城郊。而我国则是市区为主、郊区为辅,这与我国的居民消费水平、交通工具及交通状况有一定关系。不同零售业态的区域选址策略如表3-1所示。

表 3-1　不同零售业态的区域选址策略

序号	业态	选址	商圈	目标顾客	营业面积	商品(经营)结构	服务功能
1	食杂店	居民区或传统商业区	辐射半径0.3km	以相对固定的居民为主	一般100m²以内	香烟、饮料、酒、休闲食品为主	营业时间12h以上
2	便利店	商业中心、交通要道及车站、医院、学校、娱乐场所、办公楼、加油站等公共区	范围小,步行5min以内到达	主要为白领阶层、单身者、年轻人,多为目的性购买	100m²左右,利用率高	即时性、小容量、应急性特点的食品、日用小百货为主,品种3 000种左右,售价高于市场平均水平	营业时间16h以上,开设多项服务项目
3	折扣店	居民区、交通要道等租金相对便宜的地区	辐射半径2km左右	主要为商圈内居民	300～500m²	商品价格低于市场平均水平,自有品牌占有较大比例	用工精简,为顾客提供有限服务
4	超市	市区商业中心、居住区	辐射半径2km左右	以居民为主	6 000m²以下	包装食品、生鲜食品和日用品。食品超市和综合超市商品结构有不同	营业时间12h以上
5	大型超市	市区商业中心、城郊接合部、交通要道及大型居住区	辐射半径2km以上	居民、流动顾客为主	6 000m²以上	大众化衣、食、日用品齐全,一次性购齐。注重自由品牌开发	停车场面积不低于经营面积40%

续表

序号	业态		选址	商圈	目标顾客	营业面积	商品(经营)结构	服务功能
6	仓储会员店		城乡接合部的交通要道	辐射半径5km以上	以相对固定的居民为主	6 000m²以上	大众化衣、食用品为主,自由品牌比例较大,商品品种4 000种左右,低价批量销售	设立相当于经营面积的停车场
7	百货店		市/区级商业中心区、历史形成的商业集聚地	较大	以追求时尚和品位的流动顾客为主	6 000~20 000m²	综合性、门类齐全,以服饰、鞋类、箱包、化妆品、家庭用品、家用电器为主	注重服务,有餐饮娱乐等服务项目和设施
8	专业店		市/区级商业中心及百货店、购物中心内	较大	有目的地选购某类商品的流动顾客	根据商品特点而定	以某品类商品为主,体现专业性、深度性、品种丰富,选择余地大	从业人员有丰富专业知识
9	专卖店		市/区级商业中心、商业街及百货店、购物中心内	较大	中高档消费者和追求时尚的年轻人	根据商品特点而定	以某一品牌系列商品为主,销售量少。质优、高毛利	员工有丰富专业知识,提供专业服务
10	家居建材商店		城乡接合部的交通要道或顾客自由房产较多的地区	较大	以拥有自由房产的顾客为主	6 000m²以上	以改善、建设家庭居住环境有关的装饰、装修等用品、日杂品、技术及服务为主	一站式购足和一条龙服务,停车位300个以上
11	购物中心	社区购物中心	市/区级商业中心区	半径5~10km	比较综合	5万平方米以内	20~40个租赁店,包括大型综合超市、专业店、专卖店、饮食服务及其他店	停车位300~500个
		市区购物中心	市级商业中心区	半径10~20km	比较综合	10万平方米左右	40~100个租赁店,包括百货店、大型综合超市、各种专业店、专卖店、饮食店、杂品店及娱乐服务设施等	停车位500个以上

续表

序号	业态	选址	商圈	目标顾客	营业面积	商品（经营）结构	服务功能
11	购物中心城郊购物中心	城乡接合部的交通要道	半径30～50km	比较综合	10万平方米以上	200个租赁店以上，包括百货店、大型综合超市、各种专业店、专卖店、饮食店、杂品店及娱乐服务设施等	停车位1000个以上
12	工厂直销中心	一般远离市区	较大	重视品牌的有目的的购买者	单个面积100～200m²	为品牌商品生产商直接设立，商品均为本企业的品牌	多店共用500个以上停车位

 扩展阅读　　　　**大卖场的选址策略**

1. 综合类大卖场

常见于一二线城市及发展迅速的三线城市。要求区域人流量较大，核心商圈1.5km以内人口不少于10万人，周边商圈3km以内居民人口数达30万人。如沃尔玛大卖场的选址标准是2km以内居民达10万～15万人，核心商圈内不存在超过5000m²的大型竞争对手。物美大卖场要求3km区域内有居民30万人。同时，大卖场需要邻近交通主动线，以方便车流、人流进出，如家乐福大卖场选址在两条道路交叉口且其中一条为主干道。

综合类大卖场对于建筑物本身也有一定要求。结合行业普遍标准来看，选址在一层最佳，一般不超过两层。单层面积5000～7000m²，总建筑面积基本超过10000m²。层高6m以上，净高不低于4m，柱距8m以上。要求卖场方正，临街面不低于70m，进深50m以上，如家乐福要求卖场长宽比为10∶7或10∶6，新一佳则把这一标准定为7∶4，易初莲花的临街面标准是80m以上。

综合类大卖场选址的附属要求还包括停车位、租期等因素。要求大卖场配备充足的停车位，一般200～300个。如乐购要求大卖场配备400个停车位，易初莲花的标准是一线城市停车位400～600个，其他城市150～300个，并且卖场门前最好附带一定面积的广场。大卖场长期租赁居多，租期长达15～20年，如沃尔玛要求租期不低于15年且提供一定的免租期。

2. 建材专业大卖场

商品专业性较高，以家居用品、建材、灯具等品类为主。专业卖场强调商圈集聚效应，更容易集聚多家同类商户扎堆经营。而对于地段的成熟度要求相对较低，在快速交通干线沿线或大型新兴社区边缘的合适位置均可。由于地处相对偏远，对停车位的要求较高，每万平方米配备车位200～400个。如百安居要求停车位不少于300个。建材大卖场占地面积较大，大部分在10000m²以上。楼层分布以首层为主、2～5层均可。为满足商品高、大等特殊物理特征,卖场需要更广阔的内部空间。建筑层高 8m 以上,最低不小于 6m,柱间距 9m 以上。另外,租期相对较长,一般在 10 年以上。

便利店的选址技巧

便利店是一种常见的连锁门店形式,其扩展速度一般较快,经常要面临开店选址的问题。

1. 商圈选择

便利店商圈半径为 500m,在半径 500m 的范围内至少有 3 000 个商圈人口;优先考虑社区型住宅区、中高档写字楼、学校周边、商业街、酒店、娱乐场所、工业园区等。商业专家认为,以下地理位置不适合开设便利店。

(1) 徒步 5~7min 到达的顾客不足 3 000 人。

(2) 非顾客汇集的交通干道。

(3) 在道路上无法看到商店。

(4) 在地下或者是二层以上。

(5) 无法设立门店门面和招牌。

(6) 门店租金超过一天的销售额。

2. 消费群体选择

便利店的主要消费群体是定位在 30 岁以下的学生和上班族(占其顾客总量的 80% 左右),针对这一群体易于接受新事物、消费力强劲和追求时尚产品的特点,在商品的选择上要注重创新与更新,结合时尚主旋律。

(1) 家庭主妇,她们一般在便利店购买在别处忘买的商品。

(2) 三口之家,年轻夫妇会为家庭进行便利性购买。

(3) 独身的青年人,他们是便利店的主力顾客。

(4) 中小学生,他们是便利店零食的最大购买者。

选择好店址尤为重要,这是便利店经营成功的最重要的因素。因为便利店的优势在于"便利",因此很多便利店都是开设在社区和娱乐设施比较集中的地区,使得顾客购物更加方便。

3. 便利店的立地条件

所谓立地,是指商店店址的确定。较好的便利店的立地条件如下。

(1) 坐落于"生活道路"。所谓"生活道路"是指商店所处的道路不是一条单纯的交通道路,周围应该有一定的住宅或单位,这样可以保证有一定数量的固定顾客。

(2) 紧邻车站。这里的车站主要指地铁站,或多部公交车汇集、客流量大的公共汽车站。紧临车站可以为商店带来较多的流动顾客。

(3) 商圈内有足量的生活人口。一般情况下,商圈内应保证有 3 000 人以上的生活人口存在(徒步 5~7min),这样才能有利于发挥便利店的便利功能。

(4) 靠近集聚人的场所。能集聚人的场所主要指政府机构、影剧场、医院、学校、旅游景点等,它们可以为商店带来大量的客流。

(5) 附近有办公楼。有办公楼存在就有客流存在,办公楼内的客流是以购买力水平比较高的白领为主,他们对便利店往往具有比较旺盛的即时需求。

(6) 附近有单身宿舍或单身公寓。单身宿舍或单身公寓里的居住者对便利性的追求特别明显,这就为便利店的销售带来了极好的机会。

(7) 房租应在一天的销售额以下。便利店的运转必须建立在低成本的基础之上,房租太高将阻碍便利店的规模扩张,适宜的月房租最好控制在一天的营业额之内。

(8) 竞争者较少。商圈内应尽量没有竞争者,因为有了竞争对手将使商店的顾客分流,从而影响经济效益。

以上便利店的立地条件的实质是要最大限度地保证商店的客流量。

任务三　分析连锁门店选址的具体因素

仅仅做出了店址的区域位置选择还是不够的,因为在同一个区域内,一家连锁门店可能会有好几个开设地点可供选择,但有些地点对某种门店来说,是百分之百好的开设地点,而对另一种门店来说,就不一定是最满意的开设地点。因此,一个新设门店在做好区域位置选择以后,还要切实考虑多种影响和制约因素,做出具体设计地点的选择。

一、客流规律分析

此项内容参见项目二任务二"四、客流量调查方法"。

二、交通条件分析

交通条件是影响连锁店选择开设地点的一个重要因素,它决定了企业经营的顺利开展和顾客购买行为的顺利实现。

1. 从企业经营角度来看

从企业经营的角度来看,对交通条件的评估主要有以下两个方面。

(1) 在开设地点或附近,是否有足够的停车场所可以利用。绝大多数大型连锁店设计的停车场所与售货场所的一般比率为4∶1。如果不是连锁,对停车场所的要求可以有所降低,连锁店可根据需要做出选择。

(2) 商品运至门店是否容易。这就要考虑可供门店利用的运输动脉能否适应货运量的要求并便于装卸,否则,在运货费用明显上升的情况下,会直接影响经济效益的发挥。

2. 从方便顾客购买角度来看

为方便顾客购买,促进购买行为的顺利实现,对交通条件要做如下具体分析。

(1) 设在边沿区商业中心的连锁店,要分析与车站、码头的距离和方向。一般距离越近,客流越多,购买越方便。开设地点还要考虑客流来去方向,如选在面向车站、码头的位置,以下车、船的客流为主;选在邻近市内公共车站的位置,则以上车的客流为主。

(2) 设在市内公共汽车站附近的连锁店,要分析公共车站的性质,是中途站还是始终站,是主要停车站还是一般停车站。一般来说,主要停车站客流量大,连锁店可以吸引的潜在顾客较多。中途站与始终站的客流量无统一规律,有的中途站多于始终站,有的始终站多于中途站。

(3)要分析市场交通管理状况所引起的有利与不利条件,如单行线街道,禁止车辆通行街道,与人行横道距离较远都会造成客流量在一定程度上的减少。

三、异业聚集分析

商业区域异业聚集状况是指不同行业门店或不同功能的商业网点在同一个商业区域中聚集的程度,该项评估解决的是商业区域客流聚集能力和功能完备程度的问题。通常情况下,异业聚集程度越高,则商业区域越偏向于综合化,其辐射能力和辐射范围就越大,吸引来的客流也就越多。对于绝大多数门店来讲,商业区域吸引来的客流越多,门店通行人流量就越大。这种情况下,只要门店和商业区域是匹配协调的,那么也就意味着经过店门口的目标消费群体的绝对数大。从这一点来讲,商业区域异业聚集的状况同样对门店获取更多的隐形收益产生影响。

对商业区域异业聚集状况的考察同样是在对整个商业区域的实地勘探中完成的,选址人员根据整体印象进行定性分析。在分析过程中有以下几个问题需要特别关注。

(1)商业区域中有哪些娱乐休闲场所或设施,这些娱乐休闲场所或设施的聚客能力如何,它们吸引过来的客流特点是什么。娱乐休闲设施通常是能够聚集大量客流的场所,选址人员找到这样的设施或机构,判断它们的聚客能力和所吸引过来的客流构成特点,观察周边门店的营业情况,从中可以综合判定在这些娱乐休闲设施附近开店是否合适。

(2)商业区域中有哪些业态分布,其中有代表性的门店是哪些。同样,这方面的测评仍然是不同行业门店聚集在一起能对客流产生多大的吸引力。通常来说,商业区域中聚集的行业越多,则客流越大。代表性门店规模越大,则表明该商业区域在整个市场商业格局中的地位越高。选址人员对这方面的信息进行分析,一方面可以进一步确定自己的竞争对手,另一方面则可以通过门店的分布来看整个商业区域的聚客规模状况,从而评估存在的商机。

(3)商业区域中最大和最知名的几个布点的位置在哪里,最大的几个门店对旁边的中小型门店产生何种影响。选址人员还可以根据不同行业代表性门店分布的地点来看整个商业区域的客流重心,从中考虑最佳的店址。另外,很多中小门店可能本身的聚客能力不强,必须依靠周边的分享流或派生流来弥补本身客流的不足。因此,该方面的评估就是看这些大型的门店是否会对周边分布的中小型门店产生进店客流的拉动性影响。这种拉动性影响越强烈,在不至于产生直接竞争或冲突的前提下,门店选址则越应该向大型门店靠近。假如这种拉动关系不明显,则选址人员就可以将注意力直接放在对其他客流分布聚集点或汇集点的考虑上。

四、竞争对手分析

连锁店周围的竞争情况对经营的成败产生巨大影响,因此对连锁店开设地点的选择必须分析竞争对手。一般来说,在开设地点附近,如果竞争对手众多,连锁店经营独具特色,将会吸引大量的客流,促进销售增长,增强店誉,否则与竞争对手相邻而设,将难以获得发展。

1.竞争门店的基本信息

竞争门店的基本信息包括竞争店的名称、规模、人员和组织形态等。竞争店的规模主要是指竞争店的经营面积,它包括前台(卖场)面积和后台面积。前台面积可以通过目测观察确认,后台面积则可以通过建筑结构和现场观察等方式推断。后台包括内仓和办公场所,选址人员尤其应注意对内仓的面积预估,因为内仓是竞争店日常储存商品的场所。

人员主要是指门店销售人员,就一般门店运营的规律来看,门店人员配备数量和营业状况是直接挂钩的。营业繁忙的门店,销售人员配比自然就要多一些,反之则会较少。另外,门店经营效率的另一个指标就是人均生产效率(又称人效),即将销售额除以销售人员数量。人效高意味着在同等销售额度下,门店所动用的人力资源较少,隐含着其管理水平较高,整体的竞争实力相对较强。

组织形态指竞争门店是独立经营的单体门店、直营连锁、特许经营或其他模式下的门店。不同组织形态门店的经营能力是不同的。独立经营的单体店商品大多属于买断经营,在配货、调货和备货能力上都比较弱;特许经营和直营连锁模式下经营的门店能得到来自总部的指导和协助,经营更加正规化,这些方面的差异都能让消费者增加购物体验。

2. 竞争店的地理信息

竞争店的地理信息包括竞争店的分布、附近的街道状况、客流动线及竞争店周边的交通环境等。这部分的考察任务就是要在地图上全部标出来。通过在地图上对这些信息的综合,选址人员可以很直观地看出各个门店的经营面积大小,相互位置关系和店前的街道、交通状况,也可以很方便地绘制出行人行走的路线,推测门店附近交通站点能带来何种客流。同时,地图还可以反映这个商业区域中异业分布和聚集的情况,选址人员可以借此很快地分析出商业区域客流的聚集程度。这些信息在确定最终店址的时候非常有帮助,选址人员只需将最终确定的备选店址放在这张地图上,就能将备选店址和竞争店以及周围环境的综合情况看得一清二楚。

3. 竞争店的商品信息

竞争店的商品信息包括商品风格、商品结构、商品陈列与门店装修等。商品风格主要是指竞争店的主力商品给消费者留下的整体印象,通常选址人员可以用"大众—个性""保守—时尚""成熟—年轻""沉闷—动感"等二级评价词来描述商品的风格。

商品结构需要用比较专业的眼光来审视。分析者重点观察竞争店出样的商品在结构上是否齐全,哪些商品出样种类最多或出样的单品数量最大,从而推断出竞争店的主力商品结构。另外,按照门店运营的一般规律,最好的陈列空间应分配给最佳业绩的商品。所以,各种商品陈列的位置、空间大小及相互关系也可以辅助选址人员对其商品结构做出判断。

4. 竞争店的门店形象

商品陈列与门店装修是门店运营中非常重要的一环,它们直接影响商品出样的效果。门店陈列和店面装修还能起到吸引消费者注意的"磁石"作用,当消费者无意识地行走时,往往会受到外观特别、装修抢眼的门店吸引而自然改变行走路线,增加进店概率。因此,凡是在门店装修上特别抢眼、使行人在远处就能发现的门店,选址人员应格外关注。

5. 竞争店的业绩状况

竞争店的业绩状况是对竞争店考察的一个重点,它包括每日销售额、平均交易次数和客单价等各方面的信息。业绩好的竞争店是未来主要的竞争对手,选址人员必须掌握其业绩的基本状况,对其经营效率和效果做出进一步的评价。

通常情况下,选址人员要想直接获取竞争对手的经营报表是不太现实的事,但选址人员仍然可以从一些侧面信息间接地做出评估。首先,选址人员可以对竞争店的商品结构进行观察,找出可能的主力商品品种和品项,然后通过价格标签推断出主力商品的价格带。其次,对门店运营进行全天候观测,记录顾客购买的次数和所购买商品的分布。当这些观测持续了一定的天数后,选址人员将这些数据记录和主力商品价格带进行对照,就可以大致推断出竞争店的日销售额范围,并可以由此反推出该店的客单价。此外,在店内的观察中,也可以从顾客在收银台付款的情况大致了解客单价的分布范围。在此基础上,选址人员根据考察日期的性质结合行业经验对数据进行调整,推断出竞争店的月平均销售额。

在掌握了上述数据之后,选址人员可以对竞争店的坪效指标做出进一步分析。坪效是各类门店考核经营效率和效果的常用指标,它是将一定时段内(通常是以一个月或一个营业周期为单位)的销售额除以营业面积(也可以直接采用门店面积)所得到的数据。该指标是反映每单位营业面积能创造多少效益的指标。经营业绩不好、效率低的门店,其坪效数值会比门店面积类似但经营业绩好的门店小,因此坪效可以用来衡量各个门店实际的经营效率。

6. 顾客在竞争店内的消费行为及评价

选址人员对顾客在竞争店中的消费行为及评价做出评估的动因是希望找到对竞争店不满意的地方,借此来改进欲设门店的运营规划,为将来开店后与竞争店争夺有效客源做好信息收集的工作。

通常情况下,该方面的信息可以在竞争店的观测和对顾客消费能力的市场问卷调查中获取。在店内观测时,考察者尤其应注意顾客对何种商品最感兴趣,对哪个品项的购买意愿最高;在市场问卷调查中可以向顾客提出"您认为该店还有哪些需要进一步改进的地方""您希望将来从本店获得哪些独特的服务"等问题。掌握这些信息,对于综合评定竞争店的实力以及欲设门店未来凭借运营综合能力与竞争店争夺客源、弥补店址不足等都具有非常重要的意义。

以上 6 个方面是选址人员对商业区域考察时了解竞争店情况的基本点,选址人员还可以根据实际情况和工作要求增加其他方面的信息调查。在调查完成后,选址人员应将上述信息汇总成单独的报表(表 3-2),以便全面、细致地把握竞争对手的情况。

表 3-2　连锁门店竞争对手信息调查

考察项目			竞争店 A	竞争店 B	竞争店 C	竞争店 D
基本信息	门店区位					
	面积	前台面积				
		内仓面积				
	门店销售人员数量					
	门店组织形态					
商品调查	商品品种大类					
	商品整体风格					
	商品档次					
	主力商品					
	主力商品价格带					
	辅助商品					
	辅助商品价格带					

续表

考　察　项　目		竞争店 A	竞争店 B	竞争店 C	竞争店 D
经营效果评价	日交易次数				
	日客单价				
	预估日销售额				
	综合预估坪效				
门店形象	商品陈列效果				
	门店布局规范				
	门店内装修效果				
	门店外装修效果				
顾客意见	门店销售氛围				
	顾客购买状况				
	服务水平				
	顾客意见评价				
其他					

五、物业条件分析

对欲设店址物业条件的分析就是对物业条件与经营需求匹配程度的考核,它是获取竞争优势的最基本层面。物业条件达不到行业经营要求或超出行业经营的需要都会严重影响门店日后的运营。通常情况下,选址人员在考察物业条件时要注意以下 6 点。

1. 门店面积

门店面积是任何一个选址人员选择物业时都应关注的重点,一般来说,门店面积既要考虑门店基本经营需要,又要注意成本控制。不同的行业对门店经营面积有最基本的下限要求,即完成最基本的商品展示和服务功能必须有最低的营业面积保障。例如,位于社区内的便利店通常最低的营业面积不能低于 $30m^2$,否则就会直接影响商品出样的数量和功能区域的分配,使门店的竞争能力受到极大限制。对于某些像服饰店那样有前后台功能区分的门店而言,选址人员还要特别留意前台面积和后台面积的比例关系问题。前台是门店直接产生效益并和顾客进行接触的场所,因此相对于后台,前台面积的占比应得到优先保证,否则,不但会影响商品销售,还会造成租金的浪费。但是,过大的经营面积并不能带来利润的同步放大,反而会增加成本的支出,因此合理的成本控制对门店的经营面积形成上限要求。

2. 门店形状

门店受物业硬件条件的影响会有各种的形状,选址人员在具体查看时一定要考虑到不同行业在门店形状适应性上的差异。门店形状重点是要考虑前台(卖场)与后台功能的分区。门店运营需要前台(卖场)和后台协调运作,前台(卖场)负责商品销售和接待顾客,后台发挥仓储、办公、生产等支持前台运营的作用。选址人员应首先考虑前后台功能之间的相对关系,再考虑门店形状的适应性问题。即凡是前后台功能之间以一个为主导,另一个为从属的,应从占据主导地位的功能区块考虑门店形状的选择;凡是前后台功能同等重要的,应将门店切割成两块功能区域来分别考虑门店形状的选择。具体来讲,前台出于商品陈列和方便顾客行动的目的,需要比较规整的门店形状,而后台则相对在门店形状的适应性上要灵活得多。

3. 门店开间和朝向

门店开间是指门店朝向客流一面的宽度。在彼此相邻的几个门店中,门面宽敞的那家相对于其他门店总是更能吸引顾客的关注。同时,较宽的开间也为将来设计较宽的店门入口留下充足的余地,这样可以消除顾客对未知环境的不安情绪,增加顾客进店的概率。门店朝向是指门店开口应朝向行人的主行进方向,这也是为了增加顾客进店的方便性和概率。同时门店的朝向还关系到通风、日照等方面的问题,要特别注意。

4. 柱墙大小、数量和位置

对柱墙大小、数量和位置的考察比较复杂。通常来说,面积比较大的门店内,存在分布位置比较合理且数量较少的柱墙能在一定程度上起到辅助货柜设计和门店自然隔断的作用,对于加强店堂装修效果的层次感和引导顾客行走有一定的帮助,但柱面和墙体过多或过于密集则易形成死角,不利于经营活动的开展。对于中小型门店而言,不宜选择门店中有墙柱的物业。在评估时,选址人员应根据行业经验仔细判断柱墙和物业形状、物业面积之间形成的整体空间效果,一般以不阻挡消费者视线和不形成无法补救的死角为最佳选择。

5. 门店空间高度

门店空间高度是指在门店装修完毕后,从地面到吊顶的实际高度。高度根据业态而不同,除特殊行业外,一般的小型门店空间高度通常以 3m 为宜,而有的大型门店要求高度达 10m 以上。过低的空间会给顾客造成压迫感,使顾客不愿意进店或停留。在平面面积有限的情况下,过高的高度又会使顾客感觉走进了一个直筒形的空间,同样会使顾客产生心理上的不安。因此在进行观察的时候,选址人员一定要亲身体验一下,以顾客感觉舒适为评判标准。

6. 门店使用年限、保养状况和基础设施的完备程度等

门店的建筑越陈旧、保养状况越差,则改造成本就越大,这会大幅增加开店的成本,因此备选物业起码要以不引起门店后续过重或过多的额外改造、保养开支为评判标准。门店的基础设施包括电力、上下水、煤气、电话、供暖、市政、污水处理、消防、保安、垃圾处理等,特殊行业还要对本行业所要求的特殊事项进行考察。选址人员应将上述注意事项与行业通行的物业标准进行对比,对于未能完备或未能达标但可以通过改造加以健全和改善的事项,选址人员应特别留意将其作为与物业方谈判租金的重要筹码,以弥补门店改造所耗费的成本、费用支出。

 扩展阅读　　　　　　 **门店选址技巧**

1. 路口店的利弊

利:道路旁边一般是黄金位置,但由主干道延伸出的巷弄内也有许多适合开店的地点。而一般评估巷道内的黄金店面,多使用漏斗理论,指的就是同一个街口,有数家三角窗商店,消费者通常会在回家的路途中顺道消费。因此,位于主干道转进巷弄的第一家商店,会像漏斗一样,最先吸引消费者入店。理想的黄金地点,应该是下班路线右边的地点。

弊:宽大道路黄金地段也可能成为商店经营的死穴。首先,随着车流量的不断增大,紧邻宽大道路或主干道而带来的噪声、废气污染,与绿色、生态、环保、健康的流行居住趋势背道而驰。这是路边店的最大致命伤。其次,路边店由于受市政规划不确定因素的影响,遭受拆迁等的未来风险要大得多。随着政府对城市改造、规划的不断深入,越来越多的道路会面临着拓建、改造的可能。在这种情况下,最容易受影响的无疑就是紧贴在道路边的路边店了。

2. 拐角的位置较理想

交叉路口一般是指十字路口和三岔路口,由此形成的拐角的位置往往是很理想的,一般来说在这种交接地,商店建筑的能见度大,可以产生拐角效应。拐角位置的优点是:可以增加橱窗陈列的面积。两条街道的往来人流汇集于此,有较多的过路行人光顾;可以通过两个以上的入口以缓和人流的拥挤。由于商店位置面临两条街,选择哪一面作为自己商店的正门,则成为一个十分重要的问题。一般的做法是,选择交通流量大的街道作为商店的正门,即店面;而交通流量小的街道一面则作为侧门。但在选择十字路口的哪一侧时,则要认真考察道路两侧,通常要对每侧的交通流向及流量进行较准确的调查,应选择流量最大的街面作为商店的最佳位置和店面的朝向。如果是三岔路口,最好将商店设在三岔路口的正面,这样的店面最显眼;但如果是丁字路口,则将商店设在路口的转角处,效果更佳。同时,并非行人越多越兴隆,理想的黄金地点,应该是下班路线右边的地点。

3. 同行密集生意好

同行密集客自来,这是经商古训。在商业经营中,在某一些街道或地点,集中经营同一类商品,以其商品品种齐、服务配套完善为特色,可吸引大量慕名而来的顾客。这种经营方法对生产者、消费者都有利,对商品经营者来说,更是适应市场需要的一种高明的竞争举措。

4. 商店选址与路面、地势、地形的关系

一般情况下,商店选址都要考虑所选位置的道路及路面地势情况,因为这会直接影响商店的建筑结构和客流量。通常,商店地面应与道路处在同一个水平面上,这样有利于顾客出入店堂,是比较理想的选择。但在实际选址过程中,路面地势较好的地段地价都比较高,商家在选择位置时竞争也很激烈,所以,在有些情况下,商家不得不将商店位置选择在坡路上或路面与商店地面的高度相差很多的地段上。这种情况下,最重要的就是必须考虑商店的入口、门面、阶梯、招牌等的设计,一定要方便顾客,并引人注目。

5. 走向情况

走向是指商店所选位置顾客流动的方向。例如,我国的交通管理制度规定,人流、车流均靠右行驶,所以人们普遍养成右行的习惯,这样,商店在选择地理位置进口时就应以右为上。商店所在地的道路如果是东西走向的,而客流又主要从东边来时,则以东北路口为最佳方位;如果道路是南北走向,客流主要是从南向北流动时,则以东南路口为最佳。

任务四　评估连锁门店选址条件

通过前期的商圈分析及门店店址选择类型和门店选址应考虑的因素分析,初步选定连锁新门店拟建店址后,就要对该店址进行详细的评估,最终确定是否在该地新建门店。

店址评估对连锁门店经营的成败关系很大,所以,选址评估是开店前一项必要的准备工作。在前些年,外国连锁门店选址评估大多是靠经验和直觉来判定,因此每人评估的结果可能各不一样。近年来,连锁门店选址评估越来越注重科学、完备的选址标准和方法。在评估过程中,尽可能根据前期工作总结对评价标准进行数据化、定量化处理,将人为干扰的因素降至最低。

一、店址评估标准的设定

备选门店地址一旦确定,就需着手进行评估。选址与评估工作都是由连锁总部统一计划和实施的,体现了连锁经营管理的标准化原理。

评估工作应该具体且细致,首先是要确定评估项目,其次是进行定量化评估,最后做出相关分析并选定门店地址,这是一系列的标准化流程。连锁门店评估是一项非常复杂的工作,涉及连锁企业营运部、物业部、发展部、行管部等多个部门,每个部门运用各自专业知识对连锁门店备选地址进行具体评估标准设定,主要包括商圈状况、交通条件、设备设施、建筑结构等,如表3-3所示。

表3-3　店址评估项目

评估部门	部门分值/分	评估项目	项目分值/分	项目明细
营运部	100	商圈状况	30	所处商圈级别、相邻商业项目、与商圈标志性建筑的步行距离
		交通条件	15	相邻道路数量、交通管制、100m内公交线路数量、顾客到达的便利性
		面积及楼层	15	标准符合度、楼层、一层面积占比、实用面积占比、与竞争对手面积比较
		建筑结构	15	出入口、垂直通道、柱间距、商场几何形状、大型设备井位置
		外观形象	10	门头及店招位尺寸及高度、观察角度、外立面店招独立性、外立面装饰
		场地	10	面积、使用的独立性、后场场地
		其他	5	租赁物发票提供、水电费发票提供、交房时间
物业部	100	设备设施	70	供电、供水、监控设备、广播设备、自动卷闸门、中央空调、电梯、消防设备
		基础装饰、装修	30	建筑面积、建筑结构、顶部状况、地面状况、柱墙面状况、卫生间状况
发展部、行管部	100	房屋产权	60	产权证、土地证、是否是转租等
		合同法律条款	30	条款总体情况、违约条款情况
		合同附件材料	10	签约手续、租赁区域平面分界图、广告位、店招位、消防合格证、电梯及扶梯合格证等

二、选址评估表的建立

根据店址评估项目进行细化及量化,建立选址评估表,按照评估部门划分,分成营运部店址评估细则、物业部店址评估细则、发展部及行管部店址评估细则。

（一）营运部店址评估细则

营运部关于店址评估的细则共计100分，具体分为商圈状况、交通条件、面积及楼层、楼层结构、外观形象、场地及其他7个部分，每一个评估项目又有项目明细和明细分值，具体如表3-4所示。

表3-4 营运部店址评估细则

评估项目	项目分值/分	项目明细	明细分值/分	评分标准	标准分值/分	项目得分
商圈状况	30	所处商圈级别	10	市级核心商圈	10	
				市级次商圈	8	
				区级商圈	6	
				社区商圈	4	
				非商圈	0	
		相邻商业项目（200m 范围内）	10	大型百货商场	10	
				中型、经营较好的百货商场	8	
				中小型专业店	6	
				零星商铺	4	
				大型著名综合超市	0	
		与商圈标志性建筑的步行距离	10	100m 以内	10	
				100～300m	8	
				300～500m	5	
				500～800m	2	
				800m 以上	0	
交通条件	15	相邻道路数量	4	相邻2条主干道以上	4	
				相邻1条主干道、1条一般道路	3	
				相邻1条主干道	2	
				不邻主干道	0	
		交通管制	5	2条相邻道路机动车均可双向行使	5	
				有1条相邻道路机动车可双向行使	4	
				相邻道路机动车单向行使	2	
				相邻道路机动车禁止通行	0	
		100m 内公交线路数量	3	5 条以上	3	
				3～5 条	2	
				1～2 条	1	
				无	0	

评估项目	项目分值/分	项目明细	明细分值/分	评 分 标 准	标准分值/分	项目得分
交通条件	3	顾客到达的便利性	3	便利	3	
				需绕过少量障碍物	2	
				需绕过多个障碍物	0	
面积及楼层	15	标准符合度	3	与标准面积差距10%以内	3	
				与标准面积差距10%～20%	2	
				与标准面积差距20%以上	0	
		楼层	4	一层	4	
				一层及负一层	3	
				一层及二层	2	
				3～4层	0	
		一层面积占比	4	一层面积占总面积30%以上	4	
				一层面积占总面积15%～30%	3	
				一层面积占总面积10%～15%	2	
				一层面积占总面积10%以下	0	
		实用面积占比	2	实用面积占比80%以上	2	
				实用面积占比70%～80%	1	
				实用面积占比60%～70%	0.5	
				实用面积占比60%以下	0	
		与竞争对手面积比较	2	较竞争对手店面规模大	2	
				与竞争对手店面规模相当	1	
				较竞争对手店面规模小	0	
楼房结构	15	出入口	3	非相邻出入口在3个(含)以上,宽敞且货物员工均有独立通道	3	
				非相邻出入口2个,宽敞且货物员工均有独立通道	2	
				非相邻出入口2个,无货物和员工独立通道	1.5	
				非相邻出入口1个,宽敞且货物员工均有独立通道	1	
				非相邻出入口1个,货物员工无独立通道	0	

评估项目	项目分值/分	项目明细	明细分值/分	评分标准	标准分值/分	项目得分
楼房结构	15	垂直通道	3	每层都有2部以上自动扶梯,另有独立商场用坡道梯	3	
				每层仅有2部自动扶梯	2	
				每层有1部自动扶梯,另有独立商场用步行梯	1	
				每层只有商场用步行梯	0.5	
				无垂直通道	0	
		柱间距	4	8m以上	4	
				6～8m	2	
				6m以下	0	
		商场几何形状	3	规则	3	
				较不规则	2	
				很不规则	0	
		大型设备井位置	2	位于商场角落,商场通透性好	2	
				位于商场中后部,通透性一般	1.5	
				位于商场中间,通透性差	0	
外观形象	10	门头及店招位尺寸	2	30m以上	2	
				20～30m	1.5	
				10～20m	1	
				10m以下	0	
		门头及店招位高度	2	5m以上	2	
				5m	1.5	
				5m以下	1	
		观察角度	2	4面	2	
				3面	1.5	
				2面	1	
				1面	0.5	
		外立面店招独立性	2	只有我公司一家	2	
				需与另一家共用	1	
				需与另两家共用	0	
		外立面装饰	2	成色较新,用材较好	2	
				成色较旧,用材一般	1	
				有大面积破损	0	

评估项目	项目分值/分	项目明细	明细分值/分	评分标准	标准分值/分	项目得分
场地	10	面积	4	大于标准化场地面积标准较多	4	
				基本符合标准化场地面积标准	2	
				小于标准化场地面积标准较多	0	
		使用的独立性	4	独立使用	4	
				2家共用	2	
				多家共用	0	
		后场场地	2	较大	4	
				较小	2	
				无	0	
其他	5	租赁物发票提供	1.5	全额提供租赁费发票	1.5	
				部分提供租赁费发票	1	
				不提供发票	0	
		水电费发票提供	1.5	全额提供增值税发票	1.5	
				部分提供增值税发票	1	
				不提供发票	0	
		交房时间	2	与计划开店时间相符	2	
				迟于计划开店时间	1	
				半年以上交付的	0	
合计	100		100			

以上为除价格以外商务条款的评分标准,租赁费用没有包括在内,因为价格本身就是绝对量化的因素,不需要进行评分。价格是一个相对比较灵活的因素,需要双方谈判的不断深入才能达成一致,而且房租水平的高低与整个城市的租金水平及租赁物所处的区位有关。

(二)物业部店址评估细则

店址评估中有关物业方面的评估总分为 100 分,主要分为两个方面:一方面是设备、设施的评估,占 70%;另一方面是基础装饰装修方面的评估,占 30%。每一个评估项目都有具体的项目明细和评分标准。

1. 设备、设施方面

设备设施方面评估细则及评分标准如表 3-5 所示,总评分共 100 分,实评分＝所得分×70%。

表 3-5　设备设施评估细则

评估项目	项目分值/分	项目明细	明细分值/分	评 分 标 准	标准分值/分	项目得分
供电力方面	25	整体电容量	10	电容量完全符合商场需要	10	
				电容量不符合商场需要,但可以增容	5	
				电容量不符合商场需要,也不能增容	0	
		电气设备新旧程度	5	电气设备是全新的,能够正常投入使用的设备	5	
				电气设备整体良好,只需做小部分改动	4	
				电气设备大部分需调整,或每一层只有总电源,而没有分支电源	3	
				电源没有到各楼层,需从配电房拉电缆到各楼层	2	
		供电控制主动性	3	电源是由我公司自行控制	3	
				电源是由业主控制	1	
				电源由其他租户控制	0	
		相关设备检查、检验证明	2	相关设备检查、检验证明齐全	2	
				相关设备检查、检验证明没有或很少部分有	0	
		电费计量设备的合理性、准确、独立性	5	我公司商场照明和设备用电都能单独计量,没有公用电分摊,并且不承担电力损耗,业主提供增值税发票	5	
				我公司商场照明可以单独计量,公用电及设备用电以计表数按面积分摊,并且承担5%以下的电损,业主提供增值税发票	3	
				我公司商场照明可以单独计量,公用电及设备用电以使用功率按面积分摊,并且承担5%以上的电损,业主不能提供增值税发票	1	
供水方面	5	便利性	3	我公司商场每层用水都能到位,水压正常	3	
				我公司商场水源没有到位,还需要另接水源	0	
		计量准确、独立、合理性	2	我公司商场每层用水都能单独计量,并且准确,不承担水耗	2	
				我公司商场每层用水按面积分摊,并要承担水耗	0	

续表

评估项目	项目分值/分	项目明细	明细分值/分	评 分 标 准	标准分值/分	项目得分
监控设备	5	设备新旧程度	3	主机、摄像头、云台、录像机工作正常，图像清晰，商场所有安全通道都能保证有监控点	3	
				监控系统不能正常工作，图像较差，部分通道口无监控	0	
		控制主动性	2	监控系统由我公司控制	2	
				监控系统由业主控制	0	
广播设备	5	设备新旧程度	3	主机及喇叭工作正常，音质较好	3	
				主机及喇叭不能正常工作，音质较差	0	
		控制主动性	2	播音系统由我公司控制	2	
				播音系统由业主控制	0	
自动卷闸门	5	设备新旧程度	5	自动卷闸门起落正常，卷闸门无破损	5	
				自动卷闸门起落不正常，卷闸门破损严重	0	
中央空调	15	中央空调主机	5	主机是全新设备或连续使用2年以内	5	
				主机连续使用1年后停滞时间在1年以上，或连续使用5年以内	3	
				主机连续使用超过5年	0	
		管道	3	管道全部安装到位，保温较好，无破损，内壁干净	3	
				管道部分没有安装到位，或保温破损严重，内壁腐蚀严重	0	
		变风量机组	3	变风量机组较新，外部无锈蚀，电机及送风噪声小，每个风口的风量较大	3	
				变风量机组锈蚀严重，或电机无法运转，每个风口的风量较小	1	
		循环水泵	2	水泵较新，水流量较大，电机工作正常，无漏水现象，各阀门都能正常开关	2	
				水泵漏水严重，电机声音异常或不能启动，阀门锈蚀严重，不能正常开关	0	
		冷却塔	2	冷却塔工作正常，表面无锈蚀，内部填料较新，电机能正常工作，无异常声音	2	
				冷却塔表面锈蚀严重，内部填料破损严重，电机工作异常或不能启动	0	

评估项目	项目分值/分	项目明细	明细分值/分	评 分 标 准	标准分值/分	项目得分
电梯方面	10	电梯设备完整性	5	我公司商场内的扶梯和货梯齐全	5	
				我公司商场内扶梯或货梯部分缺少,需要增加	2	
				没有扶梯和货梯,需要全部增加	0	
		设备检查、验收证明	2	电梯设备的检查和验收证明齐全,验收证明有效	2	
				电梯设备的检查和验收证明需重新办理	0	
		设备新旧程度	3	设备是全新设备,停滞时间不超过1年,或电梯自安装起连续使用2年以内	3	
				设备是全新设备,停滞时间在1年以上,或电梯自安装起连续使用5年以内	1	
				电梯使用时间超过5年,或电梯使用1年后停滞时间超过1年	1	
消防设备	30	消防验收、检验情况	4	有消防验收合格报告和年检合格报告	4	
				无合格消防验收报告的年检报告证明	0	
		设备的配套情况	6	商场内有烟感报警系统	5	
				商场内有消火栓系统	6	
				商场内有排烟系统	5	
				商场内有放火区及建筑物的构造情况	5	
				商场内有消防方面相关联动设施、设备	5	
				商场内有喷淋系统	5	
				备注:高层建筑物必须有消防电梯		
		设备使用年限	3	设备使用期限1年左右	3	
				设备使用期限3年左右	2	
				设备使用期限5年以上	1	
		设备的独立性	5	消防控制室在我公司控制区域内,并且该主机只供我公司单独使用	5	
				消防控制室由业主控制,系统由多家单位使用,但我公司可在控制室内设内部电话便于联系	3	

评估项目	项目分值/分	项目明细	明细分值/分	评 分 标 准	标准分值/分	项目得分
消防设备	30	设备的运行情况及维护情况	4	各项消防设备运行正常而且维保单位定期对系统进行检查	4	
				各项消防设备运行正常但无维保单位	3	
				设备使用多年,系统勉强可以运行	2	
				消防系统瘫痪	1	
		建筑设计是否符合开店要求	4	建筑物是钢筋混凝土框架结构,可任意分割	4	
				建筑物内部是钢结构	3	
				建筑物是木结构	2	
		商场内有无单独的安全疏散通道及其他消防辅助设施	4	商场内有 2 个以上安全通道、安全出口及消防疏散指示标志、应急照明系统、灭火器材	4	
				商场内有 2 个以上安全通道、安全出口但无任何的消防辅助设施	2	

2. 基础装饰、装修方面

基础装饰、装修方面评估细则及评分标准如表 3-6 所示,总评分共 100 分,实评分＝所得分×30％。

表 3-6　基础装饰、装修评估细则

评估项目	项目分值/分	项目明细	明细分值/分	评 分 标 准	标准分值/分	项目得分
建筑面积	20	每层实用面积	20	得房率(实用面积/建筑面积)的百分比乘以分数	20	
建筑结构	20	柱间距	10	柱间距 8m 以上	10	
				柱间距 6～8m	7	
				柱间距 6m 以下	3	
		层高	10	层高 4m 以上	10	
				层高 3～4m	7	
				层高 3m 以下	3	
顶部状况	20	吊顶	8	矿棉板吊顶	8	
				石膏板吊顶	7	
				其他吊顶	6	
				裸顶刷乳胶漆	5	
				毛坯	2	

续表

评估项目	项目分值/分	项目明细	明细分值/分	评分标准	标准分值/分	项目得分
顶部状况	20	顶部完好率、平整度	6	顶部平整度好,无破损,无须整改	6	
				顶部平整度一般,局部破损,需要整改	3	
				顶部平整度差,大部分破损,需要整改	1	
		装修年限	6	1年内新装修	6	
				1~3年	4	
				3~5年	2	
				5年以上	1	
地面状况	20	地面装修	8	地砖	8	
				水磨地面	6	
				复合地板	4	
				毛坯	0	
		装修年限	6	1年内装修	6	
				1~3年	4	
				3~5年	2	
				5年以上	0	
		完好率、平整度	6	地面平整度好,无破损,无须整改	6	
				地面平整度一般,局部破损,需要整改	3	
				地面平整度差,大部分破损,需要整改	0	
柱墙面状况	10	柱面、墙面状况	10	柱面、墙面楼道刷乳胶漆	10	
				柱面、墙面、楼道毛坯	7	
				柱面、墙面、楼道装修需要拆除	0	
卫生间状况	10	装修年限	2	1年内新装修	2	
				1~3年	1	
				3年以上	0	
		顶、地、墙状况	2	顶、地、墙状况装修较好,无须改造	2	
				顶、地、墙状况装修一般,需要改造	1	
				顶、地、墙状况装修差,需要拆除	0	
		上下水是否畅通	3	有上下水,畅通	3	
				有上下水,不畅	2	
				无上下水,需重新铺设管道	0	
		卫生洁具及配套设施状况	3	卫生洁具齐全、崭新	3	
				卫生洁具不齐全、陈旧,需要改造	2	
				卫生洁具无法使用,需重新安装	0	

（三）发展部、行管部店址评估细则

发展部、行管部对于店址评估总分为 100 分,主要分为 3 个方面:房屋产权部分评估,占60%;合同法律条款部分评估,占 30%;合同附件材料部分评估,占 10%。每一个评估项目都有具体的项目明细和评分标准,如表 3-7～表 3-9 所示。

表 3-7　房屋产权部分评估细则

评估项目	项目分值/分	项目明细	明细分值/分	评分标准	标准分值/分	项目得分
产权证	50	产权证是否提供原件	35	能够提供	35	
				因抵押等原因无法提供	10	
				无合理理由无法提供	0	
				在签约前未能提供,在签约后能提供	5	
		产权证地址与合同地址是否一致	5	完全一致	5	
				基本一致	3	
				不一致,但能解释清楚	2	
				不一致,未能解释清楚	0	
		产权证面积与租赁面积是否一致	5	完全一致	5	
				基本一致	4	
				略少于租赁面积	3	
				明显少于租赁面积	0	
		产权证产权人名称与出租方名称是否一致	5	完全一致	5	
				有区别,但能解释清楚	4	
				有区别,但未能解释清楚	0	

表 3-8　合同法律条款部分评估细则

评估项目	项目分值/分	项目明细	明细分值/分	评分标准	标准分值/分	项目得分
条款总体情况	20	有否采用我公司标准文本	10	完全采用	10	
				基本采用	8	
				部分采用	6	
				未完全采用	4	
				完全未采用	0	
		有无重大遗漏条款	2	有	0	
				无	2	
		有无必须修改条款	3	有,且较多	0	
				有,但不多	1	
				无	3	
		有无对我公司不利条款	3	无	3	
				有,但不多	1	
				有,且较多	0	
		有无重大遗漏条款	2	无	2	
				有,但不多	1	
				有,且较多	0	

续表

评估项目	项目分值/分	项目明细	明细分值/分	评 分 标 准	标准分值/分	项目得分
违约条款情况	10	对方违约条款	7	逾期交房的违约责任	2	
				逾期提供设施的违约责任	1	
				违约解除合同责任	2	
				其他违约责任	2	
		我方违约条款	3	逾期付款的责任	2	
				其他违约责任	1	

表 3-9 合同附件材料部分评估细则

评估项目	项目分值/分	项目明细	明细分值/分	评 分 标 准	标准分值/分	项目得分
合同附件	10	签约手续	2	符合要求	2	
				不完全符合要求	1	
				不符合要求	0	
		租赁区域平面分界图	2	与租赁区域一致	2	
				与租赁区域有差别	1	
				未提供租赁区域平面分界图	0	
		广告位	1	清晰、明确	1	
				未清晰、明确	0	
		店招位	1	清晰、明确	1	
				未清晰、明确	0	
		消防合格证	2	完全符合要求	2	
				不完全符合要求	1	
				不符合要求或没有提供	0	
		电梯及扶梯合格证	2	完全符合要求	2	
				不完全符合要求	1	
				不符合要求或没有提供	0	

复习思考题

1. 简述店址选择的重要性。

2. 连锁门店选址应该遵循哪些基本原则？

3. 门店店址选择有哪些基本类型？

4. 如何分析客流规律？

5. 如何分析门店竞争对手？

6. 大型超市和便利店的选址策略有何区别？

7. 店址评估需要考虑哪些项目？

实训项目

假如你有创业基金的支持，准备开一家连锁便利店。以小组为单位，通过门店选址调研，做出选址规划，并通过选址评估表对备选门店地址进行分析。

案例分析

盒马鲜生门店选址

盒马鲜生是阿里新零售的样板企业，其线上、线下融合的销售模式已经成为业内标杆；盒马推出的 3 公里 30 分钟配送服务，更是成为业界竞相模仿的对象。对于强调线上购物线下配送的门店而言，传统选址模式还有效吗？

近期，极海品牌监测发布《盒马鲜生品牌分析报告》，通过大数据分析盒马鲜生在选址上的一些特征。

报告显示，盒马鲜生的门店布局以一、二线城市为主，门店集中于住宅小区、购物中心和商务写字楼商圈，从周边房价及居民消费能力来看，盒马鲜生定位明显高于沃尔玛、大润发、永辉等传统超市；从盒马鲜生门店覆盖的人口来看，由于门店数量原因，全国盒马鲜生覆盖总人口数虽然少于沃尔玛等企业，但它门店辐射区域的人口密度更大，上班族占比更高。

聚焦一线城市，"盒区房"均价 3 万元

从门店的城市布局来看，盒马鲜生主要集中在经济发达的一、二线城市。截至 2020 年 9 月 6 日，盒马鲜生分布在一线城市的门店数量为 214 家，占比达到 57%。这个数字超过了盒马鲜生在其他地区门店数量的总和。作为盒马鲜生的大本营，上海的盒马鲜生门店数量多达 72 家，而位于三线城市的门店仅有南通一家。对比传统超市可以看出，传统超市选址更为"下沉"。举例来说，大润发在一线城市的门店占比仅为 15.6%，而在三、四线城市占比达到了 46.3%。

"盒区房"是这两年比较流行的说法。从周边地产项目情况来看，盒马鲜生周边房价及房屋租金更高。极海品牌监测数据显示，盒马鲜生周边平均房价为 37 806 元/m²，房价中位数为 30 655 元/m²，远高于沃尔玛超市覆盖地区 22 173 元/m² 的平均房价和 13 215 元/m² 的房价中位数。从盒马鲜生门店周边商铺租金来看，周边商铺平均租金为 3.7 元/(m²/d)，比沃尔玛周边商铺的租金高出 0.2 元。

盒马鲜生覆盖区域经济发展水平高于其他同类型企业，也就意味着周边居民的消费能力更高。仍以盒马鲜生和沃尔玛对比，盒马鲜生周边人均消费为 141 元，比沃尔玛周边 121 元的人均消费高出了 16.5%。无论是周边的人均餐饮消费、人均购物消费、人均零食消费，盒马鲜生都高于沃尔玛。单就门店周边人均购物消费水平来看，盒马鲜生的这一数值更是高出沃尔玛 30%，二者消费差距达到将近 200 元。

总之，盒马鲜生选址上倾向于消费能力更高的一线、新一线城市的住宅、购物中心及商务办公区,门店周边房价及租金明显高于同类型企业,整体定位偏向高端,而周边人均消费水平可以有力地证明这一点。盒马鲜生在选址上更倾向于选择周边竞争对手少的区域。通过对盒马鲜生与沃尔玛门店周边的便利店品牌数量进行统计,发现盒马门店周边平均便利店数为 28 家,而沃尔玛周边平均便利店数为 31 家。这表明,盒马鲜生对传统意义上的"好店址"并不是非常看重。

覆盖地区人口密度大,目标客群以上班族为主

盒马鲜生主打 3 公里范围以内半小时送达服务,因此配送范围内覆盖人口密度高,且该范围内用户有线上消费习惯,具有与盒马鲜生定位相匹配的消费能力,上述因素共同组成了盒马鲜生在选址中的一些必备条件。

盒马鲜生主要客群为"80 后""90 后"的上班族,他们习惯于使用线上购物平台,有一定的经济基础,且有在家做饭的需求。这些特点选址上主要表现为盒马鲜生门店覆盖范围内人口密度更高,上班族数量更多。

从门店覆盖人口情况来看,盒马鲜生覆盖人口数量少于沃尔玛,但覆盖地区人口密度明显更高。极海品牌监测数据显示盒马鲜生每万人覆盖门店数量为 4.52 家,沃尔玛的这一数据为 3.4 家。这样的选址策略能够保证盒马在配送范围内服务更多的消费者,符合其线上下单、配送到家的定位。例如,位于广州花都区的盒马鲜生门店 3 公里范围内覆盖了 60 多个小区,辐射了超过 30 万人口。

从工作类型看,盒马鲜生门店覆盖范围内上班族的数量多于沃尔玛。数据显示,盒马鲜生门店覆盖范围内上班族数量为 470 万人,沃尔玛的为 318 万人。以覆盖范围内平均上班族数量来看,盒马鲜生的为 2.4 万人,沃尔玛的为 1.8 万人。

从门店结构来看,盒马鲜生的门店主要以住宅小区、购物中心及商务写字楼等店型为主,它们的门店数量分别为 61 家、61 家和 49 家,这三种门店在盒马全部门店数量中的占比超过 50%。对比永辉超市与盒马鲜生的门店类型可以发现,盒马鲜生门店类型中,占比较高的商务写字楼在永辉超市中的占比则很小,永辉超市的门店类型主要集中在购物中心和住宅小区中。扫描右侧二维码可查看盒马鲜生、永辉超市的门店类型分布图。

从覆盖区域来看,沃尔玛覆盖的居民小区更多;而在覆盖写字楼上,盒马鲜生的数量为 2 577 个,沃尔玛的数量为 1 047 个,盒马鲜生较沃尔玛高出 1.4 倍。从平均数据来看,沃尔玛覆盖写字楼的数量为 10 个,盒马鲜生则为 14 个。

盒马鲜生、永辉超市的门店类型分布图

总之,对盒马鲜生而言,相较于到店消费者,门店更看重配送范围内覆盖的人口情况。因此在以门店为中心的 3 公里范围内,覆盖更多的人口,且准确评估消费者的消费能力和消费习惯这些都是决定盒马鲜生营收的关键所在。因而盒马在早期选址过程中,会参考淘宝、支付宝使用率等线上数据,以此来判断该地区电商、移动支付渗透率,以确定用户的消费习惯。

综上所述,盒马鲜生作为新零售的代表企业,其选址方式与传统零售企业有一定的差异,这些差异既体现了企业自身经营的特色,又有利于竞争优势的树立和巩固。

资料来源:https://xueqiu.com/8894528164/161663476.

【问题】

(1) 盒马鲜生的经营特点是如何影响其选址策略的?

(2) 分析叮咚买菜等生鲜电商的前置仓选址策略与盒马鲜生选址策略的区别。

项 目 四

连锁门店投资计划

学习目标

【知识目标】

1. 了解可行性研究的概念。

2. 了解可行性研究的基本内容。

3. 了解门店的投资构成。

4. 掌握门店销售额的预测方法。

5. 掌握门店的经济评价方法。

【技能目标】

1. 能组织门店开发的可行性研究。

2. 会进行门店销售额预测。

3. 会进行门店开发的经济评价。

4. 能撰写门店开发的可行性研究报告。

【课程思政】

1. 坚持工匠精神,认识门店开发可行性研究的严谨性和指导性。

2. 坚守一丝不苟的敬业精神,端正门店开发可行性研究对门店开发的重要意义。

 案例导入

店铺分租计划核算

店铺导入分租经营有两个原因:一是使所拥有的商业设施多样化;二是借分租的租金收入来降低损益平衡点。

(1) 使商业设施多样化。研究调查显示,当超市大卖场不超过 6 000m² 时,其投资效率较佳,如想再加入餐饮业、服务业等其他服务设施分租,则店铺面积可适当增加。

(2) 降低损益平衡点。小型专柜的装潢、设备等大多由厂商自己负责,不会增加店铺自身的投资成本。此外,引入分租方式的店铺也可用租金收入来抵押房屋固定成本的负担。例如,当直营部门的投资回收率为 5%,100 万元营业额中有 80 万元的销货成本,有 15 万元的其他费用,净利 5 万元时,5 万元的租金收入就相当于直营部门 100 万元的销售额,即损益平衡点的销售额降低了 100 万元。

连锁企业开发新店,尤其是自建分店时,投资于建筑上的资金额往往非常庞大,因此风险很大。因企业对经营前景过分乐观地估计而导致投资过大,财务风险加剧,最后导致经营失败的例子屡见不鲜。所以要从长远的角度出发对连锁门店开发的盈亏状况做出判断。分店开发计划能否被接受,对门店的经济评价是得出结论的最基本的判断依据之一。

任务一　认识连锁门店开发的可行性研究

一、可行性研究的概念

微课:连锁门店开发的可行性研究

门店投资的可行性研究是指投资者拟投资开设一家店铺,为使这一店铺能够在激烈的市场竞争中得以生存和发展,实现预期的经营目标,在投资前必须进行认真调查,研究有关的自然、社会、经济、技术资料;对诸如店铺开设所需的资金、商业业态的选择、建设规模、店址的确定等可能的投资方案进行全面的分析论证;预测、评价项目建成后的经济效益和社会效益,并在此基础上,综合论证项目投资建设的必要性,财务上的盈利性和经济上的合理性,从而为投资决策提供科学依据的工作。

二、可行性研究的作用

对店铺投资项目进行可行性研究的主要目的在于为投资决策从市场、社会、技术、经济多方面提供科学依据,以提高投资决策的水平,提高项目的投资经济效益。具体来说,店铺投资项目的可行性研究具有以下5个方面作用。

1. 作为店铺投资决策的依据

开设一家店铺成功与否及效益如何,会受到社会的、经济的、技术的诸多不确定因素的影响,而项目的可行性研究有助于分析和认识这些因素,并依据分析论证的结果提出可靠的或合理的建议,从而为项目的决策提供强有力的依据。

2. 作为向银行等金融机构或金融组织申请贷款、筹集资金的依据

一家店铺,尤其是大型店铺开发所需的投资数额较大,资金的筹集有时要借助于银行等金融机构。但银行等金融机构是否给一个项目提供贷款融资,其依据是这个项目是否能按期足额归还贷款。银行只有在对贷款项目的可行性研究进行全面细致的分析评估之后,才能确认是否给予贷款。

3. 作为编制设计和进行建设工作的依据

在可行性研究报告中,对项目的建设方案、经营方案、建设规模、主要设备等做了较为详细的说明,因此,在项目的可行性研究得到审批后,即可以作为项目编制设计和进行建设工作的依据。

4. 作为签订有关合同、协议的依据

项目的可行性研究是项目投资者与其他单位进行谈判、签订承包合同、购销订货合同、销售合同等的重要依据。

5. 作为项目进行后评价的依据

要对投资项目进行投资建设活动全过程的评价,就必须有项目的可行性研究作为参照物,作为项目后评价的对照标准,尤其是项目可行性研究中有关效益分析的指标,无疑是项目后评价的重要依据。

三、可行性研究的基本内容

店铺开发的可行性研究的内容主要包括以下 11 个方面的内容。

1. 宏观投资环境分析

任何投资活动都是在一定的环境中进行的,应不应该投资、如何投资、投资效果如何都要受到环境的各种因素影响。因此,投资建设一家店铺,首先就要对投资环境进行深入透彻的分析,通过分析找出有利与不利因素,寻求投资机会,以便决定是否进行下一步工作。店铺的宏观投资环境分析的主要内容如下。

(1) 国内商业发展现状分析。

(2) 未来几年影响商业发展的宏观因素分析。

(3) 未来几年影响商业发展的国际环境分析,如世界的战争与和平情况、各国间的商贸发展趋势等;中国加入 WTO 后对国内商业发展的影响等。

2. 地区行业概况分析

地区行业概况分析包括分析该地区的商业运作特点、整体发展状况和趋势、商业网点布局及规模、各种零售业态的优势及劣势比较、外商进入情况等。

3. 地区市场需求情况调查和预测

地区市场需求情况调查和预测包括对投资地区人口数量、人口结构、收入水平、消费习惯、对各种商品需求量等情况的调查和预测。

4. 地区主要店铺的竞争状况调查分析

商场如战场,这是早已被人们接受的观点。在一个地区开设店铺,第一要研究消费者,第二要研究竞争对手。所谓"知己知彼,百战不殆"。现在店铺应该围绕两个中心展开工作:一是以消费者为中心,二是以竞争者为中心。因此,对该地区的竞争情况进行深入的调查是可行性研究的一项重要内容,也是决定店铺能否成功的关键因素。

5. 门店业态选择和经营规模分析

根据上述的调查分析结果,结合投资者的资金实力及经营管理能力等因素,也就是依据需要与可能来确定拟建店铺的经营业态和店铺经营规模。

6. 店铺选址分析

店铺地址选择的重要性无论如何形容都不过分。这是因为,店铺地址选择是一项大的、长期性投资,关系企业的发展前途;店铺的选址是店铺经营目标和制定经营策略的重要依据;选址是否得当,是影响店铺经济效益的重要因素;店铺的店址是店铺市场形象的表现和基础。

7. 店铺卖场布局策划方案的分析

店铺卖场布局策划是指对店铺实体的内部进行科学、合理、艺术的设计,从而造成一种巨大的商业活动艺术氛围。店铺的布局是否科学、合理、有艺术感会对店铺的日后经营效果产生重大的影响。

8. 店铺经营策略分析

店铺经营策略包括组织机构的设计、商品组合策略、价格策略、促销策略、服务策略等。选择好策略是店铺今后经营成功的基本保障。

9. 投资估算和筹资方案分析

准确地估算投资项目所需投资额及选择合适的筹资渠道,是影响店铺经济效益的重要因素。

10. 门店投资经济评价

投资项目的效益是投资决策的主要根据。项目效益的评价因其追求的目标不同分为企业财务效益评价、国民经济效益评价与社会效益评价3部分。店铺投资的经济评价的重点是财务效益评价。通过财务效益评价,分析测算店铺的效益和费用,考察店铺的获利能力、清偿能力等财务状况,据以判断店铺财务上的可行性。

11. 门店开发可行性结论

店铺投资开发是否具有可行性是在上述综合分析与评价的基础上,对店铺项目进行综合分析与论证,提出综合的分析与评价意见。其主要内容如下。

(1)店铺是否有开发的必要。

(2)店铺开发的物质条件、基础条件和资金条件是否具备,可以建多大规模的店铺。

(3)所选用的技术、设备是否先进、适用、安全、配套、可靠。

(4)项目投产后的财务效益、国民经济效益和社会效益如何。

(5)备选方案及对项目决策的建议。

总之,可行性研究就是通过对建设方案的综合分析评价与方案选择,从技术、经济、社会以及项目财务等方面论述建设项目的可行性,推荐可行性方案,提供投资决策参考,指出项目存在的问题、改进建议及结论意见。下面以其中最为重要的内容加以分析。

任务二 认识连锁门店开发的投资构成

掌握了门店的投资构成,才能更有效地进行开店前期投资额的预算,并能对门店的开发进行科学合理的经济评价。

一、固定资产投资

固定资产投资主要是指店铺从开始建设到建成为止的这段时间里用于购置和形成固定资产的投资额。固定资产一般使用年限长,一旦投入往往难以改变,投资决策成功与否对店铺未来的发展方向、发展速度和获利能力都有重大的影响。为了更加准确地估算店铺的固定资产投资,应该对店铺固定资产的类别有所了解。因为一个店铺固定资产投资数量是由店铺所需固定资产的种类和数量决定的。店铺特别是大型店铺的固定资产种类复杂,数量很大,其固定资产可根据不同的标准进行分类。

1. 按照经济用途分类

店铺固定资产按照经济用途,可分为营业用固定资产和非营业用固定资产两大类。

(1)营业用固定资产。营业用固定资产是指直接参加经营过程或服务于店铺经营过程的固定资产,如房屋及建筑物、机器设备、交通运输工具等。

(2)非营业用固定资产。非营业用固定资产是指不直接服务于店铺经营的固定资产,如职工餐厅等使用的房屋设备等固定资产。

2. 按照所有权分类

店铺固定资产按照所有权分类,可以分为店铺自有固定资产、其他企业投资的固定资产和租入固定资产三大类。

(1)店铺自有固定资产。店铺自有固定资产是指所有权归店铺的各类固定资产,它包括自用固定资产、租出固定资产等。

(2)其他企业投资的固定资产。其他企业投资的固定资产是指店铺与其他投资者联营(或部分联营)而接受的各种固定资产投资。其所有权归投资者所有。但是,由于这部分固定资产是为联营业务服务的,并作为经济效益分配的一种依据,所以在接受投资期内,应列作店铺的固定资产。

(3)租入固定资产。租入固定资产是指店铺从其他企业租用或借用的固定资产。店铺在租用期限内,对租入或借入固定资产有使用权,并按规定或合同、协议支付租金。这部分固定资产不属于本店铺的固定资产。

3. 按照经济用途和使用情况分类

实际工作中,店铺的固定资产采用经济用途和使用情况相结合形式分为以下5类。

(1)房屋及建筑物。房屋是指经营用店铺、餐厅、游艺厅、车库、仓库、办公室等,以及安装在房屋内部、同房屋不可分割的各种附属设备,如电梯、水暖设备、卫生设备等。这里所说的建筑物是指房屋以外的其他建筑物,包括店铺的天桥、回廊、蓄水池、围墙、栅栏,以及美化店铺环境的亭台楼阁、小桥流水等环境设施。

(2)机器设备。机器设备是指用于店铺经营的厨房设备、POS设备、通信传真和复印设备,以及具有独立用途的各种工作用具(如工程部的装修设备)、检测仪器(如测空调出风口用的风速计)等。

(3)交通运输工具。交通运输工具是指用于经营服务和店铺内部运输的各类载人和运货的交通运输工具,如卡车、轿车等。

(4)办公设备。办公设备是指用于管理方面所使用的办公设备。

(5)其他设备。其他设备是指不属于以上各类的其他经营管理用的固定资产。

此外,需要说明的是,对用投资借款建设的店铺,应同时计算包括建设期借款利息和不包括建设期借款利息的固定资产投资额。这是因为在计算各项财务指标时,店铺的投资总额应包括建设期的借款利息,而在计算店铺的现金流量时,则不考虑计算。

二、流动资产投资

流动资产是指可以在一年或长于一年的一个营业周期内变现或加以运用的资产,一般包括存货、现金、银行存款、短期投资和应收及预付款等。流动资产投资就是指形成投资项目所需流动资产而垫付的流动资金。流动资产是店铺拥有的各项资产中最具流动性的资产,或称为变现能力最强的资产,其投资前对流动资产投资的估量准确与否及在营业中运用是否合理和恰当,直接影响到店铺的经济效益和经营成败。

1. 存货

存货是指店铺在经营过程中为销售、生产或耗用而储存的各种原材料、燃料、物料用品、低值易耗品、商品等。

(1) 原材料。原材料是指经过加工制作后能成为一种食品或其他用途物品的主要实体的各种原料、材料,以及用于维修店铺机电设备、运输设备及房屋建筑物等专用的各种维修材料,如鸡、鸭、鱼、肉等食品原料,油、盐、酱、醋等调料,汽车零配件和水暖、电器照明、电机维修器材等。

(2) 燃料。燃料是指在店铺经营过程中用于燃烧发热或为各种交通工具消耗用的各种可燃物质,如汽油、柴油、煤等。

(3) 物料用品。物料用品是指原材料、燃料、商品以外的店铺经营服务用品,如各种宣传材料、清洁用品、包装用品和办公用品等。

(4) 低值易耗品。低值易耗品是指单位价值未达到规定限额,或使用年限不到一年的不能作为固定资产的各种物品,如工具及管理用品等。在店铺中使用的一些高价值易损坏的玻璃器皿也可包括在低值易耗品的范围内,以有利于其价值的尽快收回。

(5) 商品。商品是指店铺购入的用于在店铺出售的各种物品。

2. 现金

这里所讲的现金(包括银行存款)实质上就是我们熟悉的货币资金。由于现金是唯一能够转化为其他任何类型资产的资产,店铺里各项经济业务大都需要经过现金收支这一过程。在一个店铺所拥有的各项资产中,现金是最具有流动性(变现能力)的一项资产,作为标准的支付手段,店铺需要用现金去支付经营过程中发生的各项费用开支,如购置资产、偿还债务等。店铺必须维持充足的现金量,以保证店铺资产的顺利周转,维持正常的经营活动。

3. 应收及预付款

现代店铺为方便顾客,加强店铺的市场竞争力,部分店铺实行一次性结账服务。另外,赊销商品与劳务已日渐成为促成商品经济发展的原因之一。店铺与顾客、供应商等经常会发生赊购业务,赊销额在店铺日常发生的营业额中所占的比重也越来越大,相应的这部分应收款因某些原因转化成不可收回的坏账的风险也难以避免。应收及预付款是指店铺所拥有的将来收取货币资金或得到商品和劳务的各种权利。根据企业会计准则,应收及预付款一般包括以下 5 个方面。

(1) 应收账款。应收账款是指店铺在其正常经营过程中,因赊销商品或劳务而形成的应收款项。如客户赊销商品,便形成店铺的应收账款。一般来说,应收账款的回收期限不应超过一年或长于一年的一个营业周期。应当注意的是,应收账款不包括各种非销售活动形成的应收款,如应收认股款等。

(2) 应收票据。应收账款所反映的债权关系如果以指定的票据形式(如汇票等)出现则称为应收票据。所以,应收票据实际上是应收账款的另外一种形式。

(3) 其他应收款。其他应收款是指除应收账款和应收票据以外的其他各种应收款项,如备用金、存入保证金、应收利息及应收认股款等。

（4）预付款。预付款主要是指店铺按照购货合同规定预付给供应商的货款。

（5）待摊费用。待摊费用是指店铺已经支出，但应由本期和以后各期分担的，且分摊期限在一年以内的各项费用，如预付保险金、预付报刊订阅费、固定资产修理费等。

4. 店铺的短期投资

店铺的短期投资是指店铺购入各种能随时变现或转让的债券或股票等有价证券，获取一定的利息或股利收益的行为。在经营过程中，店铺利用闲置资金进行短期投资，主要根据有价证券的以下3种形式而有所区分。

（1）债权性证券，如国库券、企业债券等。它表明投资者对被投资者拥有的债权，即到期收回本金及定期收取利息的权利。

（2）权益性证券，如股票等。它表明投资者对被投资者权益所拥有的所有权，即投资者可实现资本增值的权利。

（3）混合性证券，如可调换公司债和优先股股票等，既具有债权性质，又具有权益性质。

三、无形资产投资

无形资产是指店铺长期使用而没有实物形态，能够在店铺经营中长期发挥作用的权利、技术等特殊资产。它一般包括专利权、商标权、非专利技术、商誉等。无形资产投资就是指为取得店铺经营所需的无形资产而发生的投资支出。无形资产作为一种资产形式，具有其自身的价值。而店铺获得无形资产的途径大体有以下3条。

（1）购入无形资产，如从其他单位购入的专利权等。

（2）自创无形资产，如企业自身摸索出的配方和制作经验等非专利技术。

（3）外单位投资转入。

四、递延资产投资

店铺除固定资产、流动资产、无形资产以外，还有一种递延性质的资产。它是指不能计入当年损益，应当在以后年度分期摊销的各种费用。其中包括开办费、以经营租赁方式租入的固定资产改良支出，以及对原有固定资产进行装修、装潢等的净支出。

开办费是指企业在筹建期间所发生的费用，包括在筹建期间人员工资、培训费、办公费、差旅费、印刷费、注册登记费，以及不计入固定资产和无形资产购建成本的汇兑净损益、利润及其他支出。开办费自投产营业之日起分期摊入管理费用，摊销期不短于5年。

以经营租赁方式租入的固定资产改良支出，按照有效租赁期限和耐用年限就短的原则分期摊销。固定资产的装修、装潢净支出按装修、装潢后固定资产的使用分期摊销。

店铺投资规模的估算依据，就是上述店铺投资的各项资产内容。因此，首先应准确地确定店铺所需各项资产的种类和数量，分别计算拟建店铺各项资产所需投资额，然后进行加总，计算所需资金量。

 扩展阅读　　　　**开一家书店需要多少投资**

在城市的某个角落，可能曾经坐落着一家书店，承载着你年少的回忆。那么开一家书店大概需要多少钱？

（1）书店租金：今天的书店基本上都有阅读区和水吧区，所以书店的面积不能小，通常在 100m² 以上，位于城市人流量大、商业繁荣地区。以三线城市为例，这类店铺的月租金约为 2 万元。店铺一般从半年开始租赁，需要一次性支付 12 万元左右的书店租金。

（2）装修费：在电子书籍和电子商务的影响下，为了吸引顾客，书店不再是人们获取知识的简单场所，它以时尚、艺术的装饰风格和舒适、优雅的阅读环境吸引顾客。如今，开一家书店的装修费用也比以前高很多。在三线城市，每平方米的装修费用约为 600 元，100m² 的店铺的总装修费用约为 6 万元。

（3）设备费：书架、桌椅、收银台、装饰品等都是开书店需要购买的设备。为了保证书店的阅读环境和视觉效果，需注意这些设备的质量。按照三线城市书店标准，开一家 100m² 的书店，设备费用约 5 万元。

（4）铺货费：书店图书主要包括教材、考试类、小说、育儿、科普等书籍，每本书的购买价格不一样，有的可以打到一折或两折，100m² 的书店需要约 10 万元的图书购买费。

（5）宣传费：主要用于新店开业和平时的一些打折促销活动，需要准备 1 万元左右。

（6）流动资金：书店回本时间长，营运资金不能少，因此需要 10 万元左右的流动资金。

（7）员工工资：100m² 的店铺前期需要 3～4 名员工。在三线城市，员工的月薪约为 2 500 元，因此每月需要支付 7 500～10 000 元的员工工资。

资料来源：https://www.shuziyingxiao.net/hyzx/93535.html.

任务三　预测连锁门店的销售额

连锁企业是否在某地区开设新店，取决于这个地区市场规模的大小，或能否在将来迅速成长起来，保证分店开张后能够获利。因此，企业通过对各重点区域潜在需求量的定量分析，可以发现各区域的预计需求量以及分店设立后的获利可能性，从而有助于企业选定具体的分店地理位置。此外，通过销售额预测，还可以了解顾客的偏好和心理，进一步分析市场商品需求的特性，作为日后经营中掌握商机的依据。因此，销售额预测是门店开发计划过程必须考虑的因素之一。

微课：连锁门店
销售额预测（上）

微课：连锁门店
销售额预测（下）

一般的门店销售额的计算是用门店开张后可能吸引的顾客数与区域内顾客购买单价（顾客的平均购买金额）的乘积。这里顾客数等于商圈范围内的家庭数（或总人口）与顾客对门店支持率的乘积，顾客购买单价等于所售商品平均单价与顾客平均购买件数的乘积。在连锁门店开发的实际操作中，门店销售额的预测方法主要有以下 4 种。

一、营业面积法

1. 营业面积占有率法

其计算公式为

$$预计销售额＝潜在需要额×商圈内占有率$$
$$潜在需要额＝每个家庭平均需要额×商圈内家庭数$$
$$商圈内占有率＝营业面积占有率$$

具体步骤如下。

(1) 确定已设想的商圈。

(2) 计算潜在需要额。

(3) 计算商圈外流入额。

(4) 计算商圈内总需要额。

(5) 调查商圈内竞争店的营业面积。

(6) 预估拟开发门店的营业面积。

(7) 计算出分店营业面积的占有率。

(8) 计算出预测销售额。

其中确定已设想的商圈很重要,该项工作应在地图上按以下步骤来进行。

(1) 准备 1：1 000 的地图。

(2) 标上本企业分店、竞争店、互补店的位置。

(3) 以自家分店为中心,在图上分别画出半径为 500m、1km、2km 的圆标记。

(4) 确认商圈分段延伸的因素及地点和方向,如河流、山地、铁道、公路、工厂区等。

(5) 在地图上标注出商圈的外轮廓线。因分段或延伸因素的不同,商圈可以有不同的形状。

2. 营业面积相对占有率法

营业面积相对占有率法是由 J. Ken 创造的将标准的既有店铺的销售额用于店址选择相似新开分店的销售额预测方法。

【例 4-1】 首先要计算出既有的标准店的销售实绩及营业面积相对占有率。

某企业标准分店的年销售额 1 250 万元。

同商圈内的潜在需求额 5 000 万元。

在同商圈内的市场占有率 25%。

该分店的营业面积 400m²。

商圈内所有竞争店的营业面积 800m²。

该分店的营业面积比率 50%。

该分店的营业面积相对占有率 50%。

其次使用上述标准店铺的实际销售额推算在某市相似情况下开分店的销售额。

拟开分店的预定营业面积 286m²。

某市的总营业面积 1 000m²。

分店开张后与总营业面积之比 28.6%。

上述标准分店的营业面积占有率 50%。

拟开分店的市场占有率 14.3%。

某市商圈内潜在需求总额 6 000 万元。

推测销售额 858 万元。

二、类比分析法

类比分析法很容易让人叫作"相似商店法"。假设苏果超市想在南京市玄武区开一家新店,由于它在南京市的白下区某一个地点做得非常好,所以它在玄武区就会找一个具有同样地区特征的地点开店。既然能够预测目前商圈的大小和顾客的消费类型,就可以把它们与新的潜在销售区做比较。这样,能通过对目前店铺的顾客人口统计信息、竞争状况和销售状况的了解,对某个新店址的潜在规模与销售额做出预测。

类比分析法可以分为 3 个步骤:①顾客定位,主要是指通过调研汇总或地理信息系统在地图上确定顾客的位置;②根据商圈中消费者特征将顾客位置进行分类,如核心商圈、次级商圈、边缘商圈;③通过对现有商店与潜在店址的特征进行比较,能够做出销售预测,找出最佳店址。

需要注意的是,发现类似的情况可能并不简单,类比程度越弱,销售预测也就越困难。当一个连锁企业拥有的店铺数量较少时(如 20 家或更少),类比分析法就越有效。甚至像只有一个店铺的商家也能采用这种方法。随着店铺数量的增加,分析员有效处理数据就变得越困难。这时就需要更多的分析法,如多元回归分析法。

三、多元回归分析法

多元回归分析法通常适用于那些超过 20 家连锁店的连锁企业来分析商圈的潜在需求量的情况。虽然它使用的逻辑与类比分析法有点儿相似,但它是根据统计数据而非主观判断来预测新店的销售额。最初的步骤与类比分析法相同,第二步开始就与类比分析法不一样了。它并不是通过店址分析员的主观经验来比较现有和潜在销售点的特征,而是采用了一个数据等式方法来解决问题。

首先,选择合适的衡量指标和变量。用来预测销售业绩的变量包括人口统计数据和每个店铺商圈的消费者生活习惯、商业环境、商店形象、物业条件、竞争状况等多种因素,分析的门店形态不同则变量也不同。例如,在预测一家新的珠宝首饰店的销售额时,家庭收入可能是一个重要的因素,而在预测麦当劳门店的销售额时,每个家庭的学龄儿童数将是一个合适的指标。

其次,解这个回归方程,并用结果预测新销售点的业绩。店铺业绩衡量指标和预测变量数据将用来计算回归方程。回归分析的结论是一个方程式,方程的变量已被指定。下面用一个简单的例子来说明回归分析过程。

【例 4-2】 表 4-1 提供了 10 个假设的家居用品店的数据。这个例子已被大大简化,因为回归分析至少需要 20 家以上的店铺。并且,例子中只使用了 3km 范围内的人口数一个变量。通常分析会同时使用几个预测变量。

表 4-1　10 个家居用品店的年销售额、周围 3km 内的人口

商　　店	年销售额/万元	周围 3km 内的人口/人
1	402	54 000

商　　店	年销售额/万元	周围 3km 内的人口/人
2	367	29 500
3	429	49 000
4	252	22 400
5	185	18 600
6	505	61 100
7	510	49 000
8	330	33 200
9	210	26 400
10	635	83 200

图 4-1 是根据表 4-1 中的年销售额和人口数据描绘的。回归线可以根据最能体现销售额和人口关系的点描绘出来。具体而言,回归线是根据数值来划分的,这样就可以使每个点到回归线的距离的平方值最小,这些点距离回归线越近,则销售额预测就越准确。通过这条回归线,发现销售额随着人口的增长而增长。假设距离商店 0～3km 范围内的人数为 4 万。为了估算销售额,可以从横坐标轴上标出 4 万人口处引出一条垂直线与回归线相交,从交点处画出一条与横坐标轴平行的线,与纵坐标轴相交,则可得到预计销售额为 366 万元。

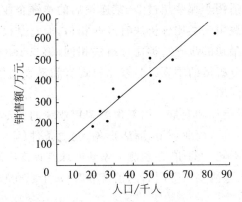

图 4-1　人口与销售额的回归线

图 4-1 中回归线是根据下列方程式推导出的。

$$销售额 = a + b_1 X_1$$

式中,a 为回归模型中的一个常量,a 也是图 4-1 中回归线与纵坐标轴的交点;b_1 为回归模型中表示销售额与预测变量之间关系的一个系数,它也是这条回归线的斜率;X_1 是预测变量(0～3km 范围内的人数)。

将表 4-1 中的数据代入公式,最后可求得 a 为 90.97,b_1 为 6.88,此时将人口数 4 万代入回归方程,可得销售额应为 366 万元。

这个简化的例子只用了一个预测变量。假设考虑其他的预测变量,如家庭平均收入与

销售额有紧密的联系(为了简便起见,这里只限于两个变量的分析)。新的回归方程为

$$销售额 = a + b_1 X_1 + b_2 X_2$$

式中,b_2为回归模型中销售额与家庭平均收入之间关系的系数;X_2为预测变量(家庭平均收入)。

因此,连锁企业如果知道了成功地预测其他店铺所用的变量后,就可以运用这种复合回归法来预测新店的销售额。但是回归分析法有一些限制:①为了可靠性,需要一个大型数据库;②分析员必须受到严格训练使之适应严谨的统计处理过程;③由于回归过程是一种平均的方法,所以对店址的极端好和极端坏很少能做出判断。

四、商业引力模型法

目前常见的计算方法是,如果知道商圈内在某品类(如食品)的总消费额,那么总消费额乘以该商圈内顾客到某一家店铺去购物的概率,就可以算出该商圈内顾客在该店铺的消费额。而且为了体现核心商圈、次级商圈及边缘商圈的不同,对其采取了不同的概率。

【例4-3】　假设新开超级市场的商圈有3个层次,第一层次(核心商圈)内的居民户数为2 000 户,第二层次(次级商圈)内的居民户数为4 000 户,第三层次(边缘商圈)内的居民户数为6 000 户。若平均每户居民每月购买的食品和日用品为500 元,则

$$核心商圈居民食品日用品支出总额 = 500 × 2 000 = 100(万元)$$
$$次级商圈居民食品日用品支出总额 = 500 × 4 000 = 200(万元)$$
$$边缘商圈居民食品日用品支出总额 = 500 × 6 000 = 300(万元)$$

据调查分析,新开超级市场的市场占有率在核心商圈为30%,在次级商圈为10%,在边缘商圈为5%,则

$$核心商圈购买力 = 100 × 30\% = 30(万元)$$
$$次级商圈购买力 = 200 × 10\% = 20(万元)$$
$$边缘商圈购买力 = 300 × 5\% = 15(万元)$$
$$该新店销售额 = 30 + 20 + 15 = 65(万元)$$

尽管如此,在一个拥有多家竞争店铺与多个消费者的情况之下,该方法依然是很不科学的。首先,商圈内不同消费者的购买力不尽相同,不能一概而论;其次,商圈分层的一个基本思路是根据商圈内消费者分布与欲开设店铺的距离而定,所以同一层次的商圈内居民距离欲开设店铺大致相同,但是如果考虑到竞争对手与同一层次商圈内不同消费者距离不同之后,同一层次商圈内不同消费者到欲开设店铺的购物概率便无法做到统一了,而且也不可能相同。因此,以商圈层次来分类计算的方法有很多不足。

为了避免此类问题,理论上讲,应该将其细化到每一个消费者的消费额和购物概率的计算,但是这是很不现实的,因此折中后有些公司已经细化到了以居民小区为单位来进行核算,毕竟同一居民小区的购买力大致相同。也就是说,如果能够知道商圈内所有居民小区以及其他单位在某品类方面的消费额,以及他们到欲开设店铺的购物概率,就可以计算出每个小区以及单位到该店铺的消费额,将之加总,即可得该店的销售预测额。商圈内居民小区的消费能力以及某些特定品类的消费额是一个相对固定的数字,可以通过市场调研的方法获得,购物概率确定的主要模型为哈夫模型以及在该模型基础上的改进模型。

在某些情况下,某些方法可能更适用。当可得到数据的店铺数目小于20家时,类比分

析法和商业引力模型法最好。相反地,遇到许多能预测销售额的变量时,用多元回归分析法最好,因为如果用类比分析法这样的人工分析系统处理这些变量时就会很困难。最后要说明的一点是,由于引力模型并不经常用到人口统计变量,实际中人们主要把它与类比分析法或多元回归分析法结合起来加以运用。

当然还有一些更加简便的销售预测方法,如根据目前商圈内的单位面积效率乘以店铺面积即可粗略估计。另外,对于那些不方便使用引力模型的小型寄生店铺来说,可以直接统计门前客流量,然后乘以进店率、成交率与客单价来进行简单估计。但是无论哪种方法,可用的资料越多,得到的结论也就越准确。所以,如果连锁企业运用所有的方法得到了相同的结论,那么这个结论就更准确。

任务四　进行连锁门店投资的经济评价

一般的投资项目的经济评价分为财务评价和国民经济评价两个层次,包括财务评价、国民经济评价、不确定性分析、方案比较4个方面的工作。连锁门店的经济评价主要侧重于财务评价和不确定性评价。

微课:门店经营的
盈亏平衡分析

连锁门店开发的财务评价是投资店铺经济评价的重要组成部分,它是在国家现行财税制度和价格体系的条件下,计算店铺的效益和费用,编制财务报表,计算评价指标,分析店铺的赢利能力、清偿能力等财务状况,以考察店铺在财务上的可行性。门店开发经济评价内容主要包括店铺财务盈利能力分析、店铺清偿能力分析两个方面。

一、经济评价的程序

(1)分析和估算店铺的财务基础数据。包括对店铺总投资、资金筹措方案、总成本费用、销售(营业)收入、销售税金和销售利润,以及其他与店铺有关的财务数据进行鉴定、分析和测算。

(2)编制财务基本报表。财务基本报表是根据财务基础数据填列的,同时又是计算反映店铺盈利能力、清偿能力的技术经济指标的依据。在财务评价中,核心工作是编制财务评价报表,或者说整个财务评价工作都是围绕财务评价报表进行的。店铺财务评价报表分为两类:一类是基本报表;另一类是辅助报表。基本报表有现金流量表、损益表、资金来源与运用表、资产负债表4种表式;辅助报表包括固定资产投资估算表、流动资金估算表、投资计划与资金筹措表、主要产出物和投入物使用价格依据表、固定资产折旧估算表、无形及递延资产摊销估算表、总成本费用估算表、销售收入和税金估算表、还本付息计算表等表式。

(3)计算分析财务效益指标。即依据财务基本报表计算各项评价指标及财务比率,进行各项财务分析,如根据现金流量表计算投资回收期、财务净现值、财务内部收益率指标。

(4)进行不确定性分析。通常包括敏感性分析、盈亏平衡分析、概率分析等。

二、财务盈利能力分析

财务盈利能力分析主要考察店铺的盈利水平。主要计算投资利润率、资本金利润率、销售利润率、投资收益率、投资回收期等评价指标。

1. 投资利润率

投资利润率是指店铺正常营业后的一个正常经营年份的年利润总额与总投资的比率，是考察店铺盈利能力的静态指标。如果店铺经营期内各年的利润总额相差较大，应计算经营期年平均利润总额与总投资的比值。其计算公式为

$$投资利润率 = \frac{年利润总额或年平均利润总额}{总投资} \times 100\%$$

年利润总额＝年产品销售(营业)收入－年产品销售税金及附加－年总成本费用

总投资＝固定资产投资＋投资方向调节税＋建设期利息＋流动资金

财务评价时，要将投资利润率与行业平均投资利润率对比，以判别店铺投资盈利能力能否达到本行业的平均水平。

2. 资本金利润率

资本金利润率是指店铺达到正常生产经营能力后的一个正常生产年份的年利润总额，或生产经营期内年平均利润总额与资本金的比率，它是反映投入店铺的资本金的盈利能力。其计算公式为

$$资本金利润率 = \frac{年利润总额或年平均利润总额}{资本金} \times 100\%$$

3. 销售利润率

销售利润率是指店铺营业后年平均利润总额与年平均销售收入的比值。其计算公式为

$$销售利润率 = \frac{年平均利润总额}{年平均销售收入} \times 100\%$$

4. 投资收益率

正常年份的净收益与总投资之比称为投资收益率，它是反映店铺获利能力的一个指标。这里的净收益包括利润和固定资产折旧两部分。因为虽然折旧是固定资产磨损的补偿，但其真正的投入并不是在日后被计入成本时，而是在投产前固定资产投资时。因此，当折旧在各年计入成本时，企业得到的却是现金收入，它和利润一起都是企业当年的真正利益。其计算公式为

$$投资收益率 = \frac{年利润额＋年折旧额}{投资总额}$$

5. 投资回收期

投资回收期是指店铺从开始运营算起，到用每年的净收益将初始投资全部回收时止所需要的时间，其单位通常用"年"表示。计算投资回收期，根据是否考虑资金的时间因素，可分为静态投资回收期(不考虑时间因素)和动态投资回收期(考虑时间因素)。所求得的投资回收期，应与部门或行业规定的标准投资回收期进行比较，若设标准投资回收期为 T_0，求得的投资回收期为 T，则当 $T < T_0$ 时，表明可在规定的投资回收期限之前回收投资，项目可行；当 $T > T_0$ 时，则项目不可行。

三、财务清偿能力分析

店铺清偿能力分析主要是考察店铺计算期内的财务状况和偿债能力。常用的主要指标

有资产负债率、流动比率和速动比率等。

1. 资产负债率

资产负债率是反映店铺各年所面临的财务风险程度及偿债能力的指标。它是负债总额与全部资产总额之比。其计算公式为

$$资产负债率 = \frac{负债总额}{全部资产总额} \times 100\%$$

店铺计算期各年的资产负债率可通过资产负债表逐年计算求得。资产负债率反映投资者利用债权人提供的资金进行经营活动的能力，表明投资者每百元资产有多少需要偿付的债务，也反映债权人发放贷款的安全程度。资产负债率对于债权人来说，要求企业有较低的负债比率，该比率越低，安全程度越高。但就投资者而言，要求生存与发展，要开拓市场，则希望比率高一些，但过高又会影响店铺资金筹措能力。分析资产负债率，要因行业而异，进行具体分析。一般资产负债率大于100%时，说明资不抵债，视为已达到破产的临界值。

2. 流动比率

流动比率是反映各年偿付流动负债能力的指标。它是流动资产总额与流动负债总额的比率。其计算公式为

$$流动比率 = \frac{流动资产总额}{流动负债总额} \times 100\%$$

店铺经营期内各年流动比率可通过资产负债表逐年计算求得。流动比率用于衡量流动资产在短期债务到期前可以变为现金用于偿付流动负债的能力，表明店铺每百元流动负债有多少流动资产作为支付的保障。

用流动比率来衡量资产流动性大小，自然要求店铺的流动资产在清偿流动负债之后还有余力去应付日常经营活动中的其他资金需要。特别是对债权人来说，比率越高，债权人越有保障，以免发生无力还债的风险和损失。但从店铺运营角度而言，流动比率过高不一定是好现象，因为一个正常经营的店铺，资金应当有效地运转，充分发挥资金效益。西方企业根据经验判断出一条基本标准，要求流动比率以200%作为合理程度的数量界限。应该注意的是，各行各业的项目性质不同、营业周期不同，对资产流动性的要求并不一样，因此，对各种不同行业制定统一的标准是不合适的，应该根据不同行业的特点制定不同的标准。

3. 速动比率

速动比率是反映店铺快速偿付流动负债能力的指标。它是速动资产（流动资产总额减去存货）与流动负债总额之比。其计算公式为

$$速动比率 = \frac{流动资产总额 - 存货}{流动负债总额} \times 100\%$$

速动比率是流动比率的补充，用于衡量店铺可以立即用于清偿流动负债的能力，表明店铺每百元流动负债有多少速动资产作为支付的保障。速动比率的数量界限，一般要求在100%以上，也有人认为可以是100%～120%，但这些数值并不是绝对的。

四、门店开发的不确定性分析

不确定性分析需要对影响店铺经济评价结论较大的因素（不确定性因素）进行分析，并判

断这些因素的变化对店铺经济评价结论的影响程度,判断店铺决策所面临的风险大小,从而使店铺经济评价的结论更科学。不确定性分析通常包括盈亏平衡分析、敏感性分析和风险分析。

(一)盈亏平衡分析

1. 盈亏平衡分析的概念

盈亏平衡分析通常又称量本利分析或损益平衡分析。它是根据店铺在正常经营年份的销售量、成本费用、产品销售单价和销售税金等数据,计算和分析销售量、成本和利润这三者之间的关系,从中找到三者之间联系的规律,并确定成本和收入相等时的盈亏平衡点的一种分析方法。在盈亏平衡点上,表明投资店铺既无赢利,也不亏损。通过盈亏平衡分析可以看出投资店铺对市场需求变化的适应能力。

应用盈亏平衡分析法进行盈亏分析的关键问题是找出店铺的盈亏平衡点,即利润为零时的业务量。盈亏平衡点又称保本点,是待建店铺必须实现的最低销售额。如果达不到该指标,表明该店铺没有建立的必要,必须放弃,否则必须使销售额增加或使用费率下降。

2. 损益平衡点销售额的计算方法

损益平衡点销售额是门店收入与支出相等时的营业额。超过此营业额,门店则产生盈余;低于此营业额,即表示亏损。实际利润、税前利润和销货毛利之间的关系可以用以下公式表示。

$$实际利润 = 税前利润 - 分担总部费用(连锁店时)$$

$$税前利润 = 销货毛利 - 变动费用 - 固定费用$$

$$销货毛利 = 营业收入(销售额) - 销货成本$$

当店铺利润为零时,可推导出损益平衡点计算公式如下。

$$损益平衡点销售额 = \frac{固定费用}{销货毛利率 - \underset{(变动费用率)}{\frac{变动费用}{销售额}}}$$

式中,固定费用为将上述每月的固定支出项目(如员工薪资、公用事业费、水电费、电话费、煤气费、房地产成本摊提、固定租金、折旧摊提、押金利息、开店贷款利息、保险费用、会计师签证费用、修缮保养费等)累加起来;变动费用率为直接营运成本、包装费、广告促销费、计时工资等会随营业额的变动而变动的费用累加之后所占营业额的百分比。

3. 经营安全率

$$经营安全率 = \left(1 - \frac{损益平衡点销售额}{预期销售额}\right) \times 100\%$$

这一比例是衡量连锁店各店铺经营状况的重要指标,一般测定的标准为经营安全率30%以上为优秀店;21%～30%为优良店;10%～20%为一般店;10%以下为不良店。

4. 盈亏平衡分析法的应用

由于盈亏平衡分析法可以反映上述关系,因此在给定产品售价、固定费用和变动费用的条件下,可以确定生产或销售多少产品(业务量)可以达到保本,即确定利润为零的企业销售水平,由此也可确定企业在实现目标利润时的销售水平。

【例4-4】 某快餐店每月的固定费用是5 000元,每月平均的客单价(客人平均单次消费金额)是10元/次,单位交易变动成本是5元/次(包括销货成本与变动费用),试问该快餐店每月至少要有多少交易量才可能有利润?

将各因素代入以下损益平衡点公式。

$$损益平衡点销售额 = \dfrac{固定费用}{销货毛利率 - \dfrac{变动费}{销售额(即变动费用率)}}$$

详细分析如下。

$$
\begin{aligned}
销货毛利率 - 变动费用率 &= \dfrac{客单价 - 单位销货成本}{客单价} - \dfrac{单位变动费用}{客单价} \\
&= \dfrac{客单价 - 单位销货成本 - 单位变动费用}{客单价} \\
&= \dfrac{客单价 - (单位销货成本 + 单位变动费用)}{客单价}
\end{aligned}
$$

由于单位销货成本与单位变动费用之和为 5 元,所以该例中销货毛利率 — 变动费用率 $= \dfrac{10-5}{10} \times 100\% = 50\%$。

损益平衡点销售额 $= \dfrac{5\,000}{50\%} = 10\,000(元)$,而客单价为 10 元,因此该快餐店每月至少要有超过 1\,000 次 $\left(\dfrac{10\,000}{10}\right)$ 的成交量才有可能有利润。

(二)敏感性分析

1. 敏感性分析的概念

敏感性分析是经济决策中常用的一种不确定性分析方法,敏感性分析的任务是要建立起店铺的经济效益指标与不确定性因素之间的对应关系,观察不确定性因素变化所引起的经济效益指标的变动幅度,确定哪些是敏感性因素,哪些是不敏感性因素,并分析敏感性因素对店铺经济评价指标的影响程度,为店铺的正确决策提供依据。

敏感性分析可以分为单因素敏感性分析和多因素敏感性分析。如果在考虑一个不确定因素对店铺的经济效益指标的影响时,是以假设其他因素均不变化为前提的,那么这种敏感性分析就是单因素敏感性分析,即通常所说的敏感性分析。如果同时考虑两个或两个以上的不确定因素对经济效益指标的影响,那么这种敏感性分析就是多因素敏感性分析。在这里仅就单因素敏感性进行分析。

2. 敏感性分析的程序

敏感性分析一般包括以下 5 个步骤。

(1)确定敏感性分析的对象。敏感性分析是为了测算相关因素变动对店铺投资价值指标影响的敏感程度。在实际工作过程中,不可能也没有必要对每种投资价值指标都做敏感性分析,而应针对店铺特点、店铺评价所处的阶段和经济效益指标的重要程度选择一种或两种指标作为研究对象来进行敏感性分析。

(2)选定分析对比的不确定性因素。影响店铺经济效益指标的不确定性因素很多,不可能在敏感性分析中对所有的不确定性因素都进行分析。一般情况下是选择预计对投资效益指标的影响较大的因素,或者在店铺评价过程中数据的准确性把握不大的因素作为敏感性分析的不确定因素,如固定资产投资额、经营成本、销售价格、销售量、贴现率等。

（3）计算和分析不确定性因素对经济效益指标的影响程度。按预先确定的不确定性因素的变化幅度（如±5%、+10%、+15%），分别计算店铺经济效益指标随各不确定性因素变化而变化的数值,并将经济效益指标随各不确定性因素变化而变化的数值列表。

（4）绘制敏感性分析图。将经济效益指标随各不确定性因素变化而变化的数值在平面直角坐标系中表示出来,并用曲线连接起来。敏感性分析图可以直观地反映出经济效益指标随各不确定性因素变化而变化的幅度。

（5）确定店铺的敏感性因素,明确敏感性因素变化的临界值。在敏感性分析图中,如果不确定性因素线与水平方向的夹角越大,说明经济效益指标受不确定性因素影响越小,那么该不确定性因素为店铺的不敏感性因素。

（三）风险分析

风险分析又称概率分析,它是使用概率来研究预测不确定因素和风险因素对店铺经济效益影响的一种定量分析方法。进行风险分析的目的是提高店铺经济评价的准确性和决策的可靠性。风险分析既可以以店铺投入产出因素的变化作为随机变量来分析,也可以直接以店铺经济效益指标作为随机变量来进行分析。

比较常用的方法有期望值法和决策树法,下面只介绍期望值法。

在大量重复事件中,期望值就是随机变量取值的平均值,也是随机变量最可能出现的值。

期望值可用下式计算。

$$E(X) = X_1 P_1 + X_2 P_2 + \cdots + X_n P_n$$

式中,$E(X)$为随机变量X的数学期望值;X_n为随机变量X的各种可能取值;P_n为对应出现X_1的概率值,$\sum P_n = 1$。

下面应用实例来说明如何用期望值对门店进行分析评价。

【例 4-5】 某店铺投资项目,其投资回收期为 5～9 年,其中 5 年的概率是 0.1,6 年的概率是 0.2,7 年的概率是 0.4,8 年的概率为 0.2,9 年的概率为 0.1,求该项目投资回收期的期望值。

随机变量 X 是投资回收期,期望值为

$$E(X) = 5 \times 0.1 + 6 \times 0.2 + 7 \times 0.4 + 8 \times 0.2 + 9 \times 0.1 = 7(年)$$

也就是说,在 5 个可能的投资回收期中,最接近实际发生的投资回收期是 7 年。

 扩展阅读   **大型商铺的投资收益构成**

1. 大型商铺的投资收益

商铺投资有直接投资和间接投资两种形式。当商铺用于投资者自身开展商业经营活动时,商铺投资的效益在商业利润中反映,这种投资形式为直接投资;而当商铺投入经营,商铺投资者不参与经营管理活动,以固定的数额或营业额比例取得收益时,商铺投资成为间接投资。由于商铺兼有直接和间接投资两种形式,因此商铺的收益呈多样性。

（1）租金收益

商铺投资人（房地产权利人）以出租人的身份与承租人以租约形式确认关系、租金数

额或比例,是一种纯粹的房地产经营行为,租金收益与承租人的商业经营效益无关,商铺投资人的收益具有一定的稳定性。但是在货币严重贬值时,以货币计租的租金约定具有风险性。

(2) 商业利润

当商铺表现为直接投资时,商铺投资的收益表现为商业利润,反过来说,在商业利润中含有商铺投资的回报。商业利润中的商铺投资回报并不是人为设定的,商业利润中商铺投资回报应该按"市场比较法"评估所得比较价格来计算,才会使商业利润分配具有合理性,同样也符合"效益最大化"的投资原则。商铺收益受商圈内商铺价格、数量、购买力变化而变化,与商业经营中的商品经营利润无关,在现有的商业成本考核中,商品经营亏损往往会吞噬商铺投资的收益。

(3) 商铺增值

由于商铺所在的商圈、购买力变化以及区域内商铺总量变化等因素,会导致商铺的价值和价格发生变化,发生的增值部分也就是商铺的收益。商铺投资收益的好坏,最终取决于商铺的产租能力,投资商铺就是投资商铺的产租能力。所谓"产租能力",是指房地产实物或其他租赁标的物在租赁经营活动中产生租金的能力,包括租金单价、数量、产租时间以及租金变化趋势。对商铺投资而言,衡量商铺的唯一标准是商铺的产租能力,主要指标是回报率、返本时间、租金收入。

2. 大型商铺的投资形式

商铺投资是以商业房地产开发为出发点、商业利润为最终目的的投资活动。在商铺投资过程中充满了投资契机,只要投资者愿意,投资时机合适,每个环节都可以介入。在商铺投资活动中,通过不同社会分工、不同阶段的投资取得不同收益。商铺投资形式就是资本在商铺建造、使用、租赁过程中具体的使用方式。商铺投资形式多样,相对而言,商业房产开发、商铺租赁和转租这3个形式在市场上运用较多,所以存量商铺转让、改变房屋用途、并购商业企业、期租与顶租等就不作介绍了。

1) 商业房产开发

商业用房是房地产行业对狭义商铺的一种专用名称。商业用房开发是指房地产开发企业以有形商品销售场所作为投资对象的房地产开发活动。开发企业以货币投入,以房地产开发行为实施投资,创造出具有商业价值的房地产商品,并据以获得商铺开发的房地产利润。

(1) 商业用房的投资动机

投资商业用房的目的与投资其他项目一样,是为了追求投资利润,其整个开发过程十分复杂。从资本运作过程来看主要包括资本投入、资本使用、资本回收。故商业用房的投资活动是为了追求预期中的商铺交易可能产生的收益而带来的商业用房的开发利润。

(2) 资本使用范围

资本使用贯穿于商业用房开发的全过程。如支付土地成本的费用、设计费、配套费用、建筑安装费用、装饰工程费用、销售广告费用等,投资者通过对商业用房开发的各个环节进行投资来完成整个投资过程。

(3) 利润产出

商业用房的价值上升幅度大于其他投资项目。因房地产的异质性,缺乏比照对象以及投资周期长,使待售商业用房的利润率上升空间大于可以批量生产、具有对比性、可以再生的其他投资方式。商业用房的定价依据是未来商圈的大小、购买力的高低、与同类商圈的比较结果以及房地产的开发成本。而在计划经济时期,商业用房作为住宅的配套设施而开发,由于缺乏流通,使得开发企业无法在开发商业用房中获得利润。

(4)商业用房参建

在投资房地产开发时,投资主体有时为单个主体,有时是多个主体。习惯上将占投资额比例较大、主要负责项目开发的企业称为"主建企业",将投资比例小或者次要负责项目开发的企业称为"参建企业"。从项目起始就参加建设的投资主体,享受全部商业用房开发利润;中途参建可以视为中途部分权益交易。转让者享受现阶段收益后,将以后开发的收益权转让给受让者,受让者以承认转让者现时收益为前提,以现时阶段商铺的价值投入,期望得到参建以后的利润。有时,主建单位为了解决融资问题,给予参建单位低于商铺现时价值的参建价格,这是开发商为了求现而付出的代价,其折现情况视融资需求紧迫程度而定。

2)商铺租赁

商铺租赁是指商业企业租用其他经济实体的商铺进行商品销售,以取得商业利润的行为。在市场经济条件下,商铺使用是有偿的,即商业企业在使用他人所拥有的商铺时,必须以租金为代价方能取得商铺使用、商铺收益等权能。商铺租赁体现了货币价值与商铺使用价值的交换。

(1)租赁商铺的投资价值

商业企业投资商铺租赁,主要侧重于商铺的商业价值的高低,而不是侧重于租用商铺的房地产价值的升值程度。一方面,商铺的总价值的高低与权利人的投资收益率有关;另一方面,则与商圈的大小、友好店的数量、购买力的高低、商圈的知名程度以及交通的便利程度等有关。

(2)投资与回报

租赁商铺的投资方式是以租金支付形式,分期分批投入资金,连续不间断地占用着商铺,具有绝对投资量小,但同样可使用商业空间、进行商品销售的特点。租用商铺与自有商铺在使用过程中不存在任何差别,不同的是投资量的大小。在短时期内,购置新建商铺直接用于商业的投资,其投资回报率较低。投资租赁商铺用于商业企业经营场地,回报的形式是商业利润。整个商业利润中包括商品经营利润和租金投资回报。

3)转租

商铺转租是商铺价值得以重新认识、重新挖掘的过程,即商铺潜在价值是转租投资的投资价值。与住宅不同,商铺房地产权利人一般商业意识较强,在其拥有直接顾客时,不会借助于转租者的第二次开发,以避免租金收益减少或租金被其他人长期分享。

(1)转租前提

从法律角度来看,转租者须获得业主或有权转租者许可,方能实施转租或再转租行为。转租动机主要可以从两个方面来加以解释,一是以谋取房地产租金利润为目的的积极转租;二是以减轻负担为目的的消极转租。前者表现为商铺租赁投资。

(2)转租形式

① 全部转租。包括时间和空间的转租,再租人与转租者并非同属于一个经济主体。

② 空间转租。以部分商铺面积转租他人。

③ 时间转租。以部分租期转让第三人。

④ 时间、空间兼有转租。租期中,转租部分面积。

（3）转租投资及利润

转租者以转移租金交付责任、商铺价值发现和对商铺进行"包装"作为投入，分享商铺业主的租金利润，承担挖掘价值成败的风险。

资料来源：曹静.连锁店开发与设计［M］.苏州：立信会计出版社，2012.

复习思考题

1. 简述连锁店开店的决定因素。

2. 新开门店的投资构成有哪些？

3. 如何有效进行新开门店的经济评价？

4. 新开门店的可行性研究包括哪些内容？

5. 什么是新开门店的经营安全率？如何计算？

6. 在下面给出条件下，进行计算。

（1）某超市月平均营业额 1 500 万元，销货成本 1 230 万元，计算其毛利率。

（2）某小型超市经营的毛利率为 20％，每月的固定费用平均是 200 万元，变动费用率为 3.5％，实际营业额为 1 800 万元，计算盈亏平衡点时的营业额和经营安全率，并判断其经营安全情况。

实训项目

在前期门店选址实训的基础上，对预设门店进行可行性研究，并撰写可行性研究报告，在报告中对新开门店进行销售额的预测和门店投资经济评价。

案例分析

关于 A 小区开设标准超市可行性研究报告纲要

1. 市场前景分析

（1）日用百货、食品生鲜、副食品是老百姓日常基本消费品、必需品，市场前景广阔，基本消费的增长虽符合恩格尔系数规律（基本消费的增长慢于收入的增长），但据国家统计局统计，近年来人们的基本消费额的增长平均保持在 5％的速度上。日用消费品属需求价格弹性和收入价格弹性小的一类商品，故在竞争格局基本确定的情况下，市场需求风险不大，更不存在政治风险。

（2）A 住宅区是在不断发展中的中高层次的住宅区，住户收入水平在深圳居民中属中上阶层，人均月收入在 3 000 元以上，以 A 住宅区为中心，半径 1.5km 的商圈内常住人口和流动人口达 5 万，每人每月以购买 500 元日常消费品为基准，若有 40％的消费在本超市进行，则月销售可达到 50 000×500×40％＝10 000 000（元）。

（3）竞争环境宽松。目前 A 住宅区仅有一家小型超市，消费潜力远未发掘，不足以形成威胁，商圈内居民稠密，如做得成功，可吸引外围人口来超市消费。

2. 经营面积

经营面积以 1 500m² 为宜。

3. 投入产出分析

（1）固定成本。

① 年租金。单位面积月租金设为 60 元/m²，年租金为单位面积月租金×12×经营面积＝60×12×1 500＝108（万元）。

② 基本装修年摊销额，以五年折旧的期限计：100÷5＝20（万元）。

③ 收银系统年摊销额，以五年折旧的期限计：10÷5＝2（万元）。

④ 货架年摊销额，以五年折旧的期限计：15÷5＝3（万元）。

⑤ 冷柜年折旧，以五年折旧的期限计：6 万元。

⑥ 空调系统年折旧，以五年折旧的期限计：3 万元。

⑦ 水电费，设月水电费为 8 万元，年水电费为 8×12＝96（万元）。

⑧ 人员工资：包括业务人员及管理人员工资 4 000×12×15＝72（万元）；营业人员工资 1 200×12×20＝28.8（万元）。

⑨ 办公设备及用品，办公设备及用品按五五摊销法计入当年成本：5÷2＝2.5（万元）。

⑩ 不可预见费：20 万元。

合计：361.3 万元。

（2）变动成本。

主要是产品进货成本，包括经销成本、代销成本、租赁方式的成本。其总的变动成本按销售额的 85% 计算。

（3）年平均利润率。

年平均利润率为 15%。

（4）保本销售额。

$$年固定成本（F）＋年变动成本（V）＝保本销售额（Q）$$

即

$$F+V=Q$$
$$F+Q\times85\%=Q$$
$$Q=F\div0.15=361.3\div0.15=2\,409（万元）$$

每日保本销售额：2 409÷365＝6.6（万元）。

4. 利润概算

（1）年销售额：10×365＝3 650（万元）。

（2）年利润额：年毛利－固定成本＝3 650÷1.17×15%－361.3＝107（万元）。

（3）税后利润：年利润总额×85%＝107×85%＝91（万元）。

应交税金（税后利润形成前已全部交清）：销项税－进项税＋所得税＝530－450＋16＝96（万元）。

5. 经营方式

（1）可考虑租房经营，也可考虑与房产商合作经营，这样更能减少经营风险。

（2）销售方式以现代超级市场自选方式为主，结合送货、电话方式、网上购物方式。

（3）商品采购方式采用以代销、联营为主基础上的代销、经销、联营、租赁、保底多种方式结合，以备供应商选择。

（4）贷款支付方式可采用月结和定额结算方式，辅之以购销和专柜方式。

（5）积极开展促销活动，包括媒体宣传、中奖、买某东西送某东西、部分商品季节性活动打折、加强购物的服务功能等花样翻新的适宜的促销方式。

6. 结束语

超市经营的成功取决于选择地址、固定成本的大小、商品的组合、价格分类定位、促销手段、服务体系、商品成本等多种因素。另外，上述计算利润的方式是一种标准计算法。实质上，大多数商家相当部分收益还来自促销、水电费、条码费、租赁等。

资料来源：路宏达. 现代商场投资与策划分析技术［M］. 北京：高等教育出版社，2000.

【问题】

（1）门店开发的投资构成有哪些？

（2）门店开发的销售额如何预测？

（3）如何进行门店投资的可行性研究？

（4）门店投资的经济评价方法有哪些？

连锁门店外部设计

学习目标

【知识目标】

1. 了解 CIS 设计的目的与意义。

2. 了解 CIS 的构成。

3. 了解店面设计的原则、类型与风格。

4. 了解连锁店店名的命名原则。

5. 了解招牌的类型。

6. 掌握大卖场 CIS 的设计技巧。

7. 掌握店名命名技巧。

8. 掌握店标设计原则与技巧。

9. 掌握橱窗设计技巧。

【技能目标】

1. 能组织门店 CIS 的初步设计。

2. 会进行门店外部环境的初步设计。

3. 会进行门店内部环境的初步设计。

【课程思政】

1. 坚持工匠精神,认识门店整体设计的严谨性和指导性。

2. 恪守一丝不苟的敬业精神,端正门店整体设计的重要意义。

案例导入

良品铺子"重塑"要让你为"体验"买单

2018 年"双 11"前,良品铺子在其大本营武汉开了一家"弥漫咖啡香气和用鲜花点缀"的"超级零食店"——汉街旗舰店。在武汉年轻人最爱逛的商业步行街汉街,这个圆柱尖形的红色拱顶玻璃房子相当抢眼。扫右侧二维码可查看良品铺子店铺图。

从街上望进去,该店里面堆满琳琅满目的零食、饮品,甚至还有鲜花;而门前的阳伞桌椅、大型卡通小良妹(良品铺子卡通形象代言人)玩偶和花

良品铺子
店铺彩图

车,让路过的行人忍俊不禁地要进去逛一下。

　　这家门店是良品铺子第四代门店旗舰店,对于这家总部在武汉,在全国拥有2 000多家门店、3 000多万会员的休闲零食王国而言,汉街旗舰店是其国内尝试的第一家"城市地标店",除了最大限度地演绎四代门店的特色外,其最大亮点就是"跨界",是一家糅合了零食店＋茶咖＋鲜花店的混合业态店。

　　该门店不仅要把消费者转化为买家,也要通过各种体验和互动,把购物者变成这个品牌的狂热粉丝。

　　超级零食店什么样?

　　以前,良品铺子的大部分门店,都会把大半面积用作货架售卖区,但汉街旗舰店却将200多平方米设计为休闲区,引入泰迪鲜花店和茶咖饮品店,整个零食店成为一个复合的类生活方式的消费空间。

　　"我们希望顾客不只是买东西,还会过来喝咖啡、买鲜花,或者自拍、发朋友圈分享,在这里待多久都不会觉得枯燥。"良品铺子高级副总裁说,"很多顾客买完零食后,都会在休闲区坐一坐,与各类'萌物'一起合影,甚至有些消费者就是被这些花艺设计吸引过来的,他们看一看、坐一坐之后,也会顺带购买不少产品。"

　　汉街旗舰店具有以下几个特色。

　　其一,这是一个开在城市繁华商圈,目标消费者比较密集区域的门店,不啻一个立体广告牌,全年无休地呈现品牌故事,对良品铺子而言是一个突破。以前,良品铺子门店主要开在居民区、办公楼聚集区和重要商圈,但像汉街旗舰店这类地处城市繁华商业街区的400多平方米的旗舰级店铺还是第一家。

　　虽说"酒香不怕巷子深",但在竞争激烈的市场,消费者不一定能一下子就识别出产品的口味差异。因此,线下门店营造的体验,会很容易让品牌脱颖而出,利用精准传达的品牌调性、风格道具和视觉形象,打造令人难忘的第一印象。

　　其二,该店是一个混搭鲜花店、茶饮店业态的零食品牌店,在国内零食行业还是第一家。理论上,从品牌而言,调性、用户群重合度很高的异业合作模式通过资源共享,可以精准触达同一类消费群体,提高推广效率。在良品铺子有一家店,曾经自营烘焙和茶饮,汉街旗舰店首次的异业合作模式,是发挥各家所长,把同一类消费者的相关生意都做了,还提高了客户体验感。

　　对此,良品铺子的副总裁解释道:"我们与茶咖、泰笛绿植两个品牌调性、用户群重合度很高,三方能实现流量的转换。"

　　而对消费者而言,美味零食,鲜花、咖啡和奶茶,舒适空间和场景布置……都是美好生活的一部分,是一种生活方式。从味觉、视觉到互动体验的多重设计和满足,难免会让人沉浸流连。

　　其三,这不仅是一个零食店,还是一个品牌粉丝聚集的地方。正式开业当天下午,门店的茶歇区举行了一场本地粉丝欧式下午茶品鉴会。品鉴会的核心产品,是良品铺子天猫旗舰店线上预售的"双11"定制新品:梵高IP九味星球酥和吸喵棒棒糖。线上购物越来越方便,越来越多的品牌开始尝试改变线下店,将它变成品牌的粉丝的聚集地。

　　汉街旗舰店不只是卖东西,还是良品铺子主办活动、开设课程、举办知识性活动和体验活动的场所。人群聚集了,生意自然就来了。

多功能的门店利用方式，不仅能增加收入，更重要的是，在一个城市最大、最有特色的品牌旗舰店体验和互动，会促进顾客和品牌之间的关系，建立强烈的顾客社区感。不时策划的主题和活动，会和新产品一样，提高顾客对品牌的消费黏性。

资料来源：https://www.niuxuan.cn/redian/36061.html.

连锁门店的外部设计，关系到连锁店经营的成败。由于它是一种较微观的经营手段，所以，对消费者的影响较大。门店的外部布局具有方便顾客和广告促销的作用，它可以吸引消费者注意门店，并进入门店。而门店的内部设计和布局，也称店堂布局，它本质上是以入口为始点、出口为终点的消费通道。科学的内、外部设计以达成最佳的消费通道，使消费者合理流动，促进消费的连续实现。本项目重点阐述连锁门店的外部设计。

任务一　认识企业识别系统（CIS）

一、CIS 的含义与构成

微课：认识企业
识别系统

CIS 是 corporate identity system 的缩写，意思是企业形象识别系统。CIS 是将企业文化与经营理念统一设计，利用整体表达体系（尤其是企业的形象）最终促进企业产品和服务的销售。CIS 由 MIS（理念识别系统）、BIS（行为识别系统）、VIS（视觉识别系统）3 个方面构成。

企业识别系统不但具有紧密的关联性，而且具有很强的层次性。这 3 者之间都有其特定的内容，相互联系，逐级制约，共同作用，缺一不可。对内，企业可通过 CIS 设计对其办公系统、生产系统、管理系统以及营销、包装、广告等宣传形象形成规范设计和统一管理，由此调动企业每个职员的积极性和归属感、认同感，使各职能部门各尽其职、有效合作；对外，通过一体化的符号形式来形成企业的独特形象，便于公众辨别、认同企业形象，促进企业产品或服务的推广。

（一）理念识别系统（MIS）

所谓理念识别系统（mind identity system，MIS）是指一个企业经营理念的定位，形成企业自身的经营理念，以区别于其他同类企业，从而创立企业在市场上的形象。企业理念识别是 CIS 开发实施的关键，能否开发成功一个完善的企业识别系统，主要依赖理念识别的建立与执着。只有把这一思想体系扩展到动态的企业活动与静态的视觉传达设计之中，才能很完美地创造独特的企业形象。美国和日本许多企业的成功，在确定企业各自的经营理念上，是非常值得借鉴的。例如，小米公司提出的"感动人心、价格厚道"经营理念；北京西单购物中心亮出："热心、爱心、耐心、诚心"。这些都是把本公司经营全过程的基本风貌、传统习惯、经营伦理学的基本特色以及获得成功的基本经验画龙点睛般地概括出来了。一个企业的理念识别系统包括企业使命、经营哲学、行为基准和活动领域 4 项。

1. 企业使命

企业使命是构成企业理念识别中的最基本的出发点，也是企业行动的原动力，只有树立明确的使命感，才能满足企业成员实现自我价值的需要，持续地激发他们的创造热情，才能赢得公众更普遍、更持久的支持、理解和信赖。否则企业即使在营运,也将是没有生气的或是将走向破产的边缘。

2. 经营哲学

经营哲学是依据什么样的思想来经营企业的经营基本政策和价值观。"怎样做"是企业的经营哲学(management philosophy),是企业内部的人际交往和企业对外的经营活动中所奉行的价值标准和指导原则。经营哲学是企业人格化的基础、企业文化的灵魂和神经中枢,是企业进行总体设计、总体信息选择的综合方法,是企业一切行为的逻辑起点。它是在生产经营中逐渐形成,并具有经营性、实用性的特征。华住集团秉持"求真、至善、尽美"的企业哲学,围绕"成就美好生活"的使命,不断创新服务,为顾客提供舒适的住宿服务。

3. 行为准则

行为准则是企业内部员工涉及企业经营活动的一系列行为的标准、规则,它体现了企业对员工的具体要求。具体来讲,它包括服务公约、劳动纪律、工作守则、行为规范、操作规程、考勤制度等。

4. 活动领域

活动领域是指企业应在何种技术范围内或在何种商品领域中开展活动。企业使命、经营哲学、行为准则是属于企业理念的理论范畴。具体地实施、体现需要在一定的活动领域里完成。也就是说,为了达到理念识别的目的,企业必须以活动领域为基础,在企业的活动领域里打上企业使命、经营哲学、行为准则的"烙印",才能真正起到理念识别的作用。

  扩展阅读   企业理念定位的检验标准

一、形象方面的标准

1. 要能反映出企业的性质

企业理念,首先要能反映出该企业是做什么的,是金融机构?是工业企业?是农业企业?还是商业企业等这样一些企业性质方面的形象。这也是一个最基本的检验标准。

2. 要能反映出企业的能力

作为企业理念的设计,要能反映出企业的能力,同时要能反映出企业是一个技术发达、设备先进、经营有方的一流企业、一流商店、一流工厂,要能显出自己的品位、格调;企业的业绩、规模;企业的成长力、安定性和开发的能力等这样一些综合性的机能。

3. 要能反映出企业的文化价值

所谓企业的文化价值,主要是指企业给人们的一种文化性的印象和感觉,是一个新兴的企业呢,还是一个陈旧的老企业?是一个有亲近感的企业呢,还是一个威严的官僚机构?是一个向上型的企业呢,还是一个保守落后的企业等这样一些企业特性方面的文化性价值。以上只是一种形象上的标准,一个好的企业理念定位,除要具备以上的条件以外,还必须具备机能方面的各种标准。

二、功能标准

1. 内部功能标准

(1)作为企业经营的指导思想。企业理念应该对企业的经营活动具有导向、指导作用。

这种导向和指导作用,是企业确立经营宗旨、经营目标和各种规章制度的依据和理论基础。

(2) 实现对企业员工行为的调节和规范。企业理念中本身就包含着行为规范、行为准则的内容,而规范和准则的具体形式就是企业制定的各项规章制度。企业理念在某种意义上讲,它更是一种企业内部的精神蕴含,企业更主要的是依靠这种内在的自律力,对员工的行为加以调节和规范。

(3) 对企业员工的凝聚性。由于企业理念识别对 CIS 中的各种活动有一定的统摄、导向性,因此,在适宜的理念指导下的 VI 也可以表现出统一性。这种统一性,可使员工每时每刻意识到自己身处一个整体之中,这就是企业理念所体现出来的凝聚作用。

2. 外部功能标准

(1) 使企业富有统一性。这种统一性就是指企业内外、上下都保持经营上的、姿态上的、形象上的一致、协调。

(2) 展示易于识别的个性。企业理念包括自身的独特性,而这种独特性又通过各种识别手段加以强化,使其个性、独特性更成为在传播过程中易于识别的内容。

(二) 行为识别系统(BIS)

行为识别系统(behavior identity system,BIS)是企业实践经营理念与创造企业文化的准则,对企业运作方式所做的统一规划而形成的动态识别系统,由于其在不同的经营理念下形成,所以企业经营活动的侧重点和具体方法上有别于其他企业。它是以经营理念为基本出发点,对内是建立完善的组织制度、管理规范、职员教育、行为规范和福利制度;对外则是开拓市场调查、进行产品开发,通过社会公益文化活动、公共关系、营销活动等方式来传达企业理念,以获得社会公众对企业识别认同的形式。它要求企业实际经营过程中的所有具体执行行为在操作中必须规范化、协调化,以便使经营管理统一化。这样就能够使企业活动的各个环节共同表达企业经营宗旨和企业文化,形成统一的企业形象内涵,使企业内外产生共识、认可和好评。

从内容来看,行为识别因素可以分为对内、对外两个方面。对内方面包括干部教育、员工教育、服务态度、电话礼貌、应接技巧、服务水准、作业精神、生产福利、工作环境、内部营缮、生产设备、研究发展等;对外方面包括市场调查、产品开发、公共关系、促销活动、代理商、金融业、股市对策、公益性、文化性活动等。

从传播角度来看,行为识别分为企业对内与对外的行为识别,对内行为识别是对外行为(活动)识别的基础;对外行为(活动)识别则是对内行为识别的延伸和扩展。

(三) 视觉识别系统(VIS)

视觉识别系统(visual identity system,VIS)是在企业经营理念、企业战略范围和经营目标的确立基础上,运用视觉传达设计的方法,并根据同一经营活动有关的媒体要求,设计出系统的符号,以刻画企业的个性,突出企业精神的系统,是纯视觉信息传递的各种形式的统一,是具体化、视觉化的传递形式,是 CIS 中项目最多、层面最广、效果最直接的、向社会传递信息的部分。视觉识别将企业理念与价值观通过静态的具体化的视觉传播形式,有组织有计划地传达给社会,树立企业统一性的识别形象。视觉识别系统由基本要素系统和应用要素系统两方面构成,是企业形象最直接也最直观的表现。基本要素系统主要包括企业名称、企业标志、标准字、标准色、象征图案、宣传口语、市场行销报告书等。

应用系统主要包括办公事物用品、生产设备、建筑环境、产品包装、广告媒体、交通工具、衣着制服、旗帜、招牌、标志牌、橱窗、陈列展示等。视觉识别(VI)在 CIS 系统中最具有传播力和感染力,最容易被社会大众接受,占据主导的地位。

例如,三只松鼠的 Logo 最初以三只松鼠扁平化萌版设计为主,鼠小美张开双手,寓意拥抱和爱戴松鼠人的每一位主人;鼠小酷紧握拳头,象征松鼠人拥有强大的团队和力量;鼠小贱手势向上,象征着松鼠人的青春活力和永不止步、勇往直前的态度。在 2020 年,三只松鼠的 Logo 进行升级,松鼠形象变为 3D 立体形象,配色饱和度提高,显得更为自然、清新醒目,让人过目难忘。同时,呆萌可爱的 3D 立体形象设计,也为 IP 形象的打造和开发创造良好条件,为后续周边产品的开发进行了充分准备。由此可见,基于独特、统一和规范的色彩、图形和文字等构成的视觉识别系统,不能局限于 Logo 的视觉化,凡是能够传递信息的渠道都可以进行开发和应用,都是视觉识别的构成部分,也都会有利于商品或服务形象的塑造。

 扩展阅读　　　　　　　**如家酒店 CIS 案例分析**

如家的 Logo 由红、黄、蓝 3 种颜色构成,其颜色鲜艳、对比强烈、可识别性高。小房子样式的设计,HOMEI NN 的标志,"I"做成弯月的样子,"如家"两个字嵌在房门中,整体 Logo 巧妙而简洁,给人温馨的家的感觉。店面的设计也主要是黄、蓝两色,这样鲜艳的色调在城市中很少看到,故而识别性很高,仅这一点就为其特色度加分不少。有很多新闻报道直接用"黄房子"来代替如家,其高识别度可见一斑。酒店内部的设施也高度标准化,棕黄色的地板、粉红色的床单、白色的窗纱、蓝色的窗帘,都意在区别于其他酒店难以接近的一片白色,营造家庭般的感觉。

如家的 CIS 设计与其理念完好地契合,充分体现了"不同的城市,一样的家"。在如家的 CIS 设计中,通过 CIS 系统识别,把宾至如归的"家"文化进行了充分的表现,为店铺创造了良好的企业形象。

资料来源:郭亿馨. 如家酒店 CIS 案例分析[J]. 中国市场,2011(15):48-50.

二、CIS 导入的作用

1. CIS 有利于审视、宣传企业理念,塑造企业之魂

企业理念是企业之魂,不同的企业有着不同的企业理念。随着企业的成长壮大,时代的变迁,企业的理念也必须加以重新审视或调整。而企业识别系统的首要因素便是理念识别。企业经营理念方针的完善与坚定,是企业识别系统的基本精神所在,也是调整识别系统运作的原动力。因此,CIS 的导入和推行必然会对原有企业理念加以审视,并赋予时代特色和个性化特点,使之成为推动企业经营的强大的原动力,而企业理念一经确定下来,企业又会通过直观生动的视觉图形,富有哲理的精练语言,企业的所有行为活动,企业各种宣传广告,高质量、高频率地宣传自己的价值观和经营观念,使之渗透到社会公众的心目中,成为社会文化的一部分并获得认可,使公众潜移默化地接受自己的企业理念,塑造企业之魂。

2. CIS 有利于塑造企业形象,提高知名度

通过专门人员深思熟虑所设计的视觉系统,是把企业的经营理念体现在企业标志、标准

字、标准色内,并装饰企业所有可见物及企业在外的广告和活动场所。这些应用物包括企业产品、办公用品、办公室器具设备、招牌、旗帜、标牌、衣着、制服、建筑外貌、橱窗、交通工具、包装用品、广告、传播、展示,以及在室外举行的各种产品发布会、新闻发布会、外贸合作洽谈会、各种展览、博览会场。

总之,是在企业的每一个角落,社会的各个部分,让人们感觉到企业的存在,使这些视觉化的形象等同于企业本身。久而久之,眼见心知,触景生情,加深记忆,永不消失。随着时间的推移,它对企业知名度的提高有极大的推动作用。消费大众对于有计划的视觉识别系统,容易产生组织健全、制度完善的印象,进而增加对企业的信赖感和认同感。

3. CIS 有利于企业加强内部管理,使企业走向多元化、集团化和国际化

随着企业规模的扩大,经营由一业向多业的发展,集团化的逐渐形成,国际化的发展,面对与日俱增的企业产品和各种应用设计,企业原有的组织结构和管理体制,可能已不太适应新的状况特征。而这种多元化、集团化、国际化的经营中,最关键的是要取得集团中各关系企业的协同,达到人、财、物的共享,创造最大价值和最佳效益。而完整的 CIS 设计,就能使一切走上系统化、规范化,简化管理系统的作业流程,有效地使集团各关系企业互相沟通和认同,相互协作与支持,加强各公司的归属感和向心力,壮大力量,突出形象,进军国际市场。

4. CIS 有利于增强企业产品竞争能力

CIS 借助于强烈的视觉感官识别设计,通过产品的商标、包装和广告的统一设计,能赋予产品独特的形象。紧紧抓住消费者的心,增强产品的市场竞争能力,有利于创造名牌,建立消费者的品牌偏好。如小米在 2021 年春季发布会上宣布启用的新徽标,在保持原有字形和底色的同时,引入东方哲学,通过"超椭圆"的形式体现"生命感",传递出小米让全球每个人都能享受科技带来的美好生活的理念。这次更换徽标活动,在业界和市场上引起了巨大关注,成为抖音、头条、微博等热搜话题,有力地提升了小米品牌的市场关注度。

基于类似事实,那些创出牌子的企业,已经认识到这种无形资产的巨大价值,不遗余力地展开名牌保卫战,运用法律武器来捍卫自己的神圣权。

5. CIS 有利于稳定职工队伍,激励士气,招揽人才

现代企业的竞争,不仅是新技术、新产品的竞争,更是人才的竞争。只有具备优良形象的企业,才能赢得人才市场的信赖,保证随着企业的不断进展,规模不断地扩大,在稳定原有职工队伍的基础上,不断吸收更多、更优秀的人才,使企业有着旺盛的新陈代谢能力,永葆企业的青春与活力。CIS 的视觉设计,如制服、办公环境、企业标志、商标、标准包装等,都具有包装功能,给人一种耳目一新、朝气蓬勃的感觉,自然它能够增加员工的凝聚力,激励员工士气,提高作业成绩。

6. CIS 有利于降低广告费用,提高广告效果

CIS 建立之后,各关系企业或公司各部门可遵循统一的设计形式,应用到所需的设计项目上去。这样做一方面节省了各企业各自为政的设计制作费用,减少无谓无效的播放费用;另一方面又可避免因产品包装不一,广告宣传促销印象不一,而无法一致表现企业精神与理念的现象,造成视觉传播上的纷乱、繁杂和相互干扰现象。CIS 具有统一性和系统化的视觉识别系统,特别是直观、生动的企业标志、标准字、标准色的视觉统一,可以提高企业向社会传播讯息的频度和强度,提高向社会各界传达讯息的质和量,突出企业的形象和知名度,突

出企业产品的质量和品牌效应,收到良好的广告效果。

三、CIS 的导入与实施

CIS 的导入就是企业识别系统按部就班、有条不紊、相互交叉、承上启下地得到具体实施。一般来说,新成立的实力较强企业,建议直接导入 CIS 系统,通过周密和完整的策划,确定市场定位、实施准则、标准的视觉规范,使企业设立之初,以全新的形象出现在受众面前,从而赢得市场先机。具体来说,企业识别系统的导入可以从以下几个方面来进行。

(一) 制订计划方案

导入 CIS 的第二步是制订计划方案,因此,首先要明确导入动机,进而确认工作目标及实施方案。

1. 明确导入动机

一般而言,企业导入 CIS 的动机来自两个方面:一是来自企业内部的需要,具体包括提升企业知名度、吸引人才、调动员工积极性,协调与合作伙伴的关系,扩大广告效果与销售,强化内部管理等;二是来自市场压力,包括企业面临的成本、竞争压力、社会公众与顾客对企业的不良看法,形象传播渠道不畅、效果不好等。换言之,就是要在目标市场消费者的心目中为企业产品与服务创造一定的特色与个性特征,赋予企业一定的鲜明形象,以便于消费者与社会公众识别,适应他们的需要与爱好。

2. 确立导入目标

出于不同的动机,应有不同的目的。目标指引行动的方向,又是裁决计划制订与实施工作成功与否的尺度。

(1) 总目标与具体目标。总目标是企业形象策划活动的指南,其构成要素包括基本目标——传播信息、长期目标——联络感情、主要目标——改变态度、最高目标——引起行为。具体目标要依据企业自身条件与所处环境状况的要求来相机决定,如改善经营状况,协调社会关系,促进社区发展等。

(2) 确立目标应注意的问题。确立企业形象的目的是解决现存问题,树立和改善企业的具体形象。以此而论,企业形象目标的确立,应满足有效性、有利性、有弹性这 3 个要求。目标的有效性要求实际上是针对产生问题的原因。只有消除原因,问题也就迎刃而解,目标自然会顺利实现。目标的有利性要求,则是指向结果,是衡量结果的功利性尺度。目标的有弹性要求,则给出目标能否实现的前提条件。只有符合实际,计划才能顺利实施,并达到预计目标。总之,这 3 个要求是相辅相成、有机统一的。

3. 拟订计划方案

当对企业内外经营环境的诊断与调查结束并取得全部有用的资料后,在企业形象定位准确的基础上,可以开始策划企业理念识别系统。在创意策划企业理念时,应持非常慎重、认真、科学的态度,因为企业理念不仅要反映出企业的行业特点、个性特征,而且要能被社会公众认同和内化。企业理念是企业形象识别系统策划的灵魂,它决定着企业形象识别系统策划的成败。企业理念识别系统策划方案制订后,要经由企业形象识别系统委员会评审通过才能实施。

（二）实施计划方案

企业形象计划方案的实施就是将规划与设想变成现实的过程。即使计划制订具体得当，但如果实施不力，计划也会成为泡影。在计划实施过程中，基本要点与程序如下。

1. 制作 CIS 手册

当企业形象识别系统主体工程策划完成后，接下来就要把在前面各个阶段、各个程序上所策划的内容编纂成册，作为今后实施企业形象识别系统的资料和依据。所以，CIS 手册其实就是一本完整、详细的企业形象识别系统实施指南。企业 CIS 手册包括以下 5 部分内容：①企业理念识别系统。此部分收录企业理念识别系统所策划的成果，具体有企业宗旨、企业精神、价值观念、方针政策、战略目标等项内容。②企业行为识别系统。此部分收录企业各个部门、各种岗位上的全部行为规范和行为模式。③企业视觉识别系统。此部分收录企业标识系统的全部内容，包括基本要素、附属基本要素、基本要素的组合系统及应用要素等。④企业综合感觉识别系统。此部分收录策划人员在企业信誉形象、道德形象、管理者形象、员工形象、经营环境形象等项目上的策划成果。⑤企业信息传播识别系统。此部分收录企业在信息传播项目上的策划成果，主要分为真实、系统的、适用的媒介，艺术、科学的渠道，灵敏、快捷的反馈等内容。企业 CIS 手册制订后，照例要求提交到企业形象识别系统委员会审查通过。

2. 设计企业识别系统宣言（CIS 宣言）

企业识别系统宣言代表了一家企业在步入一个新的历史发展阶段时，向全社会发布的一次精神宣誓，是企业向社会公众，特别是目标市场消费者所做出的一次永久性的精神承诺。这一承诺将在今后漫长的经营管理过程中，作为一面镜子，检验企业的行为和形象。

企业形象识别系统宣言一般包括 4 方面内容：①回顾企业所走过的历程；②准确诠释企业经营理念；③概括描述企业品牌的功能优势及精神意义；④详细说明企业标志含义。

企业形象识别系统宣言创作完成后，提交企业形象识别系统委员会审查通过。

3. 对内传播

由企业最高领导召开 CIS 宣讲会，即对员工实施 CIS 教育。对内传播的目的在于强化企业内部的沟通，以便让全体员工提高对导入 CIS 的理解与认识程度，形成共识，并体现在行动中。

4. 对外传播

利用公关宣传、广告宣传等多种手段，向社会公众传递企业理念和识别系统的新变化、新特点。这主要是通过举办以树立企业形象为目的的大型公共关系活动等，以取得社会公众的广泛了解与认同。

5. 全面推广

把 CIS 的导入同企业的其他各项活动有机结合起来，一体化地推动企业的经营管理工作，形成内求和谐、凝聚，外求发展的良好局面，达到社会公众认同企业、支持企业发展，企业推动社会、经济进步的根本目的。

（三）评估导入成果

企业形象识别系统评估检查企业导入、实施企业形象识别系统以后，为了解企业形象识别系统是否达到预期目标,必须对实施中的企业形象识别系统进行客观的评估,以便找出不足和问题,为企业形象识别系统下一步的深入实施创造有利条件。它是导入 CIS 过程的最后一个工作环节,目的是测评成效,寻找问题,发现差距。在总结实践经验与教训的基础上,为今后的企业形象策划与塑造工作奠定良好的基础。

企业形象识别系统实施效果评估工作,分为以下 3 个阶段进行。

(1) 企业形象现状评价。

(2) 企业形象现状调查与分析。

(3) 企业形象现状修正与完善。

企业形象识别系统实施效果评估工作,必须在企业形象识别系统委员会的直接指导和监督下进行。

任务二　设计连锁门店的店面

俗话说:"人要脸,树要皮。"如果树没有皮,就会干枯死掉,人如果不注意自己的脸面,也许就会失去许多重要的机会。连锁门店的店面就是它的脸面,也有着很重要的作用,它主要起到方便顾客和广告促销的作用,可以吸引消费者注意到门店、进入门店。如果店面不协调,招牌残缺不全,光顾者肯定不会多,生意自然也会受到很大的影响。连锁店的店面设计包括连锁店的店面结构、招牌标志、橱窗等项目的设计,它是店铺建设的重要组成部分,除便于消费者识别以外,对美化街道和周围环境也起着重要作用。

一、常见的几种店面类型

(一) 店面的外观类型

连锁企业的经营业态和经营方式多种多样,其店面外观也不尽相同,一般来说,店面外观有 3 种类型。

1. 全封闭型

这种类型的店铺面向大街的一面用橱窗或有色玻璃遮蔽起来,入口尽可能小一些。经营高级照相机、宝石、金银器等贵重商品的连锁专卖店,宜采取这种类型。因为到这里买东西的顾客被限定为一部分人,需要顾客安静、愉快地选购商品,不能随便地把顾客引进店内,所以不需要从外面看到店内。

2. 半开放型

店铺入口适中,玻璃明亮,入口稍微小些,从大街上顾客能一眼看到店内的情景,然后被引入店内。这种店铺外观的吸引力是至关重要的。通过橱窗配置,使橱窗对顾客具有吸引力,尽可能无阻碍地把顾客诱导到店内。在经营化妆品、服装、装饰品等商品的百货商店,采用这种类型比较合适。购买这类商品的顾客预先都有购买商品的计划。在这个范围内,目标是购买与自己的兴趣和爱好一致的商品,突然跑进特定商店的例子是很少的。一般是顾客从外边看到橱窗,对商店经营的商品发生了兴趣,才进入店内,因而开放度不要求很高,顾客在店内可以安静地挑选商品。

3. 全开放型

这是把商店的前面,即面向马路一边全开放的类型。没有橱窗,顾客出入方便,没有任何障碍。在我国南方地区,全开放型店面很常见,而北方则少些,这是由南北两地不同的气候决定的。这种店面类型适合于出售食品、水果、日用杂品等日用品商店、超市。购买这类商品的顾客并不关心陈列橱窗,而希望直接见到商品和价格,所以不必设置陈列橱窗,而多设开放入口,使顾客可以自由地出入商店,没有任何障碍。前面的陈列柜台也要做得低一些,使顾客从街上很容易看到商店内部和商品。

(二)店面的风格类型

店面的风格指的就是店铺的个性化特色的外在表现。随着零售行业的竞争日渐加剧,店面的个性化特色起着越来越重要的作用。这里主要从店铺内部布局和外观店面设计的角度来研究店面风格的功能和店面风格设计策略。常用的店面风格可以划分为以下5类。

(1)街头小贩型。这类终端还称不上是店面,充其量是在自由市场和露天市场中的小摊位,经营的商品是一些日常生活用品,给人的印象是东西很便宜。

(2)良家妇女型。这样的店面要比第一种类型稍稍好看点儿。首先,它有固定的位置,一般是临街的门面,在店头摆放上商品,顾客不用进到店里来就能采购商品,属于全开放式陈列。其次,它有一定的规模,基本是 $2\sim3m$ 的柜台长度。通常这类店面给人的印象是实惠、可靠。因为第一种类型的摊位流动性大,而这种类型"跑了和尚跑不了庙",顾客比较信得过。

(3)小家碧玉型。此类型的店面属于营业面积在 $10\sim50m^2$ 的室内店铺,一般门是打开的,或者用透明的玻璃门,商品摆放在室内,顾客需要走到店里才能消费。这类型的店面一般需要起一个有特色的店名,并在装潢、商品陈列上下功夫。一般的特色服装店、西点面包房、拉面馆等属于这种类型。它给人的印象是商品的质量还过得去,价格中等。进去消费,是既不失面子,又不多花钱的地方。

(4)大家闺秀型。这一类型大多指的是名牌专卖店。首先,它经营的商品单一,具有知名品牌,商品上档次,价格也偏中高等。为了配合它商品的档次,店面在装修的材质上都很下本钱,墙面的颜色、陈列商品的货柜均是专业人士设计。一般店面里面灯光华美,地板泛亮,店员的服装也是精心设计,处处透出大家闺秀的魅力。此类的店面给人的感觉是出售的商品是中高档商品,可以显示消费者不同一般的生活水准。

(5)皇亲国戚型。这一类型是终端的极品,也是那些称为××旗舰店的店面。一般拥有统一的品牌,选址在黄金地段,店前有宽阔的大道,人流众多。店面朝向大街的一侧全部是玻璃橱窗,里面艺术地布置上漂亮的模特及时尚的商品。一般店内顾客不多,大多是会员制。给人的感觉是经营从高级品到豪华商品的店面。

当然,无论是以上哪种风格的店面,有两点是相同的。一是卖的商品一定要和店面的品格相对应。摆在地摊上的珠宝都是假的,放在珠宝专卖店的玻璃也能卖出钻石价。二是无论是属于哪个品格的店面,只要比同一品级的店面稍稍别致一点儿,就能在同行中脱颖而出,获得消费者青睐。

二、店面设计的原则

1. 醒目、能引起消费者注意的原则

连锁店铺开设的目的是让消费者消费,而消费的前提是进入店铺。进入店铺前必须先关注店铺,而关注店铺的前提是店铺给消费者以刺激。达到醒目、刺激顾客的手段很多,可以通过刺激给消费者以愉快的感觉,如爽口的店名、醒目新颖的店名字体、简洁明快的标识、有特色的大门、宽敞的店前广场、五颜六色的条幅等。

2. 方便顾客购买的原则

方便顾客是连锁店铺经营的基本点之一,主要包括以下内容。

(1) 从交通往来角度讲,方便顾客到达、离去和寻找店铺。

(2) 从交通工具停放角度讲,停车场要宽敞方便,进出畅通无阻,收费要合理。

(3) 从进入店铺角度讲,店门外不能有任何障碍物,让顾客能顺利方便地进入商店。

3. 安全性原则

连锁门店是人口聚集的地方,也是货物、资金、设备集中的地方,一旦出现安全事故,损失是严重的。店铺外观设计应侧重于安全事故的防范和安全撤离,所以店门和安全通道的设计对于连锁企业来说是非常重要的。这里的安全事故主要包括倒塌、火灾、毒气、疾病、地震等。

三、店面设计策略

门店店面的设计主要包括店名、字体、店标、色彩运用、装饰、门口、台阶、广场、灯箱等内容,所以店面的设计策略应考虑以下方面。

1. 重视经营必须重视门面

因为门面是企业经营的外在表现,客户首先看到的是企业店面,正是由于店面的吸引力,顾客才产生进入店铺的兴趣;进入店铺后,店内布局的效果会对顾客购买与否产生影响。所以,店面风格设计的好坏直接关系到店铺对顾客的吸引力。

2. 根据目标消费群的审美观进行设计

每一店铺都有自己的目标消费群,以他们的喜好来进行店面的设计本身就是保持个性的体现。这既是店铺对消费者进行调查,与消费者进行沟通的结果,也是对消费者的尊重。

3. 根据服务内容的行业特点进行设计

由于人们平时受到文化的影响,往往对某些现象有着基本相同的看法,对行业的认识也有相同的特点。例如,化妆品连锁店的店面应该体现清爽的风格,而鞋店的风格应庄重、踏实、简洁。

4. 根据消费对象的年龄阶段进行设计

年龄不同、心理不同,欣赏、观察事物的角度也不同。由于人们回顾自己的过去,常常对现实产生想法,所以我们必须注意根据年龄设计。例如,婴儿产品的店面应温馨;青少年产品的店面应活泼一些;青壮年产品的店面应庄重、大方,不能用太艳丽的色彩;老年产品的店面应厚重、凝练。

5. 注重店面设计的独创性和唯一性

由于店面是消费者识别店铺的最重要标志，所以，店面必须和别的店面有明显的差异，就是说有个性，并且个性是内外统一的。而且，店面设计的独创性和唯一性同经营的区域有关系。若想在全国发展连锁店铺，则店面必须在全国具有差异性和唯一性。若想成为全球企业，店面的设计必须具有全球范围的适应性和差异性。这里的适应性是指店面的风格在世界各地都能被接受。

四、店面的三度空间设计

连锁门店内不仅有商品、顾客，还有店员，他们也要在店铺内活动。实际上，店员的重要性，决不在商品和顾客之下（店员也是店面的一部分）。

许多连锁店商品很丰富，有宽广的通道，摆设也符合顾客浏览的要求，生意却冷冷清清。事实上，不同连锁门店顾客与店员之间存在着不同的互动关系。店员在店中的各种行为，大致分为两大类：一是"令顾客不悦，敬而远之"，其行为表现为"在店门口站立等客人上门""在店中等客人上门"和"过早上前询问客人"等；二是"将顾客吸引上门选购商品"，其行为表现为"招呼接待顾客"及"在店中自主性作业"等。那些很受欢迎、生意很好的连锁店的店员只是一直重复着"将客人吸引上门选购"的行为，而那些生意很差的店，则始终在"令顾客敬而远之"的行为模式上打转。

在设计店面时，应该注意店员的行为。这样，商店的空间不是分为商品空间和顾客空间，而是将店内的空间分为商品空间、顾客空间、店员空间这三维空间，并以这样的理念去构架店面的整体设计。如此设计出的店面，应该与理想中的商店相距不远了。

将商品空间、店员空间、顾客空间这三维空间进行合理的组合设计，将店面设计分为四大类型。在这4种不同形式的店铺中，店员和顾客之间各有一定的互动关系。需要注意的是，这里所说的店员空间和顾客空间不仅指店员、顾客实际占有的具体空间面积，更是指店员、顾客所能自由控制、自由行动的"势力范围"。结合下面图解加以说明这几种类型的店铺。

1. 接触型店面

接触型店面主要由商品空间和店员空间组成，商品空间迎门而设，没有顾客空间。其中又可再分为狭窄型店员空间和宽敞型店员空间两类。狭窄型店员空间是指店员活动空间小，宽敞型店员空间是指店员活动空间大，如图5-1所示。

2. 隐蔽型店面

隐蔽型店面是指商品陈设于商店内部，店头作为顾客空间的形式。和接触型店面一样，它的店员空间也可分为狭窄型和宽敞型两类，如图5-1所示。

无论是狭窄型还是宽敞型，如果店员站在商品空间或店员空间中笔直不动，等待顾客光临，或过早地打扰顾客等，都会令顾客感到压迫、不舒适，从而影响生意。但是，相比较之下，店员空间较宽敞者，即便店员引起顾客的不悦，所造成的冲击尚属缓和，比起店员空间狭窄者来得有利，店员空间狭窄者，由于店员过于靠近商品，便会妨害顾客上前。这是由于狭窄的店员空间，极易显示店员的势力范围，让顾客总是觉得在店员的控制之下，易产生不舒服的感觉。因为顾客一般都愿意在轻松自由的环境下购物。

　　另外,接触型和隐蔽型的店面,皆无恰当的死角,店员在店中的一举一动尽在顾客的眼底,所以店员的作业、举止必须有明确的规范,否则,店员的举止不妥,会给商店造成非好即坏的影响。

3. 隐蔽游动型店面和综合型店面

　　这两类店面均可再分成有店员空间和无店员空间两类,如图 5-2 所示。店员空间宽敞的接触型店面,其经营必然获得改善。因为在这种结构下,店员在宽敞的(店员)空间中行动自如,无论是自主性的作业或是招呼客人等,都可以专心。同时店员的势力范围意识也因此而降低,顾客可以很轻松地接近商品,自由地参观选择。如果这时四周竞争对手的店面仍旧是店员空间狭窄的接触型,则相比之下,谁更具竞争力便显而易见了。

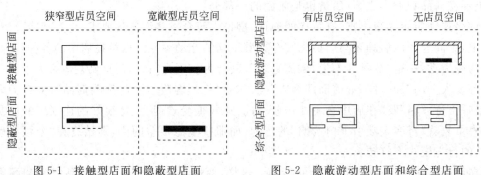

图 5-1　接触型店面和隐蔽型店面　　　　图 5-2　隐蔽游动型店面和综合型店面

　　在百货公司经常可以看到许多店员空间狭窄的接触型卖场,有些能凭借店员精湛的应对技巧,创造出高业绩,但是大多数店员总是无法达到所需的技术水平,而公司的经营政策是销售额越高的店位就分配越宽敞的空间,如此良性循环,使销售更加顺畅;反之,业绩不好的店位,则空间被削减,更是雪上加霜。

　　例如,有两个大小一样的卖场,则拥有较宽敞的店员空间者,较具优势。因为它不仅确保店员空间,另外又可以加长商品空间(橱柜)的纵深。如店面没有顾客空间,顾客就必须站在通道上选购商品。在通道上虽然很难拉住顾客,但只要有几个过客停下脚步的话,立即就会引起"存样学样"的带动效应,从而提高销售额。所以,这种类型的卖场,虽无顾客空间,却不影响其业绩。

　　对一个可让顾客在其中游动的店面而言,是否具有"店员空间"非常重要。只要店面不是非常狭小,"店员空间"的存在便有修正或弥补店员举止的影响力,同时它的存在也明显地告诉顾客:"除非您有需要来找我们,否则我们绝不会前去打扰您。"

　　对店员而言,自己的处所空间与工作职责已非常分明,自然就能避免表现出"赶走"顾客的举动。店员不再瞅住顾客而能专心工作,此举自然能为商店带来活力,为顾客营造一个气氛祥和的购物场所,因此更能吸引人流,增加店员的工作量而形成良性循环,使商店愈加具有魅力。

　　但类似这种布局的店面,也常会产生不好的现象。在游动型部分的商品空间中,本来是该让顾客随意选购的,然而店员会不自觉地站到通道上等待顾客,并过早招呼进店来的客人。而宽敞的出入口原本是容易出入的,但是对于那些真正在闲逛的顾客而言,当他由入口看到各个店员等候顾客蓄势待发的样子,就裹足不前了。更有甚者,店员迎头就接近顾客,往往把顾客吓得夺门而出;也有的客人买得心不甘情不愿,此后便永不再上门了。由于来店的顾客大部分在店头就被附近的店员赶跑了,所以内部几乎不可能有顾客,于是形成内部店员无事可做,对于偶尔才来到的顾客,他们也开始急于招呼,甚至也呼唤那些在店中走动的顾客。像这种半"新"半"旧"的店面结构,要更正店员的举止是非常困难的。

由以上讨论可以看出,店面是由商品空间、店员空间、顾客空间三度空间组合而成,根据这三者的规划,可将门店分为 4 种形态。店面的三度空间设计,不仅要考虑到店铺的结构问题,更要把顾客购物时的心理状态运用到店面设计上。因此,此种设计是更为顾客服务、更为顾客着想的设计。如果想要设计出一家生意兴隆的商店,在结构上应该根据经销商品、地点和规模,选择适合的商店形态。例如,商品种类少、地点好、规模小的商店,最适合的结构是"店员空间宽敞的接触型"。若在狭窄的面积上勉强设计成"隐蔽型",店员空间就会因狭窄无从发挥;若商品种类少,却强行设计成游动型店面,则店内无法做出充分的游动通道,终归要失败。

任务三　设计连锁门店的店名、店标与招牌

一、连锁门店店名的设计

好的店名能给人留下生动、清晰的印象,能够增强超级市场的吸引力,可以增强目标市场上消费者的口碑传播效应,有利于扩大门店的知名度,增加顾客流量,也能将企业的经营理念传输给顾客。店名要有特色,但不能离题太远,通过店名能使顾客知道你所经营的商品是什么。也就是说,食品店的名称应像食品店,服装店的名称应像服装店等。好的店名应具备 3 个特征:一是容易发音,容易记忆;二是能突显商店的营业性质;三是能给人留下深刻的印象。

(一)连锁门店店名的命名原则

门店的名称不仅是一个代号,它还是外观形象的重要组成部分。从一定程度上讲,好的店名能快速地把店铺的经营理念传播给消费者,增强店铺的感染力,进而带来更多的财源。连锁店策划者在设计名称时,一般应遵循以下原则。

1. 易读、易记

易读、易记原则是对店名的最根本的要求,店名只有易读、易记,才能高效地发挥它的识别功能和传播功能。例如"美佳"超级市场、"佳思客"超级市场等。为使店名易读、易记,要求策划者在为门店取名时,要做到以下几点。

(1)简洁明快。名称单纯、简洁明快,消费者易读易记,容易和消费者进行信息交流。这就要求在名称设计时,必须要响亮,易于上口,有节奏感,这样也就有了传播力,使店铺与消费者能够相互交流与沟通,而且名字越短,越有可能引起顾客的联想,含义反而更加丰富。中国名称一般以 2～4 个字节为宜,外国名一般以 4～7 个字母为宜;绝大多数知名度较高的超级市场的店名都是非常简洁的,冗长和复杂的店名,不易被人辨识和记忆,例如,有一家超级市场连锁店,名称为"121 一万德万",这名字就让人难以理解。

（2）独特。名称应具备独特的个性，力戒雷同，避免与其他连锁店店名混淆。这样才能在公众心目中留下鲜明的印象。如"7-11"超级市场连锁集团，其店名就非常独特。据悉，我国现在两个字的企业名称已基本用尽，为避免与他人重复，必须用 3 个字以上的企业名称，而且 3 个字以上的名称，必须避免有两个字与他人重复。例如，目前风行的"某客隆"命名方法，就给人以雷同之感，北京已有京客隆、利客隆、亿客隆等，再发展下来，就容易引起人们的误解。

（3）新颖。这是指店名要有新鲜感，赶上时代潮流，创造新概念。例如，华润万家旗下的精品超市"Olé超市"的店名。olé一词在西班牙语中是欢乐、开心之意，同时也是 1998 年世界杯主题曲中广为流传的歌词：go go go，ole ole ole。这一名称朗朗上口，激昂欢快，既传递了华润 Olé超市简而优的生活方式，也很容易被消费者所接受。

（4）响亮。这是指店名要易于上口，难发音或音韵不好的字，都不宜用作名称。响亮的店名也易于流传，易于扩大其知名度。

（5）高气魄。这是指店名要有气魄，起点高，具备冲击力及浓厚的感情色彩，给人以震撼感。如珠海的海蓉贸易公司，为了使其生产的服装打入国际市场，参与世界竞争，公司决定改名。通过对几个方案进行比较，最后决定用"卓夫"作为公司的名称。"卓夫"是英语"Chief"的音译，英文含义为"首领""最高级的"（名词或形容词）；中文含义为"卓越的大丈夫"。中英文合二为一，演绎出一种高雅、俊逸、不同凡响的风格。设计独特的风格，反映企业的营销文化和经营理念，向目标市场传达企业经营活动的特点与文化附加值，达到消费者识别企业及其自有品牌的目的。

2. 能暗示门店的经营属性

店铺名称应具有暗示商店经营属性的特征，如国美电器。但是，店名越是描述某类经营商品的属性，那么这个名称就越难向其他经营范围上延伸。因此，店铺经营者在为店铺命名时，要充分考虑企业未来的经营战略和品牌延伸问题。使店名过分暗示经营商品的种类或属性时要谨慎，否则将不利于企业的进一步发展。但是，在服装行业，如果服饰店经营的是某一类型服装，面向的是固定的某一阶层顾客，则可以面向顾客而取名，使他们知道门店的类型，"淑女屋"就是这样的成功例子。

3. 能启发消费者对门店的联想

它是指店铺名要有一定的寓意，让消费者能从中得到愉快的联想，而不是指消极的商店联想，也就是讨个吉利的名字。如"物美廉"使顾客联想到店铺的商品物美价廉；"超市发"让顾客联想到该店生意兴隆；"好又多"使顾客联想到店铺的商品种类齐全，质量好，能满足消费者日常购物的需要。

但要注意，有时从一种语言看来，它是吉利的名字，而用另一种语言读出来，就会有消极的意义。出现这种情况，如果想进入该地区的市场，就必须改名。"金利来"远东有限公司创办人曾宪梓先生说："要创名牌，先要选好名称。"金利来原来叫金狮。一天，他送两条金狮领带给他的一个亲戚，亲戚满脸不高兴，说："我才不戴你的领带呢！金输、金输、什么都输掉了。"原来港话"狮"和"输"读音相似，而他的这个亲戚又是一个爱赌马的人，香港赌马的人很多，显然很忌讳"输"字。当天晚上曾宪梓先生一夜未睡，为改金狮这个名字绞尽脑汁。终于将 GOLDLION（金狮）改为意译和音译相结合，即 GOLD 意为金，LION 音读利来，戴领带的各阶层生意人多,谁不希望"金利来"？这个名字很快就被大家接受。

4. 能与店标相呼应

店标是门店中可以被识别但无法用语言表达的部分,是门店经营者命名的重要目标,要与店名一起考虑。当店名能够刺激和维持店标的识别功能时,店面识别系统的整体效果就加强了。例如,当人们听到"苹果"店名时,立刻就会想起那只明亮的能给人带来好运的苹果,这样,苹果这一店名在消费者心目中就留下了根深蒂固的印象。

5. 能适应市场环境

门店命名不仅要考虑经济方面,还要考虑文化地区环境。不同的地区具有不同的文化价值观念,因此,店铺经营者要想使店铺(连锁化发展)进入新市场,首先必须入乡随俗,有一个适应当地市场文化环境并被消费者认可的店名。同样的动物或植物,不同的国家和地区,在文化上具有很大的差别,具有不同的象征意义。例如,熊猫在我国乃至多数国家和地区均颇受欢迎,是"和平""友谊"的象征,但在伊斯兰国家或信奉伊斯兰教的地区,消费者则非常忌讳熊猫,因为它形似肥猪;仙鹤在我国与日本都被视为长寿的象征,而在法国则被看作蠢汉和巫妇的代表;菊花在意大利被视为国花,但在拉丁美洲有的国家则视菊花为妖花,只有在送葬时才会用菊花供奉死者,法国人也认为菊花是不吉利的象征。所以,店铺经营者应本着适应性原则为商店命名,这样才有利于店铺连锁化的发展。

6. 必须受法律保护

门店经营者还应该注意,绞尽脑汁得到的店名一定要注册,这样做可以受到法律的保护。要使店铺的店名受到法律保护,必须注意:既要使店名在法律允许注册的范围内,又要使店名不具有侵权行为。门店经营者一定要提高自己的知识产权保护意识,学会用法律维护自己的合法权益。例如,安徽阜阳有一家网红豆杂面馆"刘晓燕杂面条",2022年年初经营者发现该店名已被阜阳本地一家餐饮公司注册为商标,继续使用将面临侵权问题,这让该经营者难以接受,但对方是合法注册,目前只能通过法律途径进行申诉。

(二)连锁店店名命名的几种方式

超级市场策划者在给企业命名时,除查找字典,引经据典外,还应采用以下方法。

1. 以人名来进行命名

以人名来进行命名的方式与众不同,会使人感到熟悉和亲切,很多饮食店、理发店、时装店都采用此法。在古代,很多店铺经常使用人名或姓氏来命名,如胡庆余堂、张小泉剪刀、都锦生织锦等。现如今,也有不少门店命名采用这种方式,如李宁专卖店、杨国福麻辣烫等。

2. 以数字来进行命名

以数字作为店名使人易记易识。例如,"7-11"便利店、88眼镜店等。

3. 以动植物进行命名

以动植物进行命名会使人产生对动植物的联想,如"牡丹服装店"就容易使人想到其高贵典雅。"野马"汽车,使人联想到西部草原纵横驰骋的奔马,暗示其强劲高速与自由随意。

4. 以货品的质量、方便程度等进行命名

这种方式在实际使用中较为常见,例如,物美超市、百佳超市、美佳超市、惠康超市等。

但是,采用这种方式进行命名,需要避免超市名称的雷同及重复。

5. 以所属的购物中心或商厦来进行命名

一般的购物中心或商厦当中均附设有自己的超市,这些超市可以其所属的商业主体名称作为自己的名称。

企业命名可以集思广益,通过多种途径进行征集与筛选。诸如采用发动自己单位职工为本企业命名、委托专业公司起名和向全社会有奖征集企业名称等方式。

(三)连锁店命名的注意事项

门店命名以市场营销和形象传播为准则。要考虑门店的名称有没有形象传播力、传播何种形象、传播这种形象对门店的发展、业绩的提升、商品的销售有没有效力。门店命名时应注意以下 4 点。

1. 必须具有独创性和识别性

要有个性、有特色、独树一帜。不能与其他超市雷同,也不要类似。只有独特,才能给人留下深刻的印象,才能使人容易识别。

2. 必须具有统一性

超市名称不但要与超市理念识别、活动识别相统一,符合并反映超市理念的内容,而且要体现超市服务宗旨、商品形象,使看到超市名称就能感受到超市的经营理念,这样有助于超市树立良好的形象。如北京有家超市以"好邻居"命名,让人听之有使人感受到超市经营者与顾客心心相印的氛围,从而拉近了消费者与企业的距离,利于经营。

3. 必须具有可传达性

门店的名称,必须具有较强的传达力。在听觉上,名称要响亮,易于上口,有节奏感,才能具有传达力。如果名称比较难懂、美感不强,则不利于传播,很难收到好的效果。在视觉传播中,应以简单为基本原则,笔画少、通俗易懂的、易于记忆的传播,既能引起顾客的联想,又能起到增强超市企业与消费者相互交流与沟通的作用。

4. 不要用地名作门店名称

一般不要用地名作企业名,一则不利于企业今后向外地发展;二则商标法规定,县级(含县级)以上的地名不得作为企业商标和名称。

二、门店店标的设计

(一)店标的概念与作用

有了好的店名,还需要设计相应的店标。店标是指店面标识系统中可以被识别,但不能用语言表达的部分,也可以说是店面标识的图形记号。店名是一种文字表现,店标是一种图案说明,后者更容易给人留下深刻的印象。店标要力求简单、美观、引人注目。

据考古发现,早在公元前 79 年,在古罗马的庞德镇,人们用色彩在外墙上画一个壶表示是茶馆;画有牛的地方表示牛奶店或牛奶厂;画有常春藤的是油房;画石磨的是面包店等。由此可见,店标的标识作用由来已久。店标与商店名称都是构成完整的商店标识系统的要素。店标自身能够创造商店认知、商店联想和消费者的商店偏好,进而影响商店体现出的质量与顾客的商店忠诚度。店标的作用主要表现在以下 3 个方面。

1. 引发消费者产生联想

店标能够引发消费者产生联想,尤其是能使消费者产生有关商店经营商品类别或属性的联想。

2. 促使消费者产生喜爱的感觉

风格独特的标识能够刺激消费者产生幻想,从而对该商店产生好的印象。例如,米老鼠、京东狗 Joy、腾讯的企鹅、海尔的卡通男孩等。这些标识都是可爱的、易记的,能够引起消费者的兴趣,并使他们对其产生好感。而消费者都倾向于把某种感情(喜爱或厌恶)从一种事物上传递到与之相联系的另一事物上。因此,由于店标而使消费者产生的好感,在某种意义上可以转化为积极的联想,这非常有利于超级市场经营者开展市场营销活动。

3. 是公众识别商店的指示器

风格独特的店标是帮助消费者记忆的利器。检验店标是否具有独特性的方法是认知测试法,即将被测门店店标与竞争商店的店标放在一起,让消费者辨认。辨认花费的时间越短,就说明标识的独特性越强,反之亦然。一般来讲,风格独特的商店标识会被很快地找出来。

(二)店标的种类

店标是一种"视觉语言"。它通过一定的图案、颜色来向消费者传输某种信息,以达到使消费者识别商店、促进销售的目的。

不同的商店有不同的店标,其中最明显的是几何图形。标识图形似曾相识,故认知率较高,如月牙、皇冠、星星、十字形等。如果标识图形很少见,则认知率较低。具有意义的图形,能够助长记忆。因此,在设计门店店标时,赋予一定的图形以特殊意义就显得非常重要了。常见的几何图形如下。

1. 根据标识的形态可划分为表音标识、表形标识和图画标识

(1)表音标识,就是表示语言音素及其拼合的语音的视觉化符号。大小写字母、汉字、阿拉伯数字、标点等日常用的文字或语素、音素等都是表音标识,如 HUAWEI、Tencent 等。表音标识的特点是简洁明了、歧义性低,但过于普遍,个性不突出,标识能力低。因此,门店经营者要在表音标识的构形上多花心思,使其造型新颖、别致、颜色醒目、突出。

(2)表形标识,是指通过几何图案或形象图案来表示标识。表形标识靠形而不靠音,因而形象性非常强。通过适当的设计,能以简洁的线条或图形来表示一定的含义,同时利用丰富的图形结构来表示一定的喻义。表形标识的缺点是没有表音标识,不利于消费者将门店店标与门店的名称联系起来。因此在使用表形标识时,最好能配之以门店的名称,如中国建设银行的店标就属于这一类。

表形标识的设计要求充分抓住事物的本质、感觉特征、运动规律及几何图形自身的组合结构规律,充分研究几何图形中的点、线、面、单形、复形的形态组合和几何骨骼组织。它的设计要有意境、情调。几何形态也不是呆板的,而是在变化中寻求动感、丰富和灵活,具备美的韵味,形有限而意无穷,表现出无限的生命力,既能影响消费者的心理反应,又显得生动活泼,含义也更易于理解。给消费者留下深刻的印象。

（3）图画标识，即直接以图画的形式来表达门店特征的标识，早期有些商店标识用图画来表示，后来日渐简化，逐步向象形标识靠拢，这种标识的特点是画面复杂，不利于传播。如胖哥俩的人物照片图形就是图画标识。

2. 根据标识的内容可划分为名称性标识、解释性标识和寓意性标识

（1）名称性标识，即门店的店标就是商店名称，直接把商店名称的文字、数字用独特的字体表现出来。这类门店店标通常将名称的第一个字母或字艺术化地放大，以使其突出、醒目，如京东线下生鲜超市"7FRESH"门店店标即属于这种标识。这类标识的设计要注重色彩问题，以增强其标识性。

（2）解释性标识，是指商店名称本身所包含事物、动植物、图形等，用名称内容本身所包含的图案作为商店的标识。例如，迅雷的蜂鸟图案，寓意迅雷为打造速度最快的下载工具而不懈努力；美团外卖的袋鼠的"袋子大、囊括物品多、跑得快"，传递出"全品类"和"配送"的概念等。

（3）寓意性标识，即以图案的形式将商店名称的含义间接地表达出来的标识。这种标识根据文字、图形等组合因素的不同，又可分为名称字母式标识、名称线条式标识和图画标识3种。

名称字母式标识，即在商店名称前面、后面或中间加上一个字母，以构成独特的商店店标。

名称线条式标识，即在商店名称周围艺术化地加上一段线条的标识。这种标识充分利用了几何图形的内在美感，增加了店标的艺术性，也就强化了标识的视觉效果。

图画标识，即对商店名称进行加工和提炼，然后以一定图画的形式将其表现出来的标识。许多世界性的商店多采用这种门店店标。

（三）店标的设计原则

1. 简洁鲜明

店标不仅是消费者辨认商店的途径，也是提高商店知晓度的一种手段。店标在设计上其图案与名称应简洁醒目，易于认知，易于理解和记忆。同时要求设计风格特色鲜明、新颖，使标识具有独特的面貌和出奇制胜的视觉效果，产生强烈的感染力，易于捕捉消费者的视觉，以引起注意。在设计时要正确贯彻简洁鲜明的原则，巧妙地使点、线、面、体和色彩结合起来，以达到预期的效果。

2. 独特新颖

店标既用来表达企业的独特个性，又以此为独特标记，要让消费者识别出独特的品质、风格和经营理念。因此，在设计上必须突出独特新颖的原则，别出心裁，使标识富有特色，个性明显，使消费者看后能留下耳目一新的感觉。例如，马兰拉面的标志为红色的大碗，与兰州人对兰州牛肉拉面的俗称"牛大碗"相吻合；碗上标有英文（也是汉语拼音）"malan"字样，碗的上方两只手又似牛角，与碗形成牛头图案。专业设计使之构图具有鲜明的现代感，再辅以绿色色块，以产生绿叶扶红花的效果，同时大红大绿的应用又体现出中华民族审美的特色。

3. 准确相符

准确相符原则是指店标的寓意要准确，商店名称与标识要相符。在设计店标时，要巧妙地赋予寓意,形象地暗示,使之耐人寻味,这样的店标才有利于扩大商店的知名度。

4. 优美精致

优美精致原则是指店标造型要符合美学原理,要注意造型的均衡性,使图形给人一种整体优美、强势的感觉,保持视觉上的均衡,并在线、形、大小等方面做造型处理,使图形能兼具动感及静态美。

5. 稳定适时

店标要为消费者熟知和信任,就必须长期使用,长期宣传,在消费者的心目中扎下根,但也要不断改进,以适应市场环境变化的需要,这就是稳定适时原则。有的标识用得过久,已不能与时代的步伐合拍,其发挥的作用也就大打折扣了。例如,青岛啤酒的标识,随着时代的发展而不断演变,自 20 世纪 50 年代以来,经历 4 次重大变化,在坚持传统的栈桥特色的同时,融入了国际化元素,更显青岛啤酒的现代化活力。

三、门店招牌的设计

近年来,标识越来越多地被专卖商店采用,并已从平面走向立体,从静态走向动态,活动于商店门前,吸引着过往行人。例如,一些快餐店或专卖店,为强调店铺的个性,在入口处设置大型人物或动物塑像,伴以轻松、愉快的广告音乐,受到顾客的喜爱。

招牌是门店的重要传播媒体之一,它具有很强的指示与引导的功能。同时,也是一个店铺区别于其他店铺的重要工具,是门店的象征。顾客对于一个门店的认识,往往是从接触门店的招牌开始的。它是传播超市形象、扩大超市知名度、美化环境的一种有利的手段。它不仅能引起顾客的兴趣、加深顾客的印象、表明门店的经营范围、加强口碑的流传,而且能反映店铺的经营理念和服务特色。

(一)门店招牌的设计要求

门店的招牌在客观上要起到宣传的功效,这就要求它的设计应使消费者对企业的经营内容与特色一目了然。因此,招牌一般应包含有以下内容:门店的名称、标志、标准色、营业时间。在具体制作招牌时有以下 4 个问题要特别考虑。

1. 招牌的色彩

消费者对于招牌的识别往往是先从色彩开始再过渡到内容的,所以招牌的色彩在客观上起着吸引消费者的巨大作用。因此,要求色彩选择应温馨、明亮而且醒目突出,使消费者过目不忘。一般应采用暖色或中色调颜色,如红、黄、橙、绿等色,同时还要注意各色彩之间的恰当搭配。例如,有的门店的招牌为红、绿、白 3 色;有的门店招牌为红、白两色,或以红、蓝色为主色调设计,它们都较好地体现了上述原则。

2. 招牌的内容

门店招牌的内容要求在表达上简洁突出,而且字的大小要考虑到中远距离的传达效果,具有良好的可视度及传播效果。

3. 招牌的材质

招牌要使用耐久、耐雨、抗风的坚固材料,如木、塑料、金属、石等,或以灯箱来做招牌。

在选择各种材质时,要注意充分考虑全天候的视觉识别效果,使其作用发挥到最大。

4. 招牌的字体

招牌好坏除店名因素外,还要考虑字体的选择和完整。走到街头,我们常常会看到一些很好的店名,却用歪歪扭扭的字体,嵌在门前的招牌上,错别字、繁体字屡见不鲜,甚至还用些生拼硬造出来的文字。

商店的招牌应避免不常用的字。招牌的目的在于使人清楚明白,故弄玄虚只会招致顾客的反感。例如,国产品牌专卖商店没有必要取个外国店名。

(二)超级市场招牌的种类

各种门店的招牌大致有以下 7 种类型。

1. 广告塔

广告塔即在门店建筑顶部竖立广告牌,以其来吸引消费者、宣传自己的店铺。

2. 横置招牌

横置招牌即装在门店的店正面的招牌,这是门店的主力招牌,通常对顾客吸引力最强,如增加各种装饰,如霓虹灯、荧光照射等,会使其效果更加突出。

3. 壁面招牌

壁面招牌即放置在门店正面两侧的墙壁上,将经营的内容传达给两侧的行人的招牌。通常为长条形招牌或选择灯箱形式加以突出。

4. 立式招牌

立式招牌即放置在门店门口的带有店名的招牌,用来增加门店对行人的吸引力。通常可以用灯箱或商品模型、人物造型等来做招牌。立式招牌可设计成各种形状,有竖立长方形、横列长方形、长圆形、四面体形等。为增加可见度,招牌的正反两面或四面体的四面都应设计店铺名称。这种招牌比贴在门上或门前的招牌更能吸引顾客。

一块精致的招牌,能起到点缀店铺的效果。在店铺门口设立一块直立式招牌,可以增加店名的可见度,给南来北往的消费者或过往行人都留下好的印象。不像门上招牌那样受篇幅的限制,在直立式招牌上可以设计美丽的图案。

5. 遮幕式招牌

遮幕式招牌即在门店遮阳篷上施以文字、图案,使其成为门店招牌,起到遮蔽日光、风雨及宣传的双重功效。

6. 电子招牌

电子招牌是指利用频闪的小灯泡制成电子显示屏,通过闪亮以显现图形和汉字的招牌,如电子广告、电子信息、电子公告等映射在电子屏上的都是电子招牌。

7. 造型招牌

这里的造型主要指人物或动物的典型造型,以它们为内容而制作的招牌叫造型招牌。这种招牌具有较大的趣味性,能吸引人。店门口树立人物、动物招牌,明显地活跃了店面气氛,增加了店铺的趣味性,如民航售票处的空姐造型等。同时,可在招牌上列出店铺的名称与特色。人物和动物的造型要明显地反映店铺的经营风格,使人在远处就可以看到前面是什么类型的店铺,如真功夫的功夫龙人物形象。

（三）门店招牌的位置放置

门店招牌应有良好的位置选择,这样才能充分发挥其宣传作用,招牌本身设计的大小、色彩等是影响位置设置的主要因素。

一般的研究认为,眼睛与地面的垂直距离为 1.5m 左右,以该视点为中心上下 25°～30°夹角的范围为人视觉的最佳区域,在此区域内放置招牌效果最佳。

例如,某门店的招牌设计要使在 20m 以外的消费者看清,即招牌与眼睛视点的距离为 20m,则招牌本身的高度以 2.5～3m 为合适,能满足观看的需要。

另外,在招牌的位置布置过程中,还要考虑到招牌的文字大小与位置之间的相互关系,不同的文字尺寸对于可视程度有不同的要求,对于招牌的高度也有不同的规定。招牌位置与文字大小的关系,日本专家曾提供如表 5-1 所示数据供参考。

表 5-1　招牌位置与文字大小

招 牌 位 置	视 觉 距 离	文 字 大 小
一楼（4m 以下）	20m 以内	高 8cm 左右
二楼（4～10m）	50m 以内	高 20cm 左右
楼顶（10m 以上）	500m 以内	高 100cm 左右

（四）门店招牌设计应注意事项

招牌的功能是"打招呼"和"自我介绍",突出店铺名称,便于消费者识别,同时又能体现店铺的个性特征。设计上要有特色,与邻近店铺相区别,和周边环境相适应。另外考虑使用质地优良、经久耐用和便于保养、清洗。招牌设计一般注意以下 7 点。

1. 内容准确

招牌是向顾客传递信息的一种形式,不仅要追求艺术上的美感,更重要的是内容要准确。店铺招牌的内容是设计的核心部分,主要包括店名和店标（店徽）。无论店名还是店标都是为了与其他店相区别,避免重复,另外还要注意美感和冲击力。

2. 色彩搭配合理、协调

一般来说,用色要协调,有较强的穿透力。例如,交通指挥灯之所以用红、黄、绿三色,是因为这 3 种颜色穿透力最强,从很远的地方就能看到。因此,在超级市场招牌中使用得也很多。物美超市的招牌采用红、蓝两色,海底捞的招牌采用红、白两色,易捷便利的招牌采用绿、黄两色。当然,在色彩醒目的同时,千万不可忽视了人们的视觉喜好,因此,色彩搭配必须合理,能产生美感。

3. 选材精当

招牌材料的选择一定要重点关注,既要考虑其耐久性、耐污染性,又要考虑其质感。各种材料的利弊明显,可根据实际情况进行选择。底基可供选用的材料有木材、水泥、瓷砖、大理石及金属材料,招牌上的文字、图形可用铜质、瓷质、塑料来制作。

4. 讲究专业化

招牌的设计与施工要涉及许多因素。色系的选定和配色问题，一般人做不好，所以连锁店铺经营人员不能凭想象力设计店铺招牌，一定要请专业人士进行设计，要进行充分的沟通，使设计人员明白店铺经营人员的理念。店铺人员在设计过程中，可以提出自己的意见和要求。

5. 环境协调

在招牌的设计中，一定要注意与周围的配合与协调，即与周围的建筑环境、风格，以及相邻建筑的招牌是否发生冲突，是否能在店铺林立的环境里突显鲜明的视觉效果等。

6. 照明设施齐全

照明设施齐全意味着招牌的照明设施不仅要保证白天的照明度足够，还要确保晚上的照明同样醒目。因此，有必要同时配备普通灯光和霓虹灯照明设施。

7. 招牌的广告价值明显

招牌的广告价值意味着招牌要展现一个良好的形象，要昭示店铺的经营宗旨和传播店铺的服务传统，真正达到广而告之的作用。

除以上 7 点外，招牌的整体格调、造型与字体样式的选择、材料的选定、防风防雨的安全性等问题都应当详细考虑，任何一项都是店铺招牌欲求成功及醒目不可或缺的要素。在设计时要注意到环环相扣的各个关系层面，并充分评估考量，使每个单一细节都能够配合妥当，再行定案动工。经过全面周详的考虑，才能设计出真正反映店铺风格的招牌。

任务四　设计连锁门店橱窗与停车场

一、连锁门店橱窗设计

橱窗是门店的"眼睛"，店面这张脸是否迷人，这只"眼睛"具有举足轻重的作用。橱窗是一种艺术的表现，是吸引顾客的重要手段，也是一种重要的广告形式和装饰门店的重要手段。临街橱窗对于展示连锁店的经营类别、重点推销商品、吸引消费者购买意义重大。一个构思新颖、主题鲜明、风格独特、方法脱俗、装饰美观、色调和谐的商店橱窗，与整个商店建筑结构和内外环境构成的立体画面，能起到美化商店和市容的作用。走在任何一个商业之都的商业街，都有无数的人在橱窗前观望、欣赏，他们拥挤着、议论着，像是在欣赏一幅传世名画。在上海南京路上，欣赏各家专卖商店的橱窗，还是一项非常受欢迎的旅游项目呢。

因此，商店不可没有橱窗，不可轻视橱窗的布置与陈列。事实证明，某些商店将橱窗出租给个人摆摊是极为愚蠢的事。橱窗设计要遵守 3 个原则：一是以别出心裁的设计吸引顾客，切忌平面化，努力追求动感和文化艺术色彩；二是可通过一些生活化场景使顾客感到亲切自然，进而产生共鸣；三是努力给顾客留下深刻的印象，通过门店所经营的橱窗巧妙地展示，使顾客过目不忘，印入脑海。当然，店面设计是一个系统工程，包括设计店面招牌、路口小招牌、橱窗、遮阳篷、大门、灯光照明、墙面的材料与颜色等许多方面。各个方面要互相协调,统一筹划,才能实现整体风格。

(一)橱窗的分类

1. 综合式橱窗陈列

综合式橱窗陈列是将许多不相关的商品综合陈列在一个橱窗内,组成一个完整的橱窗广告。这种橱窗陈列由于商品之间差异较大,设计时一定要谨慎,否则就会给人一种"什锦粥"的感觉。综合式陈列方法主要如下。

(1)横向橱窗陈列。它也叫横向分组陈列,是将商品分组横向陈列,引导顾客从左向右或从右向左顺序观赏。

(2)纵向橱窗陈列。它也叫纵向分组陈列,是将商品按照橱窗容量大小,纵向分成几个部分,前后错落有致,便于顾客自上而下依次观赏。

(3)单元橱窗陈列。它也叫分格支架陈列,是用分格支架将商品分别集中陈列,便于顾客分类观赏,多用于小商品的陈列。

2. 系统式橱窗陈列

大中型连锁店的橱窗面积较大,可以按照商品的类别、性能、材料、用途等因素分别组合陈列在一个橱窗内,这就是系统式橱窗陈列,这种方法又可具体做以下划分。

(1)同质同类商品橱窗陈列,即同一类型同一质料制成的商品组合陈列,如冰箱、自行车橱窗。

(2)同质不同类商品橱窗陈列,即同一质料不同类别的商品组合陈列,如羊皮鞋、羊皮箱包等组合的羊皮制品橱窗。

(3)同类不同质商品橱窗陈列,即同一类别不同原料制成的商品组合陈列,如杏仁蜜、珍珠霜和胎盘膏组成的化妆品橱窗。

(4)不同质、不同类商品橱窗陈列,即不同类别、不同制品却有相同用途的商品组合陈列,如网球、乒乓球、排球、棒球组成的运动器材橱窗。

3. 主题式橱窗陈列

主题式橱窗陈列是指以一个广告专题为中心,围绕某一特定的事情,组织不同品牌或同一品牌不同类型的商品进行陈列,向媒体受众传输一个诉求主题。例如,节日陈列、绿色食品陈列、丝绸之路陈列等。这种陈列方式多以一个特定环境或特定事件为中心,将相关商品组合陈列在一个橱窗中,又可做以下划分。

(1)节日陈列。以庆祝某一个节日为主题组成节日橱窗专题。例如,春节以生肖、红灯笼、窗花、福字等组合的橱窗,既宣传了商品,又渲染了节日的气氛。

(2)事件陈列。以社会上某项活动为主题,将关联商品组合在一起的橱窗。例如,大型运动会期间的体育用品橱窗。

(3)场景陈列。根据商品用途,把有关联性的多种商品在橱窗中设置成特定场景,以诱发顾客的购买行为。例如,将有关旅游用品设置成一处特定的旅游景点场景,以吸引过往顾客的注意力。

4. 特写式橱窗陈列

特写式橱窗陈列是运用不同的艺术形式和处理方法,在一个橱窗内集中介绍门店的某一产品。这类陈列适用于新产品、特色商品的广告宣传。

(1) 单一商品特写陈列,即在一个橱窗内只陈列一件商品,以重点推销该商品,如只陈列一台电冰箱或一架钢琴。

(2) 商品模型特写陈列,即用商品模型代替实物陈列,多适用于体积过大或过小的商品,如汽车模型、文具模型橱窗。某些易腐商品也适用于模型特写陈列,如水果、海鲜等。

5. 季节式橱窗陈列

季节式橱窗陈列是指根据季节变化把应季商品集中陈列的方法。例如,冬末春初的羊毛衫、风衣展示,春末夏初的夏装、凉鞋、草帽展示。这种手法满足了顾客应季购买的心理特点,有利于扩大销售。

经营者可根据门店规模的大小、橱窗结构、商品的特点、消费需求等因素,选择具体的橱窗陈列广告形式。

(二) 连锁店橱窗陈列的设计要求

1. 基本要求

(1) 橱窗陈列要反映出连锁店的经营特色,使顾客看后就产生兴趣,并想购买陈列的商品。

(2) 季节性商品要按照目标市场的消费习惯陈列,相关商品要相互协调,通过排列的顺序、层次、形状、底色及灯光等来表现特定的诉求主题,营造一种气氛,使整个陈列成为一幅具有较高艺术品位的立体画。

(3) 要有一定的"艺术美"。橱窗实际上是艺术品陈列室,通过对广告产品进行合理搭配,来展示商品美。它是衡量经营者文化品位的一面镜子,是企业展示环境文化和道德文化的一个窗口;它是门店的脸谱,顾客对它的第一印象决定着顾客对商店的态度,进而决定着顾客的进店率。

(4) 商店的橱窗多采用封闭式,以便充分利用背景装饰,管理陈列商品,方便顾客观赏。橱窗规格应与商店整体建筑和店面相适应。橱窗底部的高度,一般离地面 80～130cm,以成人眼睛能看见的高度为好,所以,大部分商品可以从离地面 60cm 的地方进行陈列,小型商品可以从 100cm 以上的高度进行陈列,大件商品可以从离地面 5cm 高的部位进行陈列。

2. 具体要求

(1) 背景要求。背景是橱窗广告制作的空间,对背景的要求,类似室内布置的四壁。形状上,一般要求大而完整、单纯,避免小而复杂的烦琐装饰。颜色上,尽量用明度高、纯度低的统一色调,即明快的调和色(如粉、绿、天蓝等色)。如果广告宣传商品的色彩淡而一致,也可用深颜色作背景(如黑色)。总之,背景颜色的基本要求是突出商品,而不要喧宾夺主。

(2) 道具要求。道具包括布置商品的支架等附加物和商品本身。支架的摆放要求越隐蔽越好,一定要突出广告商品,占用的位置要比商品小许多。现在常用有机玻璃和无机玻璃材料作支架。如果是服装模特道具,其裸露部分如头脸、手臂、腿等部位的颜色和形状,不一定同真人一样,可以是简单的球体,灰白的色彩,或干脆不用头脸,这样反而比真人似的模特更能突出服装本身。

商品的摆放要讲究大小对比和色彩对比,其构图及背景色彩,都可以先在纸上画出平面或立体效果图,以突出广告商品为原则,同时注意形式上的美感。

商品名称、企业名称或简捷的广告用语,要巧妙地安排在道具上。可以安排在台架上,也可悬挂起来或直接粘贴在橱窗玻璃等突出的部位。一个橱窗最好只做某一厂家的某一类产品广告。

(3)灯光要求。光和色是密不可分的。按舞台灯光设计的方法,为橱窗配上适当的顶灯和角灯,不但能起到一定的照明作用,还能使橱窗原有的色彩产生戏剧性的变化,给人以新鲜感。对灯光的一般要求是光源隐蔽,色彩柔和,避免使用过于鲜艳、复杂的色光。尽可能在反映商品本来面目的基础上,给人以良好的心理印象。例如,食品橱窗广告,用橙黄色的暖色光,更能增强人们对所做广告食品的食欲;而家用电器橱窗陈列,则用蓝、白等冷色光,能给人一种科学性和贵重的心理感觉。还有的橱窗陈列设计,利用滚动、旋转、振动的道具,给静止的橱窗布置增加了动感,或利用大型彩色胶片制成灯箱,制作一种新颖的画面等。

(三)连锁店橱窗设计的注意事项

现代橱窗广告制作随着科学的发展、设计思想的更新,从形式、内容等方面不断充实,其醒目程度日益提高。在设计制作上不要只注意形式上的变化,而忽略了广告宣传的目的,造成喧宾夺主的后果。此外,连锁店橱窗设计还应注意以下5点。

(1)考虑防尘、防热、防淋、防晒、防风、防盗等要求。

(2)季节性商品,必须在季节到来之前1个月预先陈列。

(3)容易液化变质的商品,如食品糖果之类,以及日光照晒下容易损坏的商品,最好用其模型代替或加以适当的包装。

(4)应经常打扫卫生,保持清洁。

(5)橱窗陈列应勤加更换,尤其是有时间性和容易变质的商品;更换最好于当天晚间进行。

二、连锁门店停车场设计

1. 连锁店停车场设计的重要性

连锁店都有自身的商圈范围,大型超级市场的商圈半径可达到5~10km,因此,超市等连锁店必须提供一定的停车场以吸引远处的顾客。商场的停车条件是现代化综合性百货商场、大卖场、仓储商场存在的基本条件之一。从某种意义上说,现代社会是汽车社会。在经济发达国家,小汽车已经成为人们的主要交通工具,逛商店采购商品自然要依赖它。于是,兴建供顾客专用的停车场,成为商店必不可少的设施。

在我国,开车购物也已经成为许多顾客采用的购物方式,停车设施是顾客选择购物场所的重要参考因素。如果开连锁店,尤其是大型连锁店,如购物中心、百货店等业态,必须考虑停车的问题。购物场所一般设有停车场和相对的停车设施。很多超级市场、仓储式商场,由于在规划时对于停车问题考虑不周,影响了顾客到店的人次。因为没有方便的停车设施,顾客多会过门口而去。西方国家的城市中心商业之所以出现萧条,就是由于停车困难,而郊区购物中心发展的一个重要原因则是停车便利。我国的大中城市,私家车数量不断增加,原来的店铺停车场很小,所以车辆的停放问题相当突出。例如,目前北京汽车保有量超过 600 万辆,而车位总数为 400 多万个。如何进行停车场的设计,有很多方面的工作要做。

2. 常用的停车场类型

(1) 平面停车场,包括平地停车场、地下停车场(自走式、机械式)、屋顶停车场(自走式、机械式)。

(2) 立体停车场,包括停车楼(自走式)、停车塔(机械式)。

门店可根据自身的销售场地大小决定停车场的面积。一般情况下,每 $30m^2$ 的销售场地配备一辆车的停车场。根据资料,停车场距离卖场的范围为 $100\sim180m$。

3. 门店卖场的外部停车场设计要求

首先要求停车场有一定容纳,最好是免费的停车场,虽然目前我国私家车不断增加,但是外部停车场的车位建议不要太多,停车场的面积也不要太大,商店卖场在设计停车场的同时,还必须设置自行车存放位置,这是十分重要的。其规模大小要通过调查,根据日客流量及顾客使用各种交通工具的比率等各种因素来确定。停车场规模大多以门店面积的 $15\%\sim30\%$ 为宜;大型购物中心、超级购物中心、仓储会员店可适当增加,如北京沃尔玛山姆会员店的停车面积在几万平方米以上。

停车场设计要便于顾客停车后便利地进入商店卖场,购物后又能轻松地将商品转移到车上,这是对停车场设计的总体要求。商店卖场停车场通常要邻近路边,易于进出,入口外的通路要与场内通路自然相接,场内主干和支干通路宽度以能让技术不十分熟练的驾驶员安全地开动车辆为宜,步行道要朝向商店,场院内地面应有停车、行驶方向等指示性标志,主停车场与商店入口应在 180°范围内,便于顾客一下车就能看到商店。

复习思考题

1. 什么是 CIS? 它由哪些方面构成?
2. CIS 设计包括哪些方面? 应注意哪些要素?
3. 店面的设计原则是什么?
4. 连锁门店命名的原则是什么?
5. 设计便于进入的门店,应具备哪些必要条件?
6. 店标与店铺招牌设计有哪些技巧?
7. 橱窗设计要遵循哪 3 个原则?
8. 连锁店铺橱窗设计应注意哪些问题?
9. 连锁店铺橱窗设计的要求有哪些?

实训项目

1. 分小组成立模拟公司，确定 CIS 和策划主题。
2. 以小组为单位，为一门店设计店标与店铺招牌。

案例分析

城市商业街店面门头设计浅析

城市商业街是城市经济发展与文化特色的缩影，门头设计是店铺形象的点睛之笔，具有装饰功能与标志功能。因此，应当通过适宜与正确的艺术语言，设计具有创意的店面门头，谱写出商业街时代韵律。

一、西西那堤面包店门头设计

在城市商业街中，餐厅引流是一场没有硝烟的战争，而店面门头设计直接关乎着这场战争成败。一个好的门头，能够促使顾客对店面印象加分，是 24h 的有形广告；不合适的门头，无论求生欲再强，往往会让顾客产生消费距离感。在该店面门头设计中，直接表达出门头设计的两个必备要素，即店面定位及服务内容，其不仅有品牌名，同时也有品类名，在招牌设计上直接设计出"西西那堤"的品牌名，以及"轻食、欧包、果茶"的服务内容（扫下页二维码见西西那堤店面门头彩图），能够让顾客第一时间认知店面定位，直接给出顾客答案；只有解决这一点，才能进行 Logo、设计感等其他方面内容；在字体选择方面，不少店面门头设计为了体现独特性及高端性，往往会选择那些英文词汇、书法繁体字、手写字体来彰显与众不同，然而根据传播学角度，越是大众化的字体，就越容易快速传播。因此，该店面门头设计统一采用了最常用与易识别的宋体字，以一种简单明了的传播方式进行视觉传达。在色彩设计方面，通过五感营销理论，将产品调性融于门头设计色彩中，注重与周围环境之间的呼应，使用黑色与原木色，设计出现代复古风风格，有着很好引流作用，突出西西那堤面包店特色卖点。

二、水墨轩店面门头设计

在城市商业街中，餐饮市场因为低门槛的特性，致使餐饮店面成为城市商业街特色的饮食文化。但是在中国餐饮市场，产品口味与服务品质只是竞争的基础，而竞争核心还需要归于空间设计、场景体验等营销范畴，因此，作为店面的第一印象，门头设计就显得十分重要。在该店面门头设计中，在品牌 Logo 设计方面，通过对长短宽窄的尝试与模拟，依据视觉传达角度，设计出黄金比例品牌大小，将书法字体水墨轩三个大字使用 LED 灯显示，同时左边的牌徽也呼应了品牌设计主题（扫下页二维码见水墨轩店面门头彩图），突出企业品牌标识。使用凸出型的店面，选用木质店面门、古铜色墙壁以及传统建筑屋檐，与店面风格相得益彰，营造出浓郁文化氛围，极具亲和力。除此以外，采用现代灯饰品与传统建筑物融合，处理新老建筑的结合问题，使门头成为现代元素与传统文化综合体，视觉冲击力不言而喻。在色彩设计面，选用冷色调色彩，静态小射灯突出宁静与清净之感，同时当夜晚来临之时，不容易让门头设计色彩喧宾夺主，让顾客从外面清晰地看到建筑内商业形态，维护城市商业街整体形象。

西西那堤店面门头   水墨轩店面门头

资料来源:王麒霁. 城市商业街店面门头设计浅析[J]. 建筑科学,2020(5):147.

【问题】

(1) 西西那堤面包店面设计主要涉及哪几个方面?

(2) 水墨轩的店面设计给人一种什么样的感觉?

(3) 如果两家店面需再进一步改进,可以从哪些方面入手?

连锁门店内部环境设计

 学习目标

【知识目标】

1. 了解连锁企业卖场整体设计的原则。

2. 了解通道设计的原则和类型。

3. 了解色彩的属性。

4. 了解 POP 的类型。

5. 掌握卖场通道和服务设施设计。

6. 掌握照明与色彩设计。

7. 掌握声音、气味和通风设施的设计。

8. 掌握 POP 的设计原理与技巧。

【技能目标】

1. 能进行门店卖场的整体设计。

2. 会进行门店各领域的初步设计。

【课程思政】

1. 坚持工匠精神,认识门店卖场设计的严谨性和指导性。

2. 恪守一丝不苟的敬业精神,端正门店各领域设计的重要意义。

案例导入

自助餐饮店内部环境氛围设计

餐厅内部环境气氛设计是餐厅整体设计的重要组成部分,既反映了餐厅经营的主题思想,又影响着消费者的行为。自助餐厅内部环境氛围的体现来自表达诉求不同的材料、恰当适宜的色彩、造型各异的图案、极具魅力的灯管,再加上不同体量的组合、空间界面的划分。也正是因为这些元素的巧妙组合,形成了一个个立体化的餐饮独特空间环境,创造出一个让消费者从视觉、触觉乃至听觉上能有轻松感、舒服感、美感的空间环境。

在餐饮行业里,自助餐厅以物美价廉、供应便捷、菜式多样等多元素成为当下热门的用餐方式之一,但除了经济实惠,自助餐形式也改变了餐厅的环境与顾客们用餐时的氛围,用于提高餐厅的人气。灯光在餐厅环境氛围设计中占据着极其重要的一环。在造型上以垂钓

式的吊灯为主,辅以射灯或筒灯等,营造一方层次分明的"光彩空间",避免了冷调环境的倦怠感,增添餐厅环境的温度,以及从心理上扩展了餐厅的个性化服务。此外,为将自助餐厅那种烟火气与热闹感渲染出来,该设计地板、墙纸、天花板都以暖色调为主,同时为了避免环境的单调性,以桌椅颜色为点缀物,丰富就餐环境的氛围。扫码见自助餐饮店用餐空间设计彩图。

在自助餐厅设计中最为重要的元素就是自助餐台的摆放,其空间环境设计会直接影响消费者的体验感。扫码见自助餐饮店餐台环境设计彩图。为了能让顾客体验到自助餐厅独有的轻松流畅、自我服务的用餐氛围,将餐台设计成Ⅰ型,且对餐厅的立柱加以利用,在立柱四周围上餐台,就能形成一个四面开放的取餐区域。同时,为不影响顾客对食物的判断,餐台的设计风格以时尚简约为主,突出它与美食主次之分的同时,还将整个环境的简约性、便捷性展示出来了。

自助餐饮店用餐　　　自助餐饮店餐台
空间设计彩图　　　　环境设计彩图

自助餐厅的形式是多元化的,中式与西式之间、主题与主题之间的不同对餐厅环境氛围设计要求也是各异的。但同时也要注意,无论哪种设计都是为了使场景更加活跃,让就餐饮环境显得轻松有趣,能够调动消费者的情绪、提升餐厅人气。

资料来源:王敏.自助餐饮店内部环境氛围设计[J].食品工业,2020(12):434.

门店如果没有经过有效的内部设计与规划,则只是一个建筑物,而非卖场。一个成功门店所具备的因素非常多,而良好的内部环境设计是不可或缺的。门店内部设计对卖场的内容空间进行科学、合理、艺术化的设计,形成巨大的商业活动氛围,从而刺激顾客的购买欲望,达到商品销售的目的。门店的内部设计的好坏在某种程度上决定着门店的销售业绩。

任务一　卖场整体设计

卖场整体设计就是对卖场的空间及内部设施进行科学、合理、艺术化的设计,形成一种融洽的商业活动氛围,达到商品销售最大化的目的。卖场整体环境设计的好坏直接影响顾客的购买行为,进而影响卖场的销售业绩。优雅的卖场环境可以使顾客在购物的同时,充分享受到休闲的乐趣,同时还能使卖场的员工保持愉快的心情,有助于减轻疲劳,保持良好的工作热情和态度。

微课:门店的
卖场设计

据调查显示,80%的女性即使没有明确的购物需求或目标,也喜欢去逛超市,因为喜欢那里自由、无干扰的环境与随意翻拣时轻松的心态。所以,超市仅注意商品形象远远不够,还必须注意为消费者创造比较理想的购物环境,以满足人们的审美情趣和追求舒适的需求。例如,购物场所宽敞整洁、专人随时进行保洁工作、悠闲的背景音乐等都可以带给顾客舒畅的购物心情；绿色的植物点缀其间，给人以清爽洁净的感觉；开放式的环形收银台，能很好地与场内的气氛融为一体。只有进行出众的视觉环境营造，才能使顾客在购物或消费时心情愉快，情感倍增，处于最佳的购物与消费精神状态，这往往是交易成功的基础。

一、卖场整体设计的意义

1. 刺激顾客购物

如今，店铺的经营观念已从以往"销售商品的场所"转换为"满足顾客欲望的场所"。人们日常生活所需是有限的，但欲望却是无限的，成功的店铺懂得营造一个气氛最适合的"场所"，让顾客在其中尽情地享受购物的乐趣，在不知不觉中选购更多的商品。国内零售商曾就顾客对卖场的关心程度这一问题，在一个有 2.5 万人的商圈内发放了 2 000 张调查问卷（回收了 1 600 张，具有很强的代表性），调查初期，商店经营者以为商品价格可能占极高的比例，但结果并非如此。最后结果显示，"开放式、容易进入"占 25％，"清洁明亮"占 14％，"商品陈列易看易选"占 15％。

2. 增强卖场运营能力

在国内，专门为某种业态设计的建筑物可以说是微乎其微，尤其在部分大中城市，原有的商用楼甚至新建的商业地产也都是传统市场的老式规则，更不要说其他建筑物了。在这种情况下，卖场的规则所受到的限制就比较多，如出入口的位置不对或太小、消防设施阻碍了动线、天花板太低、空调和冷冻、冷藏设施等所产生的障碍等，一旦设计不合理而需要重新整改，就会造成营业上的损失，将比开业前的装修工作更为艰难。因此在开业前必须对卖场进行科学规划，哪怕是放慢速度，也不可不慎重。

二、卖场整体设计的原则

1. 便利顾客，服务大众

顾客"逛商场"已经不是一种纯粹性的购买活动，而是一种集购物、休闲、娱乐及社交为一体的综合性活动，这是新型的生活方式。因此，卖场既要拥有充足的商品，还要创造出一种适宜的购物环境，让顾客享受到最完美的服务。

2. 让顾客走过每一个区域，提高通过率

卖场规划应当吸引顾客在店里转一圈，使卖场内所有陈列的商品都能让顾客看得见、摸得着，以便让其购买比事先计划更多的商品。具体方法就是使顾客置身于一种精心设计的布局中。例如，有些商店把顾客购买频率高的商品放在商店最里面，使顾客不得不穿过其他区域，避免了商店出现客流死角。

3. 让顾客停留得更久，增加成交机会

为购买特定的某些商品而到店里去的顾客大约占 30％，换句话说，在顾客所采购的商品中，有 70％是属于冲动性的购买。也就是说，顾客本来不想购买这些商品，他们是在闲逛中受到商品内容、店员推销、商品包装或正在举行的特卖活动等因素的影响而购买的，所以顾客在卖场停留越久，所受的影响就越多，就越可能购买。

4. 在顾客愉悦空间与商品展示空间之间取得平衡

店铺都希望将有限的空间用来展示更多的商品,以增加营业额、降低单位租金成本。然而在消费意识越来越强的时代,顾客的认同已从单独的商品转移到了对店铺的整体形象,所以随着消费需求的多元化、现代经营模式的更新,大多数店铺在营业场所中设置顾客休息场所。有些店铺还借助于室内造园的手法,在大厅布置奇山异石、移种花草树木、引进喷泉流水,满足人们回归自然的心理需求。还有些店铺经营者本着为顾客服务的宗旨,还特意为儿童设立了游戏的场所,并配有玩具和各种游戏设施,派专人看护,方便带小孩的顾客购物。这些虽然让顾客更舒服,却也占用了一部分商品展示空间,所以一定要在顾客愉悦空间与商品展示空间之间合理分配。

 扩展阅读　　　　**如何才能设计出一个令顾客满意的卖场**

顾客是卖场设计的终极评判员,他们对卖场感觉的好坏直接影响着商店货品的销售状况。顺应顾客的感觉,抓住顾客的心是商店经营的中心环节。而卖场是商店与顾客进行直接交流沟通的场所,其设计当然不能忽视顾客的心声,不能脱离顾客,否则无法得到顾客的认可及信任,例如,一个超级市场如果按高档百货商场的风格去装饰,极可能会使广大顾客疑惑不解而望而却步。卖场始终是为顾客而存在及服务的,这是身为商店经营者及卖场设计者应该注意的一个基本问题。

1. 向我行我素说"不"

在卖场设计中,无视顾客需求而仅依据经营设计者的偏好设置的卖场,很难与顾客建立情感的纽带,使商店由于对广大消费者吸引力不强而业绩不好。即使因暂时竞争不强而拥有一定顾客,日后也容易被竞争对手掘走顾客而陷入困境。

2. 采纳营业员的构想

卖场设计是一件极其复杂和重要的工作,要求经营设计者与商店其他所有员工,特别是营业员,共同商议,拟订计划和方案。

经营设计者平时很少直接接触顾客,不易掌握顾客所喜好的卖场形式。而营业员将商品面对面出售给顾客,每天都与顾客进行广泛而又直接的接触和交流。营业员更容易,也常常能更好、更清楚地了解顾客所要求的卖场及他们所关注的方方面面。因此,在卖场设计方面要尊重充分了解顾客心意的营业员,让他们踊跃参与讨论分析。

3. 与顾客同行

卖场设计应该始终站在顾客的立场上。因此,设计时要对所服务目标顾客的年龄、收入、性别、职业、消费特点、地理区域、风俗习惯等有清楚的了解,并以此决定卖场的设计风格,并将之贯穿于设计中点点滴滴的细节里。例如,以年轻女性为目标顾客的卖场,通常要具有现代感,体现个性并洋溢着年轻活泼的气息。

尊重顾客的感觉意味着要从顾客的观察角度来布置卖场。众所周知,观察角度不同会直接影响事物的视觉效果。在设计时,不应仅从店内或营业员的角度来布局,更应从店外及顾客在店内可能的观察角度来追求既方便又美观的造型布局,从而达到能有效触动顾客的最佳设计效果。

此外,为更好地了解顾客对卖场的意见,商店可进行有关卖场设计的调查,让顾客更积极直接地参与卖场设计。

调查的项目可大抵分为以下几项。

您认为最令人感到亲切自然的卖场是怎样的情形?

何种顾客移动路线更方便有效?

怎样使商品陈列一目了然?

对当前的卖场布局,您有什么建议?

调查可由营业员在售货过程中以询问的方式进行,也可组织专门人员以问卷调查的方式进行。将调查结果与内部讨论意见加以比较并修正计划,这样设计的卖场,充分迎合了顾客的喜好要求,将产生极好的效果。

资料来源:http://www.xadwzg.cn/西安多维展柜相关知识.

任务二　设计卖场通道及服务设施

店内的通道设计,要综合考虑商店的营业面积、地理环境、客流量、经营商品的特点及安全管理等因素,其数量多少,应因地制宜,合理布局。尤其是大型超级市场的出入口最好分开,以方便顾客出入,客流顺畅。

一、卖场通道设计的原则

卖场的通道是指顾客进入卖场后,为进行购物而行走的路线。卖场通道一般由货架分隔而成,货架的高度最好选择在 1.8~2m,能使货架最上层的商品正好持平或略高于顾客自然视线,不会产生视觉疲劳。通道不能太宽,若通道高度超出顾客手臂或视力所及范围,那么顾客就会只选择单侧商品;反之,如果通道太窄,则会使购物空间显得压抑,影响顾客走动的舒适性,从而产生拥挤感。

卖场的通道分为主通道和副通道。其中,主通道是引导顾客行动的主线,而副通道是使顾客在店内移动的支流。卖场内主、副通道的设置不是根据顾客的随意走动来设计的,而是根据卖场商品的配置位置与陈列来设计的。良好的通道设置,能引导顾客按设计的自然走向,走向卖场的每一个角落,接触所有的商品,使卖场空间得到最有效的利用。在进行卖场通道设计时应遵循以下主要原则。

1.足够的宽度

所谓足够的宽度,即要保证顾客提着购物筐或推着购物车能与同样的顾客并肩而行或顺利地擦肩而过。适当的通道宽度不仅便于顾客找到相应的商品货位,而且便于其仔细挑选,也有助于营造一种宽松、舒适的购物环境。

对大型综合超市和仓储式商场来说,为保证更多顾客容量的流动,其主通道和副通道的宽度可以基本保持一致。同时,也应适当放宽收银台周围通道的宽度,以保证收银处的通畅性。不同规模的卖场,其通道宽度也不尽相同,如表 6-1 所示。

表 6-1　卖场通道宽度标准

单层卖场面积/m²	主通道宽度/m	副通道宽度/m
100	1.5	0.9
300	1.8	1.0
1 000	2.1	1.2
1 500	2.7	1.4
2 000	3.0	1.6

2. 通畅无障碍物

卖场通道要通畅，走向要明确。通道是用来引导顾客多走、多看、多买商品的。通道应避免死角。在通道内不能陈设、摆放一些与陈列商品或特别促销无关的器具或设备，以免阻断卖场的通道，损害购物环境。要充分考虑到顾客走动的舒适性和非拥挤感。如果卖场的门口是进出合一的，要保持宽敞、通畅，以减少拥挤和堵塞，避免进出卖场的顾客相互干扰，如果是进出分道的门口，则应注意卖场内通道的走向一定要明确，不要因通道的误导，使顾客形成回流现象。

3. 通路要平坦

卖场通道地面应保持平坦，处于同一层面上，通路中不应该出现上坡、下坡或台阶等物理性障碍。欧美绝大部分超市都是经过事先精心的卖场设计而建成的。但是目前在实际生活中，我国大城市中的许多卖场，出于低成本扩张的考虑，大部分都是租用现成的商用建筑或改造仓库、车间、地下室等开设卖场。因此许多卖场都存在诸多先天不足的缺陷，如柱子过多、层高过低、地面颇多不平坦等，还有些卖场由两个建筑物改造连接起来，通道途中要上或下几个楼梯，有"中二层""加三层"之类的情况，令顾客眼花缭乱，不知何去何从，显然不利于卖场的商品销售。

4. 笔直少弯道

卖场通道要避免迷宫式的布局，应尽可能地将通道设计成笔直的单向道。在顾客购物的过程中，尽可能依货架排列方式，将卖场设计成商品不重复、顾客不回走的布局，使顾客在购物过程中可一次逛完整个商场。

5. 拐弯不要太多

卖场中通路拐角过多，非常容易造成顾客行走方向的分散。特别是在主通道中，如果拐角过多，不仅割断了商品之间的关联性，而且拐弯处非常容易形成死角，死角就是指顾客不易到达的地方或顾客必须折回才能到达不同货位的地方。顾客光顾死角货位的次数明显少于其他货位，这非常不利于此处商品的销售。

事实上，对卖场来说，一侧直线进入，沿同一直线从另一侧出来的情况并不多见。卖场中避免太多的拐角，是指通道途中可拐弯的地方和拐的方向要少，有时需要借助于连续展开不间断的商品陈列线来调节。

6. 收银终点原则

在进行卖场通道的设计时，应首先让顾客浏览各个商品部和货架，最后应为收银台。收银台应是顾客流动线的终点。这样设计的目的是既可以使顾客不走弯路，为其最终缴款提供方便，又可以刺激顾客步行一圈后再离开卖场。

二、卖场的通道类型

卖场通道的设计是否合理直接影响顾客能否顺利地购物,并且影响到卖场的商品销售业绩。卖场中的通道可分为直线式通道、回型式通道、斜线式通道和自由型通道4个类型。

(一)直线式通道

直线式通道又称单向通道,这种通道的起点是卖场的入口,终点是卖场的收款台。顾客依照货架排列的方向单向购物,以商品陈列不重复、顾客不需要走回头路为设计原则,使顾客在最短的线路内完成商品的购买行为。

采用直线式通道布局,可以方便顾客快速寻找货位地点。根据顾客流量设计卖场通道,使其宽度一致,从而达到充分利用场地面积的目的,使整个卖场富有效率,便于快速结算。

在商品陈列上易于采用标准化陈列货架。但是,这种规范化的布局使卖场发挥装饰效应的能力受到限制,因此难以给顾客营造轻松的购物环境。卖场气氛冷淡,并在一定程度上限制了顾客的自由。快速的人流,会给顾客带来加速购买的心理压力,从而不利于卖场商品的出售。卖场货品容易产生失窃的风险。图6-1就是典型的直线式通道。

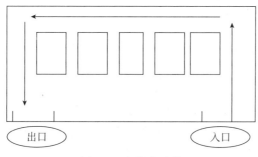

图 6-1 直线式通道

(二)回型式通道

回型式通道又称环形通道,这种通道布局以流畅的圆形或椭圆形按从右到左的方向环绕整个卖场,使顾客能依次浏览、购买商品。在实际运用中,回型通道又分为大回型通道(图6-2)和小回型通道(图6-3)。

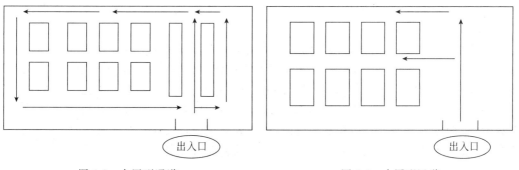

图 6-2 大回型通道　　　　　　　　　图 6-3 小回型通道

1. 大回型通道

适合于营业面积在 1 600m² 以上的卖场。顾客进入卖场后,从一边沿四周回型通道浏览后再进入中间的货架。它要求卖场内部一侧的货位一通到底,中间没有穿行的路口。

2. 小回型通道

适用于营业面积在 1 600m² 以下的卖场。顾客进入卖场内,从一侧前行,不需要走到尽头,就可以很容易地进入中间的货位。

（三）斜线式通道

斜线式通道曲折延伸、纵横交错、富有变化,带给人以较灵活和随意的感觉,这种通道能营造活跃的卖场气氛,使顾客能方便、随意地浏览卖场的商品,从而极大地增加顾客的购买机会,但是这种通道的缺点是造成了卖场场地面积的浪费。

（四）自由型通道

自由型通道通常呈现出不规则的线路分布,这种通道的优点在于使卖场货位布局灵活,方便顾客在卖场中随意穿行、自由浏览,但是,它的缺点是出口不明显,不利于分散客流,同时还造成了卖场场地面积的浪费。

三、服务设施的设计

（一）收银台设施的设计

卖场最理想的布局是当顾客从卖场大门进入后,能够将卖场全部转遍,最后到达收银台。因此,应该根据通路的设置以及磁石商品的陈列位置,将收银台设置在客流的延长线上。理论上,这样便可以为收银台找一个比较合适的位置。但在实际工作中,由于卖场的形状、卖场内的柱子等原因,收银台的位置并不那么好决定。而且根据收银台数量的不同,设置方法也不尽相同,每天的客流量以及每位顾客购买商品的金额也对设置收银台的位置有所影响。

卖场的收银台通常设在出口处,结账通道(出口通道)及收银机可根据卖场规模的大小设置,在条件许可的情况下,还可以设置一条作为无购物的顾客的专门通道,以免出口处造成拥挤。结账通道的宽度一般设计为 1～1.2m,长度一般为 6m,即扣除收银台本身约为 2m的长度之外,收银台与最近的货架之间的距离至少应该有 4m 以上,以保证有足够的空间让等候的顾客排队。

收银台应依序编号,可根据现场的实际情况采用单线排或双并排的方式。每台收银机每日可处理 5 万～10 万元营业额,卖场经营者应该依照营业计划中的营业预估,事先做好准备。而在开业之初,生意通常是正常状况的 3～4 倍,所以应争取得到供应厂商的最大支援,以免让消费者久候不耐烦。目前,在卖场的收银台处,都配有电子扫描器和电子计算机联网系统。顾客自选商品到收银台付款时,服务人员只要将扫描器对准商品的条形码照射,计算机就能够显示出商品的数量和金额,使顾客快速通过收银处。

1. 收银台的数量设计

卖场收银台的数量应以满足顾客在购物高峰时能够迅速付款结算为出发点。大量调查表明,顾客等待付款结算的时间不能超过 8min,否则就会产生烦躁的情绪。在购物高峰时期,由于顾客流量的增大,卖场内人头攒动,无形中就加大了顾客的心理压力。此时,顾客等待付款结算的时间更要短些,使顾客快速付款,走出店外以缓解压力。

2. 收银台的功能选择

目前市场有多种型号、功能的收银机,在选择收银机时,要考虑以下基本功能。首先,功能要齐全。不能为节省资金而只选用功能单一的收银机,必须具有小计、现金找零、折扣、挂账、加成、立即改正、退货、作废等功能。其次,收银机必须可以连接多种外部设备,如扫描器、读卡机等。再次,收银机要保证装纸、换纸方便,收执联自动切纸、打印速度快,字体清晰等。最后,收银机的保密性能要好,要能如实地记录收银员业务,并具有单机工作和联机运行功能。

3. 收银台的环境设计

卖场收银台不要做过于繁杂的装修,台面上下不要堆放过多的东西。但要用灯光效果突出背景板或形象板,这样和卖场形成一个明与暗的对比,烘托卖场的形象,以便于顾客的记忆和宣传。如何布置卖场收银台的台面,具体要根据所销售商品风格和卖场目标顾客的特点来确定。

(二)服务台的设计

在卖场中,服务台大多位于入口处,通常兼有寄存物品的功能。一般来说,服务台主要具备以下几种功能:受理退货、退款业务;为顾客办理送货服务;替顾客包装商品;投诉、索赔窗口;发行招待券;开发票;进行会员卡管理等。除此之外,还能解答顾客提出的各种疑问。

根据经营状态的差别,有的卖场没有设置服务台,而是通过收银台代行服务台的部分职能。此时,就需要张贴 POP 向顾客宣传服务的具体内容。目前,卖场中服务台的作用与地位正在不断提高。服务与卖场商品的销售紧密相连,服务台作为与顾客交流、接触的窗口,其地位变得越来越重要。使自身卖场的服务台具有特色,创造与其他卖场不同的特点,是满足顾客需求、将顾客固定下来的好方法。像经营家用电器、家具这种需要送货上门以及提供维修服务的卖场,必须通过服务台向顾客明确介绍送货的区域范围、送货费用、送货时间、维修内容等售后服务的具体事项。因此,服务台是与顾客进行沟通的最佳窗口。另外,对经营礼品的卖场来说,包装服务的好坏直接关系到卖场的效益。总而言之,服务台的作用就是向顾客宣传除商品以外本卖场在服务方面的特色。

(三)其他设施的设计

1. 洗手间

卖场的洗手间是为顾客准备的,它给顾客留下的是卖场整体印象的一部分,而且洗手间里微小的瑕疵都特别容易给顾客造成不好的印象,因此,卖场的洗手间必须保持清洁卫生。特别是餐饮卖场中的洗手间,由于顾客使用的频率比较高,因此那里也成为宣传卖场形象的一个重要窗口。对于洗手间,企业经营者应该随时检查其位置是否有明确的标示、是否明亮整洁、卫生纸的补充是否及时,以及是否为顾客设置了放物品的地方,要随时注意洗手间是否有不干净的地方。

另外,在使用洗手间的时候,不少顾客都会稍作休息,因此,许多卖场会在洗手间中张贴购物指南、宣传单等,向顾客进行宣传,这里张贴的宣传材料往往都会起到显著的效果。

2. 标示用设施

标示用设施是指在卖场内引导顾客行走、购买商品的设施。它们可以是悬挂在高于人头顶位置的纸质牌子,也可以是贴在墙上的箭头符号,还可以是直接放在过道两旁的导购图。总之,形式是多样的,但目的只有一个,那就是方便顾客的购买、消费。良好的标志,可指引消费者轻松购物,也可避免卖场死角的产生。卖场常见的标志如下。

(1) 入口处的卖场配置图。它可以让消费者在进门前就初步了解自己所要买的商品的大概位置。

(2) 商品的分类标志。目前很多卖场都使用较矮的陈列架,商品的确切位置一目了然。

(3) 各商品位置的机动性标示,如特价品销售处悬挂的各种促销海报。

(4) 店内广告或营造气氛用的设施。

(5) 介绍商品或装饰用的照片。

(6) 各部门的指示标示。

(7) 出入口、紧急出口等引导顾客出入的标志。

无论选用何种标示用设施,都应该注意出入口、紧急出口等引导顾客出入的标志要显而易见;各部门的指示标志要明显;广告海报避免陈旧破烂。

3. 休息区

在一项公共项目调查中发现,一张椅子可以让顾客行走的距离加倍。在缺少休息区的环境下,顾客会选择离开,自己寻找"休息区"。多数卖场会设置收费的休息区,如卖一些咖啡、茶点的休闲驿站,但是顾客为了休息付出的价格未免太昂贵了些,大多数人会望而却步。所以商家必须考虑免费休息区,也许免费休息区的座位不能做到如咖啡屋般安静、祥和,但也要相对安静一些。只有这样,顾客才能"养精蓄锐"。经营者们可以充分利用卖场的布局,给顾客创造一个合适的座位区,如某片空地或某个角落,使它相对脱离于售卖区之外。如果休息区不能设置在顾客容易发现的地方,那就应该把它的位置标示清楚,以便为有需要的顾客提供服务。

 扩展阅读　　留住人就留住钱,商家重点打造顾客休息区

随着商场间竞争的日趋激烈,商家想尽办法满足顾客方方面面的需求,不少商场已看到自己在服务设施方面的不足,努力开拓以求为更多的顾客提供便利。其中,商场内提供的顾客休息区如今成了商家们争夺客源、提高销售的又一法宝。

记者在几家商场采访时,看到有不少男士坐在休息区内悠闲地看着报纸,还有的则是在照顾身边幼小的孩子。其中一位告诉记者,爱逛街是女人的天性,但这却苦了他们这些陪逛者,看着商场琳琅满目的商品和货架,自己就头晕眼花。他说,陪妻子逛商场时,总是她逛她的,说好了在什么地方等着,两人再会合。另外一位则认为平时在家是妻子带孩子多,而出来逛街购物则是自己照看孩子,以便让妻子轻轻松松去购物。

据业内人士介绍,一些较高档商场的休息区使用率都是很高的,首先是为了营造一种舒

适的购物环境,满足购物者的休息需要。因此越是高档商场,其公共空间就会越多,如走廊通道要足够宽敞,每层至少要有两部扶梯等。因为一个舒适完善的购物环境会极大刺激消费者的购物冲动,留住了家人和孩子就又多留住一个购物者,而一个嘈杂拥挤的购物环境只会使人望而却步,所以越来越多的商场已将休息区列为必不可少的又一服务项目。

资料来源:http://www.linkshop.com.cn.

4. 后方配套服务设施的设计

(1) 办公室。办公室通常是店长或店内主管办公的场所。此外,店内的财务、人事以及监视系统、背景音乐播放系统等,都应在此管理。

(2) 作业场。作业场是卖场从事商品加工的场所,也就是将原材料加以分级、加工、包裹、标价的场所。常见的有果菜、水产、畜产及日配品等的加工处理场所。生鲜食品的作业场所应注意温度的控制及排水的处理,以求合乎卫生条件。当然位置的安排以及与前方的连接也须注意,应使工作觉得舒适与流畅。

(3) 仓库。卖场的商品主要包括生鲜及干货两类。其中,对生鲜食品而言,需有作业处理场,而对于干货而言,则要有一个仓库,以作为进货后暂时存放的场所。需注意的是后场的仓库仅作为进货至陈列期间进行短暂存储的场所,存放周期应为1~2天。目前由于物流公司的功能越来越强,可为卖场提供较佳的服务,因此后场的仓库面积有逐渐缩小的趋势。

(4) 建筑工程。建筑工程主要包括电气设备、卫生设备、给排水设备、煤气设备及防灾设备等。建筑设施规划应考虑以下几个方面:照明要充足;商品的特征与照明效果是否相得益彰;天花板上的日光灯位置要适当;整个卖场的色调是否协调统一;照明与色彩是否协调;是否有紧急疏散楼梯;避难用器材是否齐全;是否有紧急求救的警铃设备;灭火器是否齐全并在有效期内;紧急出口是否随时可用等。

 扩展阅读 　　**消防系统组成、功能及故障处理**

一、火灾自动报警系统

(一) 系统组成

(1) 探测器。包括感烟探测器、感温探测器、火焰探测器。

(2) 手动报警装置。包括手动报警按钮。

(3) 报警控制器。包括区域报警、集中报警、控制中心报警。

(二) 系统完成的主要功能

火灾发生时,探测器将火灾信号传输到报警控制器,通过声光信号表现出来,并在控制面板上显示火灾发生部位,从而达到预报火警的目的。同时,也可以通过手动报警按钮来完成手动报警的功能。

(三) 系统容易出现的问题、产生的原因及处理方法

1. 探测器误报警,探测器故障报警

原因:探测器灵敏度选择不合理,环境湿度过大,风速过大,粉尘过大,机械震动,探测器使用时间过长,器件参数下降等。

处理方法:根据安装环境选择适当灵敏度的探测器,安装时应避开风口及风速较大的通道,定期检查,根据情况清洗和更换探测器。

2. 手动报警按钮报警,手动报警按钮故障报警

原因:按钮使用时间过长,参数下降或按钮人为损坏。

处理方法:定期检查,损坏的及时更换,以免影响系统运行。

3. 报警控制器故障

原因:机械本身器件损坏报故障或外接探测器、手动按按钮问题引起报警控制器报故障、报火警。

处理方法:用表或自身诊断程序检查机器本身,排除故障,或按1、2处理方法,检查故障是否由外界引起。

4. 线路故障

原因:绝缘层损坏,接头松动,环境湿度过大,造成绝缘下降。

处理方法:用表检查绝缘程度,检查接头情况,接线时采用焊接、塑封等工艺。

二、消火栓系统

（一）系统组成

消火栓系统由消防泵、稳压泵(稳压罐)、消火栓箱、消火栓阀门、接口水枪、水带、消火栓报警按钮、消火栓系统控制柜组成。

（二）系统完成的主要功能

消火栓系统管道中充满有压力的水,如系统有微量泄漏,可以靠稳压泵或稳压罐来保持系统的水和压力。当发生火灾时,首先打开消火栓箱,按要求接好接口、水带,将水枪对准火源,打开消火栓阀门,水枪立即有水喷出,按下消火栓按钮时,通过消火栓启动消防泵向管道中供水。

（三）系统容易出现的问题、产生的原因、处理方法

1. 打开消火栓阀门无水

原因:可能管道中有泄漏点,使管道无水,且压力表损坏,稳压系统不起作用。

处理方法:检查泄漏点,压力表,修复或安上稳压装置,使管道有水。

2. 按下手动按钮,不能联动启动消防泵

原因:手动按钮接线松动,按钮本身损坏,联动控制柜本身故障,消防泵启动柜故障或接线松动,消防泵本身故障。

处理方法:检查各设备接线、设备本身器件,检查泵本身电气、机构部分有无故障并进行排除。

三、自动喷水灭火系统

（一）系统组成

自动喷水灭火系统由闭式喷头、水流指示器、湿式报警阀、压力开关、稳压泵、喷淋泵、喷淋控制柜组成。

（二）系统完成的主要功能

系统处于正常工作状态时,管道内有一定压力的水,当有火灾发生,火场温度达到闭式喷头的温度时,玻璃泡破碎,喷头出水,管道中的水由静态变为动态,水流指示器动作,信号传输到消防控制中心的消防控制柜上报警,当湿式报警装置报警,压力开关动作后,通过控制柜启动喷淋泵为管道供水,完成系统的灭火功能。

（三）系统容易出现的问题、产生的原因、处理方法

1. 稳压装置频繁启动

原因：主要为湿式报警装置前端有泄漏，还会有水暖件或连接处泄漏，闭式喷头泄漏，末端泄放装置没有关好。

处理方法：检查各水暖件、喷头和末端泄放装置，找出泄漏点进行处理。

2. 水流指示器在水流动作后不报信号

原因：除电气线路及端子压线问题外，主要是水流指示器本身问题，包括桨片不动、桨片损坏，微动开关损坏、干簧点触点烧毁，永久性磁铁不起作用。处理方法：检查桨片是否损坏或塞死不动，检查永久性磁铁、干簧管等器件。

3. 喷头动作后或末端泄放装置打开，联动泵后管道前端管道无水。

原因：主要为湿式报警装置的蝶阀不动作，湿式报警装置不能将水送到前端管道。

处理方法：检查湿式报警装置，主要是蝶阀，直到灵活翻转，再检查湿式装置的其他部件。

4. 联动信号发出，喷淋泵不动作

原因：可能是控制装置及消防泵启动柜连线松动或器件失灵，也可能是喷淋泵本身机械故障。

处理方法：检查各连线及水泵本身。

四、防排烟系统

（一）系统组成

防排烟系统由排烟阀、手动控制装置、排烟机、防排烟控制柜组成。

（二）系统完成的主要功能

火灾发生时，防排烟控制柜接到火灾信号，发出打开排烟机的指令，火灾区开始排烟，也可人为地通过手动控制装置进行人工操作，完成排烟功能。

（三）系统容易出现的问题、产生的原因、处理方法

1. 排烟阀打不开

原因：排烟阀控制机械失灵、电磁铁不动作或机械锈蚀引起排烟阀打不开。

处理方法：经常检查操作机构是否锈蚀，是否有卡住的现象，检查电磁铁是否工作正常。

2. 排烟阀手动打不开

原因：手动控制装置卡死或拉筋线松动。

处理方法：检查手动操作机构。

3. 排烟机不启动

原因：排烟机控制系统器件失灵或连线松动，机械故障。

处理方法：检查机械系统及控制部分各器件系统连线等。

五、防火卷帘门系统

（一）系统组成

防火卷帘门系统由感烟探测器、感温探测器、控制按钮、电机、限位开关、卷帘门控制柜组成。

（二）系统完成的主要功能

在火灾发生时起防火分区隔断作用,这时感烟探测器先报警,火灾信号送到卷帘门控制柜,控制柜发出启动信号,卷帘门自动降到 1.8m 的位置(特殊部位的卷帘门也可一降到底),如果感温探测器报警,卷帘门会降到底。

（三）系统容易出现的问题、产生的原因、处理方法

1. 防火卷帘门不能上升或下降

原因:可能为电源故障、电机故障或门本身卡住。

处理方法:检查主电源、控制电源及电机,检查门本身。

2. 防火卷帘门有上升无下降或有下降无上升

原因:可能是下降或上升按钮问题,接触器触头及线圈问题,限位开关问题,接触器连锁常闭触点问题。

处理方法:检查下降或上升按钮,下降或上升接触器触头开关及线圈,检查限位开关,检查下降或上升接触器连锁常闭触点。

3. 在控制中心无法联动防火卷帘门

原因:可能是控制中心控制装置本身故障,控制模块故障,联动传输线路故障。

处理方法:检查控制中心控制装置本身,检查控制模块,检查传输线路。

六、消防事故广播及对讲系统

（一）系统组成

消防事故广播及对讲系统由扩音机、扬声器、切换模块、消防广播控制柜组成。

（二）系统完成的主要功能

当消防值班人员得到火情后,可以通过电话与各防火分区通话了解火灾情况,用于处理火灾事故,也可通过广播及时通知有关人员采取相应措施,进行疏散。

（三）系统容易出现的问题、产生的原因、处理方法

1. 广播无声

原因:一般为扩音机无输出。

处理方法:检查扩音机本身。

2. 个别部位广播无声

原因:扬声器有损坏或连线松动。

处理方法:检查扬声器及接线。

3. 不能强制切换到事故广播

原因:一般为切换模块的继电器不动作引起。

处理方法:检查继电器线圈及触点。

4. 无法实现分层广播

原因:分层广播切换装置故障。

处理方法:检查切换装置及接线。

5. 对讲电话不能正常通话

原因:可能是对讲电话本身故障、对讲电话插孔接线松动或线路损坏。

处理方法:检查对讲电话及插孔本身,检查线路。

资料来源:http://bbs.hc360.com/thread-266752-1-1.html.

任务三 设计卖场照明、色彩

照明是对卖场的软包装,体现着卖场在一定时期内的经营思想,同时向顾客传递着商品信息。卖场内明亮柔和的照明,不仅可以渲染卖场气氛,准确传达商品信息,消除陈列商品的阴影,美化卖场环境,而且可以引导顾客入店,缩短顾客的选购时间,提高效率,加速商品周转。卖场使用照明时,明亮固然是重要条件,但只有明亮尚且不够,照明还有另外一项重要的功能,即营造卖场气氛。在这方面,光线明亮与否反而不是重点。因此,并非是要利用照明来让顾客看清商品,而是希望透过光线的巧妙搭配,营造出卖场的视觉空间,以吸引顾客的注意。

一、照明的作用

1. 引导顾客

卖场的灯光总亮度要高于周围的建筑物内的亮度,这样可以显示卖场的特征,有助于卖场形成明亮愉快的购物环境,使顾客能够在适宜的灯光下挑选商品。相反,如果卖场的灯光过于暗淡,会显得沉闷,不利于顾客挑选商品,同时也容易发生销售差错。

2. 吸引顾客注意力

卖场在进行灯光布置时要着重把光束集中照射于商品,不可平均使用。可以考虑在商品陈列、摆放位置的上方布置各式的照明设备,使商品变得五光十色,光彩夺目,从而达到吸引消费者注意力的目的。

3. 帮助卖场形成特定的气氛

卖场使用不同颜色的灯光,可营造卖场的特定气氛,如愉快、柔和或张扬个性等,吸引不同群体的顾客光临。

二、照明的基本类型

1. 自然照明

自然照明是为一个卖场提供的全面照明,通常也称环境照明,普通照明发出的亮度比较舒适,使人看得清楚和走动安全,可以用枝形装饰灯、天花板灯或墙座灯具、嵌灯或导轨灯来完成。

为使整个卖场各个部分都能获得基本的亮度而使用基本照明,它对人眼没有任何刺激,又可以展现商品的本色和原貌,一般来讲,自然光是最好的基本照明。由于卖场大多使用顾客自选的方式,为使顾客能够看清商品的外观及标价,要求卖场的基本照明必须要明亮。自然光源一般安装在屋顶天花板或墙壁上,多以日光灯等单色白光为主。如果整体亮度稍暗,则容易使人产生沉闷压抑的感觉,使顾客的心理活动趋向低迷,难以产生购物冲动。如果卖场内有多个独立的店中店,则可在保持商场主体部位有效亮度的同时,店中店视商品而采用稍暗或其他的单色光源。

2. 重点照明

重点照明也称商品照明,是为突出商品的优异品质、增强商品的吸引力而设置的照明。重点照明是为突出显示商品,因而要考虑如何吸引顾客的注意力,使之与商品色彩协调、互相烘托。一般来说,灯光的近效果,使顾客观看得清晰,易于显示商品的本质;灯光的远效果,易于引起视觉注意,渲染商品的外形美。

在设计重点照明时,要将光线集中在商品上,使商品看起来有一定的效果。如烧烤及熟食类的商品应该用带红灯罩的灯具照明,以增强食品的诱惑力;照射蔬菜应该用绿色的冷光照射,以体现蔬菜的新鲜感。

3. 装饰照明

装饰照明就是创造视觉上的效果,是卖场为求得装饰效果或强调重点销售区域而设置的照明。它是卖场塑造其视觉效果的一种有效美化手段,能以其鲜明强烈的光亮及色彩给人留下深刻的印象,可以极大地美化卖场的环境,渲染购物气氛,因此被广泛用于表现卖场的独特个性上。常用的装饰照明有霓虹灯、彩灯、弧形灯、枝形吊灯及连续闪烁灯等。

装饰光源要与照明光源协调搭配,装饰光源只起陪衬与辅助作用,不要喧宾夺主,使用时不宜安装过多,亮度也不宜过强,对比不宜过大。对专用于装饰和映衬商品的光源,应注意光色与商品的协调。这类灯一般安装在柜台内或直接用来照射商品。如果商品本身色调明快清晰,则灯光朦胧才能产生较好的意境;如果商品本身色调较暗,则应使用较强的灯光,以突出商品形象。当彩色光线照射或映衬在色彩鲜艳的物体或商品上时,如果光色与物品颜色相同,则物体或商品会特别鲜艳;但如果光色是物体或商品的补色,则会减弱物品颜色的鲜艳程度,使物体变得灰暗。光色越趋向两个极点,结果往往就越相悖。

三、色彩的基本知识

(一)色彩的 3 种属性

掌握色彩的基本知识,就是要弄清色彩的色相、明度与彩度这 3 种属性。

1. 色相

色相指的是红、黄、绿等颜色,也就是原色,是所有色彩的基本色。

2. 明度

明度表示色彩明亮度的颜色,例如淡粉红色、鲜红色、淡黄绿色。表示色彩黑暗度的颜色,有浅灰色、紫色、橄榄色、褐色等。

3. 彩度

彩度是色彩的鲜明度,例如黑、白、红,又可分为暖色系统和冷色系统。暖色系统一般来说是很容易亲近的色系,如红、黄等色,这比较适合面向年轻阶层的卖场。暖色系中,粉红、鲜红、鹅黄色等为女性喜欢的色彩,对女性用品店及婴幼儿服饰店等较为适合。冷色系统给人以很远很高的感觉,有扩大感,严寒地区及天花板很高的卖场不宜使用该类色彩,否则进入店内会感到很冷清,亲切感骤降,因此应尽量避免使用。但也并非绝对,例如在夏季,使用冷色系统的色彩,能产生清凉感,是一个不错的选择。

(二)色彩的心理效果

各种颜色对人心理上的效果可归纳为以下几个方面。

白色:喜悦、明快、洁净、纯洁。

灰色：中庸、平凡、温和、谦让、中立。

黑色：静寂、沉默、悲哀、绝望、罪恶、严肃、死亡。

红色：热情、喜悦、活力、积极、爱情、革命、奔放。

黄色：快活、希望、发展、愉快、智慧。

橙色：健康、乐观、活泼、积极、嫉妒。

绿色：生命、和平、自然、健全、成长、旅行、环保。

蓝色：沉静、沉着、海洋、广阔、消极、精致、久远。

紫色：华丽、高贵、神秘、永远。

此外，卖场色彩的运用必须考虑墙壁、地板及商品等色彩的调和，因为能形成色彩效果的要素是商品颜色和墙壁颜色的调和。例如，背景为黄色的墙壁，如果陈列同色系的黄色商品时，看起来不但显得奇怪，而且容易埋没商品价值。由此可见，在陈列时，注意陈列相反色系的对比色，如黑、白商品并陈，商品会更加鲜明，从而吸引消费者的注意力。

四、色彩的运用原则

1. 店铺的色彩搭配

香港的黄金首饰店铺大多以红色为主色，有烘托喜庆气氛的意思，且十分引人注目；而高档器皿店则多以淡绿色花岗石装饰地板，并配以咖啡色的陈列用具，起到营造清新高雅环境的功效。由此可见，在店铺的内外装饰中，颜色的搭配是极其重要的。

2. 店铺的灯光与色彩搭配设计

一个没有灯光设计的卖场，不算是成功的卖场。如果有恰到好处的灯光设计，不但能增强商品的魅力，更能增强卖场的商业气氛。一般来说，卖场的灯光设计主要依靠人工光源。人工光源有两个最基本的作用：一是直接用于卖场的外部照明，为照亮卖场的门面和店前环境而安装的，以实用为基本要求；二是为烘托卖场气氛、环境而设立的各种装饰灯，目的是增加卖场门面的形式美，其中以霓虹灯和橱窗灯最为常用。

卖场使用的光源，主要分单色光源和多色光源两种。单色光源主要以店内为主；多色光源则主要用于装饰，是外部装饰的主要光源。另外，由于人对多色光的视觉反应不同，所以产生的心理感觉也不同。

玫瑰色光源：华贵、高雅、幽婉。

淡绿色光源：柔和、明快。

深红色光源：刺激性较强，使人的心理活动趋向活跃、兴奋、激昂，或使人焦躁不安。

蓝靛色光源：刺激较弱，会使人的心理活动趋向平衡，控制情感发展，但也容易产生沉闷或压抑的感觉。

在搭配灯光和色彩时，要注意灯光对色彩的"曲解"作用。常言讲，灯下不观色，说的就是这个道理。在灯光下，蓝、绿两色难辨；蓝色货品在灯下颜色会变黑；黄色光映衬在蓝色商品上，会使商品呈现幽雅舒适的绿色调，但黄色光照射在紫色商品上，就会出现浊灰色的暗淡色。

总之，灯光的设计与使用，应与顾客通常所反映的心理状态相适应。一般来说，要掌握远光要强，近光要弱；远光多色交融，近光少色或单色；远光多变多动，近光少变少动或慢变慢动，这样就能适应大多数消费者的一般心理要求了。

任务四　设计卖场声音、气味和通风设施

根据一项调查研究显示:在京、沪、深等一线城市有 70% 的人喜欢在播放音乐的零售店铺购物,但并非所有音乐都能达到此效果。调查结果显示,在零售店铺里播放柔和而节拍慢的音乐,会使销售额增加 40%,快节奏的音乐会使顾客在商店里停留的时间缩短而购买的商品减少,这个秘诀早已被零售店铺的经营者熟知,所以每天快打烊时,零售店铺就播放快节奏的摇滚乐,迫使顾客早点离开,好早点收拾早点下班。声音可对卖场的气氛产生积极的影响,也可以产生消极的影响;可以使顾客感到愉快,也可以使顾客感到不愉快。令人不愉快的或令人难以忍受的音响,会使顾客的神经受到影响,甚至毁坏零售店铺刻意营造的购物气氛。

一、声音的作用与设计技巧

1. 声音的作用

(1) 营造卖场的购物氛围。

(2) 迎合顾客心理,使顾客心境发生积极的变化。

(3) 宣扬品牌文化,强调卖场文化。

2. 声音的设计技巧

(1) 卖场背景音乐的选择一定要结合卖场的特点和顾客特征,以形成一定的店内风格。

(2) 应注意音量高低的控制,既不能影响顾客用普通声调说话,又不能被店内外的噪声淹没。

(3) 音乐的播放也要适时有度。如果音乐给顾客的印象过于嘈杂,使顾客产生不适感或注意力被分散,甚至厌烦,将不仅达不到预期的效果,反而会适得其反。

(4) 乐曲的选择必须适应顾客一定时期的心态。在炎炎夏日,商店中播放涓涓流水和茫茫草原的悠扬乐曲,能使顾客在炎热中感觉到清新和舒适。商店大拍卖时,就可以播放一些节奏比较快的、旋律比较强劲的乐曲,使顾客产生不抢购不罢休的心理冲动。

(5) 背景音乐的强度一定要与卖场力求营造的店内环境相适应,以不影响顾客之间的对话为宜。

二、气味的作用及其影响

卖场内的气味对创造卖场氛围及获取最大限度的销售额来说,是至关重要的。卖场内飘散着沁人心脾的香气可以有效地舒缓人们的心情,诱发人们的购物冲动。但是,一些令人不愉快的气味会将顾客赶跑,如地毯的霉味、洗手间的气味等。因此,卖场可对正常的气味适当加大密度,对不良气味应尽可能降低密度。

1. 卖场外的气味影响

卖场外的气味,一般来自公路上车辆往来的汽油味、路面的沥青味及相邻卖场的气味儿等。这些气味往往无法人为的消除,只能尽量避免,或是在卖场中使用空气清新剂。同时,要注意相邻卖场的气味,如果相邻卖场是花卉卖场,清香气味飘到卖场中,会使顾客感到清

爽,增强购物心情;若相邻卖场是药房或宠物店,浓浓的气味飘进卖场,会让人有不好的联想,对于商品的购买会有排斥心理。

2. 卖场内的气味影响

卖场内的气味也是至关重要的。如果卖场中无其他的异味,只有所卖商品的气味,则是积极的味道,与卖场本身是相协调的,会使顾客联想到商品,产生购买欲望。为去除卖场异味,使顾客购买愉快,在卖场中喷洒空气清新剂是必要的,但要注意不能用量过多,否则会使人产生反感的情绪,香味的浓度要和顾客嗅觉上限相适应。

由于客流量大,卖场内有时会产生汗酸味,要采取好的通风设备,以驱除异味。另外,对于新装修的卖场,其中装饰材料散发的涂料气味会使一些顾客望而却步,这种情况要加大通风,同时采用适量的空气清新剂。有时卖场的香烟味也会使人有不舒服的感觉,尤其是禁烟者,所以应在卖场中禁止吸烟,这同时也有利于防止火灾的发生。其他一些不良气味还包括保管不善的清洁用品气味、洗手间的异味等。

三、气味的设计技巧

1. 要与所售商品相协调

花卉的香气、化妆品货架的香味、面包的香甜味道、蜜饯的奶香味、皮具皮衣的皮革味、烟草部的烟草味,均是与这些商品协调的,对促进顾客的购买是有帮助的。现如今,国内外香料公司采用高科技人工合成了许多让人垂涎的香味,包括巧克力饼干香味、热苹果派、新鲜的比萨饼、烤火腿的香味,甚至还有不油腻的薯条香味等,并将各种人工香料装在精美的罐子中用来销售。根据定时设置,香料罐子每隔一段时间会将香味洒在店内,引诱顾客上门,效果奇佳。

2. 严格控制不愉快的气味

不愉快的气味会把顾客赶走,令人不愉快的气味包括地毯的霉味、吸纸烟的烟气、强烈的染料味、动物和昆虫的气味、残留的尚未完全熄灭的燃烧物的气味、汽油、油漆和保管不善的清洁用品的气味、洗手间的气味等。应该严格控制这些不愉快的气味,为消费者创造一个良好的购物环境。

3. 注意不同商品相邻气味的混合问题

邻居的不良气味,也像外部的声音一样,会给卖场带来不好的影响。这些气味不仅令人不愉快,还与连锁店的环境、气氛也不协调。例如,医生或牙科医生诊室的很浓的药味飘入面包店等。

4. 控制气味强度

对于不好的气味,卖场应当用空气过滤设备力求降低它的密度。对正常的气味,密度可以大一些,以便促进顾客的购买;但是要适当控制,使他不至于扰乱顾客,甚至使顾客厌恶。气味的运用在于使消费者产生一种舒畅的感觉,从而在购物的过程中显得轻松,所购货物也会更多。

四、通风设施的设计

1. 通风设施的分类

卖场内顾客流量大,空气极易浑浊,为保证店内空气清新通畅,冷暖适宜,应采用空气净化措施,加强通风系统的建设。通风来源可以分为自然风和机械通风。采用自然风可以节约能源,保证店内适宜的空气,一般小型卖场多采用这种通风方式。有条件的大卖场在建设之初就普遍采用紫外线灯光杀菌设施和空气调节设备,通过改善店铺内部的环境质量,为顾客提供舒适、清洁的购物环境。

2. 通风设施的配置原则

卖场的空调配置应遵循舒适性的原则,冬季温暖而不燥热,夏季凉爽而不骤冷。否则,会对顾客和员工产生不利影响。冬季顾客从外面进店都会穿着厚厚的棉衣,若暖风开得很足,顾客就会感到燥热无比,可能会匆匆离开卖场,无疑会影响卖场的销售;夏季若卖场的空调冷风习习,顾客会有乍暖还寒的不适感。总之,从服务的角度讲,使用空调时,维持适度的温度和湿度是至关重要的。

3. 空调设备的选择

(1) 根据卖场规模的大小来选择。大型卖场应采取中央空调系统;中小型卖场可设分立式空调。

(2) 根据卖场的空气湿度来选择。一般相对湿度保持在 40%～50%,更适宜的相对湿度是在 50%～60%,该湿度范围使人感觉比较舒适。

(3) 根据卖场的温度来选择。一般冬季不低于 16℃,夏季在 25℃左右。

任务五　设计卖场 POP 广告

POP 广告又称店内销售时点广告,是对在销售点和购物场所所制作和发布的多种形式广告组合的统称,是卖场常用的促销手段。POP 广告处处可见可闻,包括店内悬挂着各种印有商品图案的彩旗、反映店铺特色的各式横幅、身着时装的模特、旋转柜台里展示的各种商品实物、店内广播播送的商品信息、电视录像里反复播送的商品广告、厂家促销员的现场演示操作等。所有这些店内陈设与布置,都对顾客有着极大的吸引力。店内

微课:POP
广告设计

POP 在时间上和空间上无疑都比其他任何形式的广告更能接近顾客,因而对顾客的消费行为影响最大,也最直接。据调查统计,约有 75% 的顾客消费行为是在消费场所决定的。也就是说,大多数顾客的消费行为受卖场环境和氛围的影响。

一、POP 的作用

1. 引导顾客,降低成本,美化卖场

在店内布置 POP,可以代替店员向顾客解释商品特征和使用方法,从而节省店员的说明时间、提高效率,降低卖场成本。同时,可以引导、吸引顾客进入卖场,通过 POP 告知顾客商品降价或优惠信息以及产品更新的信息;还可以美化卖场环境。

2. 提高顾客的购买率

顾客通过卖场内的 POP,可以及时获得商品信息,购物更加明白便利,心情愉悦,有可能会成为卖场的忠诚顾客;同时对于众多的商品,顾客在广告作用下易于做出购买决定,从

而激发购买欲望,产生购买行为,提高购买率。

3. 告知竞争者

卖场内的POP是针对竞争对手的一种经营方略,是抢夺顾客的一种手段。不断变化和更新的店内广告招牌,向竞争对手传递一个信息,那就是竞争。

二、POP的类型及设计

(一)展示POP广告

展示POP是放在柜台上的小型POP广告。由于广告体与所展示商品的关系不同,柜台展示POP又可分为展示卡和展示架两种。

1. 展示卡

展示卡可放在柜台上或商品旁,也可以直接放在稍微大一些的商品上。展示卡的主要功能以标明商品的价格、产地、等级等为主,同时也可以简单说明商品的性能、特点、功能等,其文字的数量不宜太多,以简短的三五个字为好。

2. 展示架

展示架是放在柜台上起说明商品的价格、产地、等级等作用的。它与展示卡的区别在于:展示架上必须陈列少量的商品,但陈列商品的目的,不在于展示商品本身,而在于用商品来直接说明广告的内容,陈列的商品相当于展示卡上的图形要素。一旦把商品看成图片后,展示架和展示卡就没有什么区别了。需要注意的是,展示架因为是放在柜台上,放商品的目的在于说明,所以展架上放的商品一般都是体积比较小的商品,而且数量以少为好。适合展示架展示的商品有珠宝首饰、药品、手表、钢笔等。

(二)壁面POP广告

壁面POP广告是陈列在商场或商店的壁面上的POP广告形式。在商场的空间中,除墙壁为主要的壁面外,活动的隔断、柜台和货架的立面、柱头的表面、门窗的玻璃面等都是壁面POP可以陈列的地方。

(三)悬挂式POP广告

悬挂式POP广告是对商场或商店上部空间及顶界有效利用的一种POP广告类型。

悬挂式POP广告是在各类POP广告中用量最大、使用效率最高的一种POP广告。悬挂式POP不仅在顶界面有完全利用的可能性,也在空间的向上发展上占有极大优势。即使地面和壁面上可以放置适当的广告体,但其视觉效果和可视的程度与悬挂式POP相比,也是有限的。可以设想,壁面POP在观看的角度和视觉上会受到限制,也就是说,壁面POP常被商品及行人所遮挡,或没有足够的空间让顾客退开来观看。而悬挂式POP就不一样了,在商场内凡是顾客能看见的上部空间都可有效利用。另外,从展示的方式来看,悬挂式POP除能对顶界面直接利用外,还可以向下部空间做适当的延伸利用。所以说悬挂式POP是使用最多,效率最高的POP形式。

悬挂式POP的种类繁多,从众多的悬挂式POP广告中可以分出两类最典型的悬挂式

POP 形式,即吊旗式和悬挂式两种基本种类。

1. 吊旗式

吊旗式是在商场顶部吊的旗帜式的悬挂式 POP 广告,其特点是以平面的单体向空间作有规律的重复,从而加强广告信息的传递。

2. 悬挂式

悬挂式相对于吊旗式是完全立体的悬挂式 POP 广告。其特点是以立体的造型来加强产品形象及广告信息的传递。

(四)柜台 POP 广告

柜台 POP 广告是置于商场地面上的 POP 广告体。柜台 POP 广告的主要功能是陈放商品,与展示架相比,以陈放商品为目,而且必须可供陈放大量的商品,在满足了商品陈放的功能后再考虑广告宣传的功能。由于柜台 POP 广告的造价一般都比较高,所以用于以一个季度以上为周期的商品陈列,特点适合于一些专业销售商店,如钟表店、音响商店、珠宝店等。

柜台 POP 广告的设计,从使用功能出发,还必须考虑与人体工程学有关的问题,例如,人身高的尺度、站着取物的尺度及最佳的视线角度等尺度标准。

(五)地面立式 POP 广告

地面立式 POP 广告是置于商场地面上的广告体。商场外的空间地面、商场门口、通往商场的主要街道等也可以作为地面立式 POP 广告所陈列的场地。与柜台 POP 相比,柜台式 POP 广告的主要功能是陈列商品,地面 POP 是完全以广告宣传为目的的纯粹的广告体。

由于地面立式 POP 广告是放于地上,而地面上又有柜台存在和行人流动,为让地面立式 POP 有效地达到广告传达的目的,不被其他东西所淹没,所以要求地面立式 POP 广告的体积和高度有一定的规模,而高度一般要求超过人的高度(1.8~2.0m)。另外,地面立式 POP 广告由于其体积庞大,为支撑和具有良好的视觉传达效果,一般都是立体造型。因此,在考虑立体造型时,必须从支撑和视觉传达的不同角度来考虑,才能使地面立式 POP 既稳定又具有广告效应。

三、POP 制作中应注意的问题

设计制作 POP 时应注意以下几个问题。

(1) 总部已经印制的,要用总部的店内 POP 广告;总部没有印制的,要在总部的指导下制作,以体现连锁企业的整体形象。

(2) 充分利用现有的资源,如厂家的人员和经费、商品的包装、实习的学生、赠送的设备等。

(3) 卖场的顾客一般流动性比较大,很少在一处长时间停留,所以在 POP 的设计上,应力求简单、直接,要把表达的信息直接设计在 POP 上,避免复杂的图形和文字。

扩展阅读　　　　　**服饰店的内部设计参考**

　　展示陈列设计是一项创造性很强,重在表现个性的工作,况且,实际中的情况各不相同,因此不应循规蹈矩或照搬他人。但是基本的方法和思路还是应该掌握一些,以作为实际工作中的参考。在此,对几种典型的展示、陈列方式做简要的介绍。

1. 名牌服饰专卖店

　　(1) 参考面积:150m^2。

　　(2) 商品特点:具有浓郁欧陆风格的高档服饰,商品品类齐全,属于流行精品。

　　(3) 设计方案:商品展示由入口处的展台开始,以全套商品作系列化展出,以展示商品的总体形象;店内中央部分设置休息处,顾客可以在此环顾四方所展示的商品;店面左右两侧各设置一个展示橱,分类陈列不同的商品;店内采用高照度的照明方式把全部商品展示得清新高贵。

　　(4) 设计风格:淡化欧陆风格的典雅古朴,强化新颖、轻快的格调,以表示商品的流行特点。

2. 具有意大利风格的男装店

　　(1) 参考面积:90m^2。

　　(2) 商品特点:典型的意大利风格男装。

　　(3) 设计方案:店面的入口采用古典式仿石材的圆柱进行装饰,店内则采用现代装饰风格:用不锈钢、黄钢、大理石等高级建材来做展示设计;店内中部右侧前后并立两个大圆柱,展台与圆柱相适合,采用半圆形设计,壁面采用不锈钢的曲面并点缀金黄色的装饰品,表现意大利风格的热烈和浪漫;人体模特在展台上进行展示,其他商品均陈列于展台周围和靠墙的展架上;店内中部左侧设置休息区,便于顾客驻足观看所陈列的商品。

　　(4) 设计风格:圆形柱面、半圆形展台和壁面的曲面设计,与严谨庄重的西装形成对照,既强化了商品特点,又不使人感到呆板、乏味,装饰材料的色彩、质感设计,使人感受到强烈的意大利风情。

3. 职业女性服饰店

　　(1) 参考面积:110m^2。

　　(2) 商品特点:女套装和女式内衣。

　　(3) 设计方案:店内分成两大部分,一部分为半开放的展示厅,使顾客置身其间有宾至如归的感觉,内设展台和模特,商品为女式内衣,用展柜、展架分别陈列;另一部分则为开放式大厅,分别展示和陈列女套装;店内空间采用直线式设计,色彩以灰褐色为基调,再用深咖啡色点缀;利用壁面四周的位置,摆放各种形式的图片进行宣传。

　　(4) 设计风格:个人用品展示空间既营造了一种日常生活的情景,又加强了私密性和安全感;直线式设计和色彩方案均体现了职业妇女自主自立的形象和成熟女性的特点,使顾客能对商品产生共鸣。

4. 小型男士服饰店

　　(1) 参考面积:38m^2。

　　(2) 商品特点:各种男装。

（3）设计方案：将整个店面设计成大型的展示橱窗，正面用简洁又有个性的模特儿来展现服饰；商品选用高品质产品，色彩丰富、雅致；充分利用壁面进行商品陈列，与前面的陈列架相互呼应，使商品得以全面展示；整体色彩采用白色和褐色为主，重点处配上蓝色灯光。

（4）设计风格：色彩丰富、格调雅致，壁面和陈列架的有机组合，体现出自然、和谐的层次感。

5. 大型商场内服饰专卖区．

（1）参考面积：1 200m²。

（2）商品特点：不同类型的女时装。

（3）设计方案：将整个卖场划分为 3 个区间，以 20 岁以下的青少年（时装）、20～25 岁现代派女青年（时装）、26～30 岁时尚女性（休闲装）为目标顾客依次排列；设计为开放而轻装备的销售场，强调简单的造型；以白色为基调，展现轻快、明朗的展示空间，突出商品展示设计的照明效果；全部选用流行服饰品；利用点缀于商品中的展示台和 POP，强调活力和欢快的气氛。

（4）设计风格：利用色彩和照明，强化卖场的明快感受；利用装饰和商品的呼应，突出欢乐的气氛；利用独特的商品组合（类型及定位不同，但风格、档次接近），使不同年龄层次，但具相近时尚观念的顾客欢聚一堂，形成呼应，创造出良好的购物氛围。

复习思考题

1. 连锁企业卖场设计的原则是什么？
2. 连锁企业卖场通道设计的要求有哪些？
3. 卖场出入口设计有何技巧？
4. 店内 POP 广告的类型及制作要求是什么？
5. 如何解决收银排队的难题？

实训项目

1. 参观有代表性的卖场，画出基本的卖场规划图。比较不同业态的布局规划有何不同。
2. 针对某一特定产品，制作一份店内 POP。
3. 立足实际，分析具有竞争关系的两家店铺在通道、服务设施、照明、色彩、声音、气味、通风设施等方面有何不同。

案例分析

图 6-4 是某百货商场一楼顾客运动路线草图，该商场单层面积 7 500 ㎡，长 150m、宽 50m，目前在入口处是中厅共享空间，共享空间后面是自动扶梯，这种类型的商场普遍存在一个问题，主动线不能贯穿全场，商场的本意是顾客进入卖场后沿虚线在卖场走一圈之后从自动扶梯处上二楼，可实际情况是顾客更多的沿着实线在扶梯附近绕一小圈直接上二楼，形成了狭长形楼体的客流小循环问题，卖场两边成了死区。

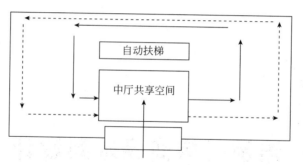

图 6-4　某百货商场一楼顾客运动路线草图

【问题】

为该狭长形卖场规划提出合理化建议，解决客流小循环问题。

项目七

连锁门店商品陈列设计

 学习目标

【知识目标】

1. 了解门店商品陈列的功能和工具。

2. 了解门店商品陈列原则。

3. 了解门店商品维护知识。

4. 掌握门店商品陈列的方法和技巧。

5. 掌握商品陈列图的使用。

6. 掌握商品配置表的制作。

【技能目标】

1. 能组织实施门店的商品陈列设计。

2. 会制作商品陈列配制表。

【课程思政】

1. 坚持工匠精神,认识门店商品陈列设计的严谨性和指导性。

2. 恪守一丝不苟的敬业精神,端正门店商品陈列设计的重要意义。

案例导入

商品"巧"陈列

一位年轻女士走进一家商场,准备为自己购买一件风衣。当她来到二楼服饰楼层时,映入眼帘的是款式新颖、面料考究的各种颜色的外套,她随即为自己挑选了一件心满意足的风衣,而后,她又在风衣柜台旁边看见了风格各异的丝巾,这又勾起了她想为自己心爱的风衣配一条丝巾的欲望,经过精挑细选,她又买了一条丝巾。当这位女士接着往前走时,她又被刚上市的各种毛衫所吸引,漂亮别致的毛衫让女士驻足观赏,很快,在促销员的耐心讲解下,这位女士又买了一件毛衫配自己的风衣。

当这位年轻的女士来到电梯口附近时,她又被左边可爱漂亮的童装吸引住了,这时,她想起家中3岁的女儿去年的衣服已经有些短,该买大点的衣服了,随即,她来到童装区,为自己心爱的女儿买了一套外衣和两套秋衣,然后缓缓走下电梯。

商场看似简单的商品陈列,实际上是商家精心设计的结果。在本案例中,主人公本打算只买一件风衣,结果买了六件带回家。巧妙的商品陈列,既可以帮助顾客"想起"她所需要的商品,也是对商场其他商品的一种展示和介绍,本案例主要体现出这家商场关联性商品陈列技巧掌握的非常好。

商品陈列是连锁门店的"门面"和"外观",是顾客购买的"向导",也是最有力的促销手段之一。商品陈列有改善门店形象、美化环境、方便挑选等功能,科学的商品陈列能够有效地提高商品的销售量。门店工作人员了解商品陈列的意义,掌握商品陈列的原则、技巧和方法,熟悉商品维护知识,对于门店的经营和前期的开业都是至关重要的。

任务一　了解商品陈列

商品陈列是卖场现场管理的一项基本内容。它在吸引顾客进店选购商品、激发顾客购买欲望,以及在达成交易中起着很重要的作用。商品陈列是一种无声的推销方式,是卖场的生动化广告。

微课:商品
陈列管理

一、商品陈列的定义及功能

1. 商品陈列的定义

商品陈列是指连锁店为了最大限度地方便顾客购买,利用有限的资源,在店铺总体布局的指导下,实施货架顺序摆放、商品码放,店内合理运用照明、音响、通风等设施,创造理想购物空间的活动过程。科学合理的商品陈列可以起到刺激销售、方便购买、节约人力、利用空间、美化环境等作用。

商品陈列不仅是一门艺术,也是一门科学。商品陈列通过视觉与顾客沟通,以商品本身为主题,利用其形状、色彩、性能,通过生动化陈列及与环境的相互协调向顾客展示商品特征,增强商品对顾客的吸引力,加深消费者对商品的认识。商品陈列的优劣,决定着顾客对店铺的第一印象。陈列的精彩变化,不同陈列方式在一定程度上左右着商品的销售数量。

2. 商品陈列的功能

商品陈列的功能,也就是商品陈列要达到的目的。从商品陈列目的中可得到商品陈列的以下功能。

(1) 改善店铺形象,培养顾客忠诚度。

(2) 弥补店铺设计不足,使店铺内外协调、美化环境。

(3) 增加门店销售机会,提高销售业绩。

(4) 方便顾客选购,能够带给顾客好心情,使顾客愉快购物。

(5) 可以吸引顾客、引导顾客、分散客流及宣传商品等。

二、商品陈列的原则

一般来说,每平方米卖场陈列 11~12 个品种,1 000m² 的超级市场要陈列上万种商品,顾客目光停在每种商品上的时间平均不过 0.5s,能驻足摸一摸、看一看的商品很少。因此,商品陈列必须追求使顾客在最短的时间内能看到更多的商品,所以从总体上要做到美观、醒目、整洁、实用及有特色等。虽然,不同的连锁经营企业门店在经营方式上存在着一定差异,在商品陈列上也都表现出不同的特点,但无论选择何种陈列形式都必须遵循以下基本原则。

1. 丰满陈列原则

丰满陈列是指货架上陈列的商品必须体现出琳琅满目的效果。丰富感的陈列,不仅可以给顾客商品丰满的好印象,还会使人的眼前发亮,产生购买冲动。如果顾客走进一家超级市场、货架空空、摆放混乱,就会大大降低购买的兴趣。据美国的心理调查显示:陈列丰富的超市比不丰富的超市销售额平均增长 24%,由此可见,商品陈列呈现丰富感,会极大地吸引顾客注意力,提高商品销售率。为保障丰满陈列原则的贯彻,必须建立一套严格的补货制度,有关专家认为每 1m 长的货架,每格至少陈列 3 个品种商品,每 $1m^2$ 卖场陈列量应达到11~12 个商品品种。

2. 先进先出原则

商品的先进先出属于商品补货问题,因为顾客总是购买靠近自己的前排商品,这一原则要求在进行商品补充陈列时,先把未卖掉的剩余商品在货架中取出来,放进新补充的商品,然后再把先前剩余的商品摆放到新补充商品的前面。这是因为超市中出售的商品都有保质期限,采用先进先出的补充陈列方法,可以在一定程度上保证顾客买到新鲜的商品,同时避免了商品因陈旧造成堆积,确保了门店的利益不受损失。

3. 同类商品垂直陈列原则

垂直陈列是根据人的视线移动规律考虑的,因为人的视线上下移动方便,而横向移动较差,因此同类商品要垂直陈列,避免横向陈列。一方面同类商品垂直陈列可以体现商品的丰富感;另一方面,垂直陈列会使同类商品平均享受到货架上各个不同段位(上段、中段、下段)的销售利益。而不至于产生由于同类商品的横向陈列,而使同一商品或同一品牌商品都处于同一段位上,因而带来销售要么很好、要么很差的现象。同时,也不会由于同类商品的横向陈列而降低其他类别的商品所应享受的货架段位的平均销售利益。

4. 分区定位原则

为使顾客容易辨别陈列商品的所在地,门店必须设置商品配置位置分布图和商品指示牌,以方便顾客准确地找到商品所在的位置,为了使指示牌的提示性更加显著,在设计时可采取不同颜色,指明不同商品类的位置,让顾客产生强烈的感观印象,顾客可以完全根据不同颜色的标记来判定各类商品的陈列位置,这样可以大大节省购物时间。同时应尽量使商品货位固定,不要轻易变更,如果货位发生变更,要及时修改商品配置分布图和商品指示牌。

5. 显而易见原则

显而易见所涉及的问题是商品的陈列位置如何方便顾客识别、一目了然。顾客的视力参差不齐,超市的目标顾客是家庭主妇,她们中间有一些老者,因此商品陈列必须易见易取,使她们不必花过多的时间去辨别商品、规格及标签等,以便能快速地完成购买选择。

要使商品陈列达到显而易见,商品陈列必须做到以下几点。

(1) 贴有价格标签的商品正面要面向顾客,要将商品价格牌规范地摆放在货架相应位置。

(2) 每一种商品的陈列要能保证顾客能辨别找到,不被其他商品挡住视线。

(3) 不同货架层面陈列的形式应多样化,能够达到表现商品的目的,如货架下层的商品不易被顾客看清楚,就可以采取倾斜式陈列形式。

　　商品陈列在做到易见的同时,还必须使顾客方便拿取,满足顾客伸手可及的需要,确保顾客在选购时便利和舒适。调查显示,顾客常常对于他们伸手可及的商品更为偏爱,购买比例较大,同时商品易取可以大大减少顾客挑选商品时的劳累,也会使他们在门店停留更多的时间,光顾更多的商品部,这样自然会增加购买机会。

6. 关联性原则

　　关联性是指有的商品与商品之间有很强的相关性和互补性,即体现出消费者在消费时的连带性。因此在超级市场卖场陈列商品时,应将关联性商品陈列在通道的两侧,或陈列在同一通道、同一方向、同一侧的不同货架上,而不应陈列在同一组双面货架两侧。此外,把不同分类但有互补关系的商品陈列在一起,也可体现关联性陈列的原则。这样陈列的目的是使顾客在购买商品 A 后,也会顺便购买陈列在旁边的商品 B 或商品 C。下面用图 7-1 和图 7-2 分别表示错误的和正确的关联性陈列。

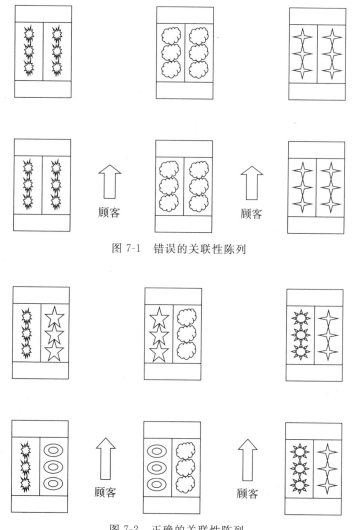

图 7-1　错误的关联性陈列

图 7-2　正确的关联性陈列

扩展阅读　　　　　　　　**买啤酒的顾客**

在某超市内,顾客买了一瓶啤酒,看见旁边有开瓶器,就顺便买了一个开瓶器,然后记起来过几天要请客,所以再走几步,看到了陈列精致的玻璃杯,于是又挑选了一组玻璃杯。本来顾客只是为了买一瓶啤酒,结果因为买啤酒,而买了开瓶器,还买了玻璃杯,甚至连杯垫也买了。

许多商品在使用上具有关联性(或连带性),为引起消费者潜在的购买欲望,方便其购买相关商品,可采用连带陈列的方式,把具有连带关系的商品相邻摆放,达到促进销售的目的。

资料来源:胡占友. 现代商场超市管理工具箱[M]. 北京:机械工业出版社,2007.

三、商品陈列的工具

卖场的商品陈列设备与陈列工具是商品陈列的道具,通常有以下几种。

1. 货架

陈列用的货架以多组可拆卸组合的钢制货架为主,高度可分为 135cm、152cm、165cm、180cm,长度以 90cm、120cm 等为常用的规格。零售企业的货架按形状通常有 3 种形式,即 H 形货架、HL 形货架及 L 形货架。H 形货架通常用来陈列干货食品、日化用品、家电等,适合可以叠放的盒装商品。HL 形货架通常用来陈列百货类商品,如家纺类、五金、文具、玩具、家居等商品。L 形货架通常用来陈列体积小的百货类商品,如精品类、化妆品类等。

卖场使用哪种规格的货架,应根据该企业卖场设计的理念及卖场的实际情况而定。一般来说,采用较高的货架可以陈列较多品种的商品,但商品的损耗率也较高,此种货架适合于超级市场卖场使用;而采用低矮货架则视野良好,无压迫感,可以减少商品的丢失,此种货架适合于便利店卖场使用。

无论在欧美还是亚洲,一般都将货架依据重要性不同分为上、中、下 3 段,上段为平视高度(130～145cm),中段为等腰高度(80～90cm),下段为膝部高度(40～50cm)。3 段与商品销售有密切关系。国外曾对某些商品进行测试,将商品进行上、中、下 3 段调换,结果显示从上往下调时,销售额会减少;从下往上调时,销售额会增加。可见商品在货架位置上的变化,会引起销售额的变化,如表 7-1 所示。

表 7-1　商品在货架不同位置时销售额变化情况

变 化 范 围	销售额变化情况
从下段到中段	+34%左右
从中段到上段	+63%左右
从下段到上段	+78%左右
从上段到中段	−20%左右
从上段到下段	−32%左右
从中段到下段	−40%左右

另有资料显示,在平视及伸手可及的高度,商品售出概率为 50%;在腰间高度,售出概率为 30%;高或低于视线之外,售出的可能性仅为 15%。

亚洲地区普遍使用高 170cm、长 100cm 的货架,由于这种货架低于欧美式货架 15～20cm,所以非常适合亚洲人的体型,这种规格的货架可以细分为 4 段。

(1) 上段。货架的最上层,高度一般为 130～170cm,该段位通常陈列一些推荐商品,或有意培养的商品。该商品经过一定时间后可移至下一层即黄金陈列段。

(2) 黄金陈列段。黄金陈列段的高度一般为 80～130cm,它是货架的第二层。是人们眼睛最易看到、手最易拿取商品的陈列位置,因此是最佳陈列位置。此位置一般用来陈列高利润商品、自有品牌商品、独家代理或经销的商品。该位置最忌讳陈列无毛利或低毛利的商品。否则,会对门店销售收入和利润带来不必要的损失,影响连锁店经济利益。

(3) 中段。货架的第三层是中段,其高度为 50～80cm,此位置一般用来陈列一些低利润商品或为了保证商品的齐全性,以及因顾客的需要而不得不卖的商品,目的是顾客在购买此位置商品时,购买"黄金段"商品。也可陈列原来放在上段和黄金段上的已进入商品衰退期的商品。

(4) 下段。货架的最下层为下段,高度一般为离地 10～50cm。这个位置通常陈列一些体积较大、重量较重、易碎、毛利较低,但周转相对较快的商品,也可陈列一些顾客认定品牌的商品或消费弹性低的商品。

当然货架的高度还与连锁业态、建筑层高和货物储存成本有关,也与商品大小有关。若是购物中心、仓储超市,货架要高一些。如沃尔玛会员店、诺马特购物中心、东方家园建材超市都使用较高的工业货架。如果建筑物层高比较高,货架太低,则会形成空旷、冷清和不协调之感,且高度资源浪费。有些连锁店为了减少库存成本,不设仓库,把货架做得很高,目的是在货架上存储商品,不在于销售,相当于增加了 1/4 的陈列面积。若商品较大,必然要求较大的货架陈列。

2. 端架

在整排货架的最前端及最后端,也就是动线的转弯处,所设置的货架即为端架。端架是顾客在卖场来回走动经过频率最高的地方,也是最佳的陈列位置。

3. 堆头

堆头通常用来陈列促销品,像体积小、耗量大的商品,如袋装食品、袜子、毛巾、洗衣粉等,或体积大、重量轻的商品,如棉被等。

4. 挂钩

挂钩是用来吊挂商品的,通常用来陈列服装、雨伞、袜子、文具、牙刷、球拍、五金、箱包、袋装小食品等需要吊挂的商品。它有很多样式,如不带珠挂钩、带珠挂钩、单线挂钩、双线挂钩、承重挂钩等。

5. 隔物板

隔物板主要用来区隔两种不相同的商品,避免混淆不清。目前常用的隔物板有两种:一种为塑料隔物板,另一种为不锈钢隔物板。而在长度的选择上,通常货架上段多使用较低且短的隔物板,货架下段则多使用较高且长的隔物板。

6. 栈板

为避免商品直接与地面接触受潮,必须使用栈板垫在最底层。最好使用木制、正方形的栈板,这样便可依场地所需任意组合。

7. 收银台端架

收银员前面用来陈列货物的货架,通常用来陈列口香糖、木糖醇、胶卷、电池、棒棒糖、小包装的零食、饼干以及盒装牛奶、饮料、面包等。这样陈列既可以方便找零,也可以降低小件商品的损耗,增加小件商品被销售的机会。

8. 专柜

专柜是指精品区、烟酒区等用来陈列贵重商品的专用柜台,化妆品专柜陈列。

9. 冷藏柜

冷藏柜即用来陈列需要冷藏食品的冷柜,通常温度控制在$-2\sim2℃$。

10. 冷冻柜

冷冻柜是指用来陈列需要冷冻食品的冷柜,通常温度控制在$-22\sim-18℃$。

 扩展阅读　　　　　　　　　**卖场商品陈列检查的要点**

卖场商品陈列是否妥当,是否符合相关原则,必须每天加以检查,检查的要点如下。

(1) 商品的价格标签的正面是否面向顾客?

(2) 商品有无被遮住而无法"显而易见"?

(3) 商品上是否有灰尘或杂质?

(4) 有无价格标签脱落或价格不明显的商品?

(5) 是否做到了拿取商品容易,放回也容易?

(6) 商品群和商品部门的区分是否正确?

(7) 商品分布图是否处于店内明显易见的地方,是否根据商品分布的变化,及时地修正了该图?

(8) 货架上每一层最上面的商品是否堆放得过高?

(9) 商品陈列架上是否有空闲区? 如果有,则要将周转快的商品陈列上去?

(10) 商品陈列尤其是在补货陈列时,是否遵守了先进先出的原则?

(11) 同类的不同品种商品是否做到了垂直陈列?

(12) 商品包装是否整齐,并具有魅力?

(13) 商品陈列是否与上隔板保持一定的间距?

资料来源:赵涛. 连锁店经营管理[M]. 北京:北京工业大学出版社,2006.

任务二　掌握商品陈列方法

一、商品陈列的基本方法

商品陈列是连锁店的"门面",是顾客购买的"向导",也是最有力的促销手段之一,连锁门店由于所属的业态不同,其商品陈列的基本方法也不相同,主要可分为封闭式陈列和开架式陈列两种基本类型。

（一）封闭式陈列

封闭式陈列,也称柜台式陈列。就是利用柜台陈列商品,有的商品放在柜面上,有的则放在柜台内。主要放置贵重商品,如照相机、金银首饰、手机等,再就是放置一些较小的商品,如装饰品、化妆品、电池、手表等。主要起到保护商品、防止被盗的作用。

（二）开架式陈列

开架式陈列主要是放在货架上或类似货架的物品上陈列商品。它根据陈列方式的不同,又分为很多种,下面主要介绍常用的几种。

1. 整齐陈列法

整齐陈列法是按货架的尺寸,确定单个商品的长、宽、高的排面数,将商品从包装中,一件一件取出,并按一定层面整齐地堆积起来以突出商品量感的方法。它是一种非常简洁的陈列方法,整齐陈列的货架一般配置在中央陈列货架的尾端,这种方法适合于超市想要大量推销给顾客的商品及折扣率高的商品,或因季节性需要顾客购买率高、购买量大的商品,如夏季的清凉饮料、罐装啤酒等。整齐陈列法有时会令顾客感到不易拿取,必要时可做适当变动。运用整齐陈列法时,一般是做重点展示、精品展示、突出卖点。常用这种方式的商品不能怕挤压。

2. 集中陈列法

集中陈列法也称堆头陈列法,这是超市商品陈列中最常用和使用范围最广泛的方法,即在卖场开出一个空间或将端架拆除,将同一种商品或2～3种商品集中陈列于一个地方,做量化陈列,进行大量同样商品的堆码,这种方法最适合周转快的商品。如节日促销、新品促销等特殊陈列就是以集中陈列为基础的变化性的陈列方法。

3. 盘式陈列法

盘式陈列法也叫割箱陈列法,这是将装商品的纸箱底部做盘状切开后留下来,然后以盘为单位堆积上去的方法。这样不仅可以加快商品陈列的速度,而且在一定程度上提示顾客整箱购买。有些盘式陈列,只在上面一层作盘式陈列,下面的则不打开包装箱而整箱地陈列上去。盘式陈列架的位置,可与整齐陈列架一致,也可陈列在进出口处。这种方法适合于陈列饮料、啤酒等商品。

4. 随机陈列法

随机陈列法是为了给顾客一种"特卖品即为便宜品"的印象,而在确定的货架上将商品随机堆积的方法。采用随机陈列法所使用的陈列用具,一般是一种圆形或四角形的网状筐或带有凹槽的货架,另外还要带有表示特价销售的牌子。随机陈列的网筐的配置位置基本上与整齐陈列一样,但也可配置在中央陈列架的走道内,紧贴在其中一侧的货架旁,或者配置在卖场的某个冷落地带,以带动该处陈列商品的销售。如随便堆放的便宜皮鞋、围巾、过季服装、糖、咸菜和小食品等。

5. 岛式陈列法

岛式陈列法是指在连锁店卖场的入口处、中部或底部不设置中央陈列架,而配置特殊用途的展示台、展示柜、展示桶等陈列商品,它可以使顾客从 4 个方向观看到陈列的商品。岛式陈列的用具较多,常用的有冰柜、平台、木桶或塑料桶、大型的网状货筐和屋顶架等。这种方法适合于陈列色彩鲜艳、包装精美的特价品、新产品等,岛式陈列的用具不能过高,如果太高会影响整个卖场的空间视野,也会影响顾客从 4 个方向对岛式陈列的商品选购。

6. 端架陈列法

所谓端架(end display)是指双面的中央陈列架的两端,它距离通道最近,是顾客首先看到的陈列位置。这里客流量大、是卖场内最能吸引顾客的地方,顾客可以从 3 个方向看见陈列在这一位置的商品。端头一般用来陈列要推荐给顾客的新商品、特价品、知名品牌商品及利润高的商品。端头陈列的商品如果是组合商品,则比单件商品更有吸引力,但不宜超过两种。使用端架陈列商品应该注意以下细节。

(1)价格优惠要明确表示、使顾客一看就懂。

(2)体现出数量上的丰富感,吸引顾客观看,诱导非计划性购买。

(3)注意关联性商品的临近陈列。

(4)经常更换商品品种,表明季节变换。

(5)陈列上要引人注目,创造节日气氛,如端午节、中秋节或新年等。

7. 悬挂式陈列法

悬挂式陈列法是将无立体感、扁平或细长形的商品悬挂在固定的或可以转动的装有挂钩的陈列架上的方法。运用悬挂式陈列,可以增加商品观赏价值,有利于销售,还能使顾客从不同角度观察商品,具有化平淡为神奇的促销作用。如衣架、拖把、衣服、皮带、书包等。当然有的商品在实际运用时,就需要悬挂,所以连锁店为增强陈列效果,也将商品悬挂起来,以增加感性认识,如电热水器、空调等。食品类像双汇火腿系列、牛肉干等也是为了销售需要而进行悬挂。

8. 突出陈列法

突出陈列也称突出延伸陈列,是指将商品超出通常的陈列线,面向通道突出陈列的方法。突出陈列有很多种做法,有的在中央陈列架上附加延伸架,并在其上面堆积商品,据调查这可能增加 180% 的销售量;有的将商品直接摆放在紧靠货架的地上,但其高度不能太高。这种陈列方法是为了打破单调感,吸引顾客进入中央陈列架里。突出陈列不能影响购物路线的畅通,一般适合于陈列新产品、推销商品及廉价商品。

9. 主题陈列法

主题陈列也称展示陈列,即在商品陈列时借助卖场内的特别展示区,运用各种艺术手法、宣传手段和陈列器具,配备适当的 POP 广告,突出某一重点商品。

卖场中的展示陈列主要是依靠中央区域搭建的临时地堆来实现。展示陈列必须明确打出一个主题,吸引顾客的注意力,使其产生联想和强烈的购买欲望。因此,展示陈列的商品往往是配合某些节日,或具有时间性和主题性等方面而做出的精心选择,尤其是新产品或特价促销商品是展示陈列的重点。有时可以是一种商品,如某一品牌的火腿肠等;有时也可以是一类商品,如新型化妆品、工艺小礼品、装饰品等。由于顾客越来越注意视觉、听觉、触觉等各种感觉,为吸引大量的顾客,展示陈列的商品应尽量少而精,必须运用各种辅助器具或装饰物来突出商品的特性,而且在商品的色彩、设计、外形等方面要让顾客留下深刻的印象。

如果陈列时有店员配以解释、说明,会加大商品的吸引力。

10. 分类陈列法

分类陈列法按照顾客的购买习惯、细分市场,甚至商品的色别、款式别等分类陈列。例如,出售瓶装饮料商品,则可按细分市场划分为碳酸饮料、果汁饮料、茶饮料、矿泉水等进行分类陈列;如果是服装部,则往往配合服装的功能,根据商品颜色和款式,甚至于它的使用场合等,来作为卖场的分类陈列,以便于顾客选购。分类陈列是整个门店卖场陈列范围最广的部分,凡是陈列在陈列台、货架、吊架、橱柜的商品都属于分类陈列,因此在陈列时特别要注意商品的丰富感与特殊性。

在分类陈列时,应按照经营定位把适应本卖场消费层次和消费特点的主要商品品种陈列出来,并突出代表性的商品。充分利用好货架空间与位置进行商品陈列。如货架上的内衣陈列,可以按规格进行陈列,即从一般常见的小规格到较大规格依次分类陈列,也可按品种进行陈列。这样既能体现每个规格均有货,又能展示出商品的多样性和丰富感,有利于激发顾客的购买欲望。

分类陈列的主要目的是使商品陈列一目了然,方便顾客选择,不断促进商品销售。因此,商品陈列时注重强调某一方面的齐全性,杜绝毫无章法地胡乱堆放。如果忽视陈列的效果,则会造成顾客降低对商品的档次认识,最终影响到整个零售企业的经营效果。

11. 季节商品陈列

在季节变换时门店卖场应相应地按照季节变换,随时调整一批商品的陈列布局。季节商品陈列要永远走在季节变换的前面,尚未到炎热的夏季,无袖衬衫、裙子、套裙都应早早地摆上柜台,同时注意商品前色调的变化,给顾客创造一个凉爽的购物环境。一般来说,卖场内的商品不可能都是应时应季商品,因此应做到不同商品的不同面积分配和不同摆放位置。一般应时应季商品应多占卖场面积,并摆放在靠近卖场入口、通道边等显眼的位置上,而淡季商品则适量陈列,以满足部分顾客的需求,即使是那些没有季节性的商品,也应经常地从商品颜色、大小、式样等方面进行交叉陈列。

季节商品陈列主要强调一个"季节性",要随着季节的变化而提早调整,及时更换。陈列场所要与周围出售商品的部位、环境相协调。陈列的背景、色调要与陈列商品相一致。

12. 综合配套陈列

综合配套陈列也称视觉化的商品展示。近年来,由于顾客生活水平日益提高,消费习惯也在不断变化。为能和顾客的生活相结合,并引导顾客提高生活质量,门店卖场应在商品收集和商品陈列表现上运用综合配套陈列法,即强调销售场所是顾客生活的一部分,使商品的内容和展示符合顾客的某种生活方式。目前,在有些家电专业店彩电商品的陈列已经采用了综合配套陈列,陈列效果非常好。在日本、欧美国家的卖场已很普遍地应用综合配套陈列技巧进行商品陈列。综合配套陈列技巧的运用,增强了卖场环境气氛,突出了商品的表现魅力。

二、商品陈列的具体技巧

(一)日配品陈列技巧

日配品主要指消费者每天生活必备的、商家需每天进行配送的商品,如面包、牛奶、豆制品、饮料、熟食品等,其特点是保持商品的新鲜度。其陈列方法主要有冷藏柜陈列和集中陈列。如牛奶、冷饮、熟食品等多为冷柜陈列;面包、饮料多为集中陈列。有些连锁店有面包制作车间,其成品面包陈列在车间前的货架上,用散发着面香的气味吸引顾客。

1. 提高店内销量的陈列技巧

采用商品关联性陈列是极好的方法,如比萨饼和奶酪、辣椒酱、通心粉放在一起陈列。

2. 量贩廉价的陈列技巧

量贩廉价陈列的目的是让顾客可从多种商品中选择,使其有满足感、季节感、新鲜感。就日配品而言,应尽量做到突出陈列或层次陈列。

3. 配合全店促销主题的陈列技巧

由各部门提供专区进行主题式促销陈列,如节日促销。

(二) 针织品的陈列技巧

针织品的陈列,应能展示出针织品的颜色、款式、花样、质量等。由于针织品的大小、形状及用途各不相同,因此,在陈列时要根据不同针织品的自身特性采取有针对性的陈列。

1. 头巾、围巾、毛巾陈列

可采用悬挂、支架或折叠方式进行陈列,毛巾可折出各种花样或造型,以表现出商品的颜色、花样和质感。

2. 袜子陈列

陈列时要注意展示花色和质量,用支架、托板、脚的模型吊挂等方式陈列。因为袜子的原材料和花形各不相同,要充分展现出每一款袜子的卖点。

3. 浴巾、沙发巾、毛巾被陈列

因规格较大,在橱窗中陈列时可折叠,以缩小其面积和体积。但在折叠时要做到折纹整齐、线条流畅、弧线自如、手法巧妙,以充分显示其使用舒适的柔软感。

4. 床单、被面、台布陈列

适宜采用悬挂、摊开和折叠相结合的方法陈列。要注意展示花形,便于顾客比较。折叠时要整齐,起首、结尾要美观、自然。

5. 毛毯、太空被的陈列

毛毯、太空被属于高档商品,陈列时要注意表现其弹性强、太空被重量轻、易复位的质量特点。同时也应以摊开和折叠相结合,宜陈列在柜台中的显要位置。

(三) 服装的陈列技巧

1. 整体陈列

整体陈列可将整套服饰完整地向顾客展示,例如,将全套服饰作为一个整体,用人体模型从头至脚完整地进行陈列。整体陈列形式能为顾客作整体设想,便于顾客的购买。

2. 整齐陈列

整齐陈列可按货架的尺寸,确定商品长、宽、高的数值,将商品整齐地排列,突出商品的量感,从而给顾客一种刺激,整齐陈列的商品通常是店铺想大量推销给顾客的商品,或因季节性因素顾客购买量大、购买频率高的商品等。

3. 随机陈列

随机陈列就是将商品随机堆积的方法。它主要是适用于陈列特价商品,它是为了给顾客一种"特卖品即为便宜品"的印象。采用随机陈列法所使用的陈列用具,一般是圆形或四角形的网状框,另外还要带有表示特价销售的提示牌。

4. 定位陈列

定位陈列是指某些商品一经确定了位置陈列后,一般不再做变动。需定位陈列的商品通常是知名度高的名牌商品,顾客购买这些商品频率高、购买量大,所以需要对这些商品给予固定的位置来陈列,以方便顾客,尤其是老顾客。

5. 关联陈列

关联陈列是指将不同种类但相互补充的服饰陈列在一起。运用商品之间的互补性,可以使顾客在购买某服装后,也顺便购买旁边的商品。它可以使得门店的整体陈列多样化,也增加了顾客购买商品的概率。它的运用原则是商品必须互补,要打破商品各类别间的区别,表现消费者生活实际需求。

6. 分类陈列

分类陈列是根据服装质量、性能、特点和使用对象进行分类,向顾客展示的陈列方法。它可以方便顾客在不同的花色、质量、价格之间挑选比较。

7. 岛式陈列

岛式陈列是在店铺入口处、中部或底部不设置中央陈列架,而配置特殊陈列用的展台。它可以使顾客从 4 个方向观看到陈列的服装。岛式陈列的用具较多,常用的有平台或大型的网状货筐。岛式陈列的用具不能过高,太高的话,会影响整个店铺的空间视野,也会影响顾客从 4 个方向对岛式陈列服装能见度。

（四）鞋帽的陈列技巧

鞋类陈列多以支架将鞋一正、一反地陈列在货架上,鞋底、鞋面都可展示出来,同时要注意价格标签要与鞋子一一对应,通过灯光充分展示鞋的样式、颜色、质量、制作工艺等。也可用立体陈列箱、吊挂、模型脚排列陈列,便于顾客挑选比较。陈列前,要把各种质量、款式、颜色、尺码的鞋整理好,系好鞋带,鞋内要用纸或布等填塞饱满,以准确展示商品的式样和美观。

帽类的品种也较多,有儿童帽、成人帽、老人帽;有取暖帽、遮阳帽等,陈列时可根据人们生活中常见的姿态,用支架吊挂陈列或陈列于货架上。

（五）果蔬品的陈列技巧

果蔬品指蔬菜与水果,是超级市场最重要的吸引顾客的商品部门,体现着现代超级市场经营的特色。果蔬品的质量关系到消费者的健康,所以果蔬品陈列要注意两个问题:一是新鲜;二是干净。一般而言,果蔬部门的营业额占超级市场整体营业额的 8%～20%。在超级市场里,果蔬的品种一般为 50～100 种。随季节而变化,顾客可从中挑选购买自己所喜好的品种。因此,果蔬品的陈列必须根据其形状、大小、规格采取不同的陈列方法,以展示出果蔬品的美感,吸引顾客购买。由于果蔬品的种类很多,在此介绍基本的陈列方法。

1. 排列

排列是指将果蔬有顺序地并排放置在一起。重点是将果菜的根茎分别对齐,使其根齐叶顺,给人留下整洁、美观的印象。

2. 置放

置放是指将商品散开放置在容器中。容器一般是敞口的,由于容器的 4 个侧面和底部有隔板,因此,商品不会洒落,只要将最上面一层商品摆放整齐就可以了。

3. 堆积

堆积是指将商品自下而上放置在一起,上少下多立体感强。顶层商品数量较少,底层商品数量最多,既稳妥,又有一定的立体感,以体现出商品纯正的自然色。

4. 交叠

交叠是指将大小不一、形状各异的商品进行交错陈列,交叠的目的就是美观,使商品看起来整齐一些。

5. 装饰

装饰是指将一些商品放在另一些商品上,起陪衬的作用,称为装饰。装饰的目的就是产生良好的视觉效果,使商品显得更新鲜、更整齐,从而达到促销的目的。例如,用桃叶装饰桃子、用小树枝装饰荔枝、用水草装饰水产品等。

(六) 水产品的陈列技巧

连锁店中的水产品分为新鲜的水产品、冷冻的水产品、盐干的水产品三大类。

1. 新鲜的水产品陈列技巧

活鱼活虾等用无色的玻璃水箱陈列;水中游弋的鱼虾能满足消费者的新鲜感,受消费者喜爱;非活新鲜水产品,其特征是出水时间较短,新鲜程度高,一般用木板或白色托盘陈列;陈列时鱼头朝里肚朝下,尾朝外,周围撒上冰块,覆盖部分不超过鱼身长的 1/2,以求达到次序感和新鲜感。

2. 冷冻的水产品陈列技巧

一般陈列在敞口的连续制冷的冰柜内,商品多用塑料袋包装,但必须从外透过包装能看到商品的实体。有的用小塑料托盘封塑后进行冷冻陈列,这样便于消费者少量选购,如冷冻排虾、冻鱼等。

3. 盐干的水产品陈列技巧

由于被食盐腌制过,短期不会变质,为突出新鲜感多用平台陈列,有些则用标准货架陈列,如干贝类、壳类等。

如果有些水产品太大,则必须进行切割,分成段、块、片来陈列,一是便于销售;二是便于保存陈列。一般用塑料袋包装后陈列于冰柜中,或是用深底托盘放置冰块,陈列于平台上。

有些则从下至上摆出层次感。

三、商品的维护

在零售市场竞争激烈的今天,科学化管理是连锁企业生存的必要条件,目前国内较多的连锁企业的商品陈列还是以经验管理为主。例如,一间新超市开业前,先由发展部初步设计商品的摆放位置,采购部再根据商品销售的整体情况,最后确定商品的陈列位置及陈列面的多少。但是,接下来的商品管理工作基本上由超市店长负责,超市店长往往根据市场的需求凭个人经验去管理商品。随着时间的变化,超市的商品陈列也随着超市店长的替换而变动,逐渐形成连锁企业的每一家门店都有自己的陈列"特色",货架管理没有一套规范性、统一性的管理方法。这不仅影响连锁企业的对外形象,更重要的是影响连锁企业内部的"软"管理,给连锁企业经营管理带来很大困难。因此,各个门店应严格按照总部所要求的陈列规范与细则进行操作,以达到门店商品陈列的维护。商品陈列的维护通常要从以下几个方面来进行。

1. 缺货的控制

门店应注意缺货的控制。连锁企业门店的一些店长往往还没有认识到商品陈列维护的重要性,或在落实执行总部下达的商品配置表时忽略了一些细微工作,如要货不及时,造成门店缺货现象;没有严格按照商品配置表去陈列商品,擅自变动商品陈列位置,使原本已有空缺的货架被其他商品所占据,而造成一段时间内忘记要货等较多人为原因所造成的商品缺货问题。由此可见,商品陈列的维护工作在门店进行得是否到位,直接反映了门店员工的工作态度。

门店的商品缺货会使顾客的要求无法立即得到满足,还要花费更多的时间到别处购买,如果一个门店经常出现这种现象,顾客一定会大量流失,并导致营业额大幅下降。因此,门店店长在这方面还要加强对员工的专业培训,增加对商品陈列维护的认识,让他们真正了解对商品陈列维护的重要性。

2. 排面量控制

卖场是商品"演出"的舞台,琳琅满目的商品是舞台中的"演员",而门店的每一个理货员都是整场演出的导演,他们要通过商品陈列赋予商品以生命力,让商品"会说话"。货架上商品的排面量是每种商品在货架上横向陈列的数量,此数量是根据商品的销售情况来确定的,单一商品的销售占总销售的百分比是与该商品陈列面占全店货架面积的百分比相符的。只有这样,才能够使畅销商品更醒目地呈现在顾客面前,并能保证畅销品不断货,而滞销品又能有效控制库存,充分利用货架,提高每平方米货架创造的效益,为门店创造更高的利润。

3. 陈列工具的控制

商品陈列的优劣决定着顾客对门店的第一印象,卖场整体看上去整齐、美观是卖场陈列的基本思想。连锁企业总部所制定的商品配置表,往往能充分地将这些基本思想融入货架、端头、平台等各种陈列用具的商品陈列中。因而门店对于陈列道具的控制也尤为重要。擅自增减陈列器具,同样会造成销售损失。

4. POP 的控制

通过视觉提供给顾客的信息是非常重要的。顾客主要从陈列的商品上获得信息,除陈列的高度、位置和排列之外,广告牌、POP 等提供的信息也非常重要,它往往给予顾客非常直接的感受。例如:这是特价商品;这是新产品;现在是特别的日子;这是我需要的商品等。因此,连锁企业各个门店在接到总部下达的指令后,应及时将总部设计的 POP 展示出来,迅速将各类信息传递给顾客。

5. 销售时段的控制

销售时段的控制,即密切注意商品的销售动态,把握好商品补货的时间或商品的促销时间。在尽可能多的销售时段上,获得最大的销售额。在国内社区生鲜领域,不少知名品牌都采取时段定价的方式。所谓时段定价,是指从商品上市开始计算,在不同的销售时段制定不同的售价,由高到低直到售完为止。例如,社区生鲜知名品牌钱大妈采取定时折扣的方式进行销售,每晚 7 点开始全场九折,此后每过半小时便降一折,直至晚 11 点全场一折,11 点半后免费派送,据钱大妈官网介绍,定时折扣是公司为了不隔夜销售而践行的一种清货机制。盒马鲜生、明康汇等企业也采取类似方式开展销售时段控制。

扩展阅读　　　**果蔬好生活超市的仪式感**

在中国的生鲜超市中,果蔬好不是最好的一家,但一定是具有仪式感的一家。下面分析果蔬好无处不在的"仪式感"。

1. 陈列商品的标品化

果蔬好的壁垒首先在于实现了生鲜的标品化。这是果蔬好能表演"仪式感"的首要条件:一招一式都能量化、一菜一品都一个模样。在果蔬好一代店、二代店,还可以看到果蔬好有很多散装销售的蔬菜瓜果,但现在,果蔬好生活超市不仅是水果基本实现全场预包装的标准化,连蔬菜,包括叶菜也都实现了标准化销售。生鲜标品化的好处,一是可简化店员的陈列、理货作业流程,降低操作的技术门槛,从而实现"出品"的一致化;二是降低门店营运过程中的生鲜损耗,打造陈列的品质感。

2. 陈列品项的丰富化

为果蔬好提供支撑的是一体化的供应链企业沃谷农业。一体化的供应链,在保证门店商品品质可控的同时,还为门店提供了足够丰富的品项。比如,单一个泡菜品类,在其北京双井店的陈列品项就有 40 多个,全部由一个个透明小碗带盖摆放,清晰可见食材质感和干净度。

3. 陈列环境的整洁化

干净整洁是门店形象的一个重要维度。在果蔬好,追求干净整洁已经被做成了核心竞争力。果蔬好商品的商品陈列遵循扁平化原则,充分展现出商品全貌及本身鲜亮色彩,营造出丰满的视觉感,醒目且冲击力强。同时,果蔬好的场地卫生管理已经成为行业标杆,去过果蔬好门店的顾客都会称赞果蔬好的干净卫生,会拍下店员跪在地板上擦地板的景象。果蔬好对场地卫生的维护频率极高,如在 30min 的购物行程中,顾客可能会数次见到店员用抹布在擦地板。

资料来源:http://www.15news.cn/508.html.

任务三 确定商品陈列区域

连锁店为使商品的陈列位置明确、具体,必须借助商品陈列图或商品配置表等手段来实现,商品陈列图或商品配置表的有效制作是实现商品有效陈列的前提。

一、商品陈列图

1. 商品陈列图的含义及内容

商品陈列图是用来表示某一货架上所有SKU(stock keep unit,单项商品)的陈列方式,包括具体的位置、占用的空间、陈列的方式等。陈列图由营运部门制定。陈列图的具体内容包括货架的号码、商品大组、商品小组、陈列商品的明细(品名、条码、货号、型号等)、商品具体陈列的位置、每种单品的陈列排面数量、商品摆放的方式、所采用的陈列方式、所使用的陈列道具、商品销售包装的尺寸和代码、制表人、审核人、生效日期、第几次更正等内容。

2. 商品陈列图的作用及制作

商品陈列图是连锁店一个关于商品摆放的指南,连锁店可通过陈列图来控制库存商品数量,也可确定商品的最低陈列数量,为订货和补货创造条件。在制作商品陈列图时要注意以下几点。

(1)货架使用率要有效,销售额应与陈列面积成比例。

(2)商品的分类要明确,不同商品之间留一指距离。

(3)畅销商品或可能成为畅销商品的陈列面积要比一般商品的陈列面积大。

(4)高毛利、畅销商品应陈列在顾客视线范围内,从而吸引顾客注意力,增加销售。

(5)确知当前货架的背面是哪一面、哪一类别,保持货架的平衡等。

二、商品配置表

连锁店卖场商品陈列设计的主要内容之一是商品配置表的制作,它是商品陈列的前提依据。所谓商品配置表就是用图表的方式将商品陈列位置及数量表示出来,供操作者按此表进行陈列作业,也就是说把商品摆放到哪个货架上,摆放多少,必须要按照事先设计好的商品配置表来确定。

(一)商品配置表的功能

商品配置表作为卖场商品陈列的基础,起着指导陈列、规范陈列的作用。其功能主要如下。

1. 实现商品定位管理

商品定位是零售企业卖场管理非常重要的工作,商品配置表则是商品定位的管理工具。有了商品配置表,才能做好商品定位,如不事先妥善设计好商品配置表就贸然进行商品陈列的工作,便无法持续一致,也不可能把商品定位管理做好。而有了商品配置表,就能做好商品的陈列定位管理。

2. 有效控制商品的品项

连锁经营企业门店卖场的面积有限,所能陈列的品种数目受到一定的限制,想要有效控制商品的品种数,发挥卖场效率,就要使用商品配置表,以获得有效的控制。

3. 商品排面的科学管理

商品的排面管理就是提出商品配备和陈列方案,规划好商品陈列的有效货架和空间范围。不能有效地管理商品的排面数,是现阶段连锁经营企业卖场一个很大的管理缺陷。一般而言,卖场陈列的品种数往往多达万种以上,而所陈列的商品中,有些商品非常畅销,一天能卖出数十个,甚至数百个,但有些商品则可能一天只卖出几个,甚至连一个也没有卖出。因此在陈列商品、安排商品的排面时,就需根据商品销售数量的多寡,给予适当的排面数。即畅销商品给予多的排面数,也就是占的陈列空间大,销售量少的商品则给予较少的排面数,其所占的陈列空间也较小。对滞销的商品则不给排面,可将其淘汰出去。

4. 突出畅销商品的吸引力

在卖场中畅销商品销售速度很快,倘若没有商品配置表对商品排面的保护性管理,就会出现畅销商品卖完了未能及时补充,导致较不畅销的商品占据畅销品的排面,形成滞销商品驱逐畅销商品的情况。等到顾客问起"有某某商品吗"时,可能已错失不少的商机,这就会降低商店的竞争力。在没有商品配置表管理的卖场,这种情况时常会发生。有商品配置表管理的卖场就可以避免这种情形。

5. 确保商品利润的实现

可以把利润控制在一定水准。在连锁经营企业卖场所经营的各种商品的品项中,有高利润商品,也有利润低的商品。企业总是希望把利润高的商品配置在好的陈列位置,利润高的商品销售量提高了,卖场的整体利润就会提高;而把利润低的商品配置在差一点的位置销售,来控制销售结构,以保证商品供应的齐全性和消费者对商品的选择性。这种商品利润控制的管理方法,就需要通过商品配置表来给予各种商品妥当的配置,以求得整体上有一个高利润的表现。

(二) 商品配置表的制作

1. 商品配置表制作前的准备工作

商品配置表的制作准备既是管理性工作又是技术性工作,商品配置表是对商品在货架上的分配,并以书面的形式画出来,在实际工作中,配置表的制作修改与调整大多由计算机来完成,特别是在对大型卖场的商品陈列设计时,由计算机制作的商品配置表更具有其优势。制作商品配置表的准备工作主要包括以下内容。

(1) 商品陈列货架的标准化。对于连锁经营企业的超级市场门店卖场,所使用的陈列货架应尽量标准化。使用标准统一的陈列货架,在对所有门店每一分类的商品进行配置与陈列管理时,不至于出现一个门店一种配置或一种陈列的现象,同时使分店开设的商品上架工作能够更容易、更科学合理。

各种业态模式的连锁经营企业门店应该使用符合各自业态的标准货架。如传统食品超市和标准食品超市使用的是小型平板货架(高度为 1.6m 左右),大型综合超市使用的是大型平板式货架(高度为 1.8~2.0m),仓储式商场使用的则是高达 6~8m 的仓储式货架,便利店使用的是高度仅 1.3m 的货架。货架标准化的一个世界性趋势是降低高度,以增加消费者的可视度和伸手可取度。货架标准化使业务部门制定、调整商品配置表的效率大大提高,而目前我国现实情况是多数超市还没有做到货架标准化,这是商品配置表难以推行的原因之一。

(2) 商品配置的确定。

① 制作出大类商品配置图。在制作过程中应由采购部会同门店人员共同讨论决定。

② 分配中分类商品的位置。采购人员将每一个中分类商品安置到各自归属的大类商品配置图中。确定各中分类商品所占的营业面积和占据陈列货架的数量。例如,膨化类食品要配置高 165cm、长 90cm、宽 35cm 的单面货架 3 座。

③ 单品项商品陈列量的确定。单品项商品陈列量应与订货单位结合考虑。从两个方面考虑确定:一是卖场与内仓存放量为日销售量的 1.5 倍,如一种商品平均日销售量是 20 个,则商品存量为 30 个;二是每一种商品的陈列量还需要与该商品的订货单位一起进行考虑。如一种商品的最低订货单位是 12 个,则陈列量设定在 18 个,该商品第一次进货为 2 个单位计 24 个,18 个上货架,6 个进内仓,当全部商品最后只剩下货架上的 6 个时,再进一个订货单位计 12 个,则商品可以全部上货架,而无须再放进内仓,做到内仓的零库存。我国的超级市场由于受交通条件和配送中心配送能力的制约,目前还做不到这一点。在一些交通发达的城市,其交通条件好,并且连锁公司配送能力强、配送效率高,这时就可以考虑大大压缩门店的内仓库存量,以提高商品的周转率。而对于那些由供应商将商品直接配送到门店的大型综合超市和仓储式商场,其单品项的商品陈列量就必须与向供应商订货的经济批量相配合。

(3) 单品项商品资料卡的设立。每一个单品项商品都要设立资料卡,如商品的品名、规格、尺寸、重量、包装材料、进价、售价、供货量等,这些资料对制作商品配置表是相当重要的。从这些资料中可以分析确定商品周转率的高低、商品毛利的高低,以及高单价高毛利的商品。

(4) 根据商品的陈列量和陈列面积确定相应的货架数量。商品的陈列量和陈列面积是与商圈调查相通的,如可适当加大畅销商品、常用商品的陈列面积。同时,根据每个商品包装的要求和外形尺寸来具体确定每层货架面板之间的间距、陈列商品的货架位置和商品数量以及其他配件的数量及位置。

(5) 商品的陈列位置与陈列排面的确定。决定单品项商品具体陈列位置和在货架上的排面数,这一工作必须遵循有关商品陈列的原则,运用好商品陈列的技术。如商品是配置在货架的上段、黄金段、中段还是下段等,还需要考虑到企业的采购能力、配送能力、供应商的合作以及自我形象塑造等诸多因素,只有这样,才能将商品配置好。例如,对当地适销品种的陈列位置,就应比较多地考虑这类商品当地消费者的购买习惯,一般采取在卖场显眼处进行专柜和专架式的陈列。除商品位置配置合理外,第一排的商品数目要适当。要根据每种商品销售个数来确定面朝顾客第一排商品的个数。一般来说,第一排的商品个数不宜过多,如果个数过多,一种商品所占用的陈列面积就会过大,相应地商品的陈列品种率就会下降,心理上也会使顾客产生商店在极力推销该商品的压力,造成顾客对该商品的销售抵抗,但促销商品则除外。

（6）配置商品实验架。商品配置表的制作必须要有一个实验阶段,采购部人员(许多超市公司已设置了专门负责此事的货架管理员)在制作商品配置表时,应先在实验货架上进行试验性的陈列,从排面上来观察商品的颜色、高低及容器的形状是否协调,是否具有对顾客的吸引力,缺少吸引力可进行调整,直至协调和满意为止。

（7）特殊商品使用特殊陈列工具。使用特殊的陈列工具可以改变商品配置和陈列的单调感,从而起到特殊商品特定的展示效果。如用促销车、铁篮、塑料篮、特制阶梯形架子、挂架、吊钩等。特殊商品主要指生鲜类商品,散装、冷冻食品等商品以及形状不规则、难以摆放整齐的商品等。

2. 商品配置表的制作

商品配置表是以一座货架为基础制作的,有一个货架就应有一张商品配置表。在制作商品配置表时,先做货架的实验配置,达到满意效果后再制作商品配置表。设计商品配置表格式时,要先确定货架的标准,再把商品的品名、规格、编码、排面数、售价等填在表格上。也有的是把商品的形状画到表格上,但这些必须借助于计算机来进行,这就对货架管理人员提出了更高的技术要求。

3. 商品配置表的制作要领

在制作商品配置表时,有些技巧必须掌握,做起工作来才会比较顺手容易。

（1）货架的规格尽量标准化。商品陈列的货架使用要尽量标准化。例如把标准尺寸定为长 90cm、高 165cm,那么每一分类的规划只要 2～3 种商品配置表就可以全部罗列管理,不会出现配制不统一的情形。

（2）商品卡的建立很重要。每一种商品要建立基本资料,如商品本身的尺寸、规格、重量、进价、卖价、成分、供货量、照片等,在规划时常会用到。

（3）设置实验架。在规划商品配置时,实验架的设置是必需的。在配置商品时,利用一座实验架,把商品的排面在货架上试验陈列,看看颜色、高低及容器形状是否很协调有魅力,不行可再调整至最理想的状况。

（4）变形规格商品的处理。厂商因促销的目的,往往将商品附上赠品包装在一起,产生尺寸的变化,此种商品在正常的货架中应尽量避免。对于变形的尺寸规格,若为畅销品,则可用大陈列或端架中陈列,将原来的陈列面缩小即可,例如原来为两个陈列面缩小为一个陈列面。

（5）商品棚架空间要留有适当空隙。要避免商品与棚板紧贴,顾客在拿取商品时不方便。规划时商品与棚板间应留有 3～5cm 的空隙。

（6）变化性陈列管理。所谓变化性商品配置,常见的有大陈列、端架陈列、突出陈列等。其常用来做特卖商品的陈列或某种活动的陈列,这些陈列时间大多只有 3～5 天。因此,无法给予一定的配置表,而只有在办活动时给予临时机动的配置管理。

（7）短期性商品的安排。有些商品只是在某些特殊的日子或特殊的季节才有,所以不可能给予其一个固定的配置。这些商品的安排,最好成立专位,利用多余的空间给予特殊的配置,时间一过就予以拆除。

（8）举办大型活动时的商品配置。卖场有时会举办大型的活动,如周年庆、食品展等。因活动的需要,必须变动现有的商品配置,最好是把原来的配置先录制下来,活动结束后,马上恢复到原来的商品配置。

（9）厂商缺货时的商品配置处理方案。缺货是卖场最忌讳的事情，应尽量避免。但有时缺货是不可避免的，例如，厂商因原料的短缺而导致货品衔接出现问题，这是超市难以控制的。对于这种情况，卖场要了解其是属于短期性的缺货还是长期性的缺货。若是短期性的缺货，则应将位置保留并以 POP 告知顾客，要多长时间才能补充；若是长期性的缺货，则要寻求其他商品，将配置补充。

（10）活性化措施商品配置。有时为了使卖场显得极为活泼有变化，要将商品配置的某些区段做变化性陈列，这种陈列时间最好不要太长，以 3～7 天为宜，以后即恢复原状。

表 7-2 为一个高 180cm、长 90cm、宽 45cm，5 层陈列面货架的商品配置表示例。

表 7-2　商品配置表

商品分类 No.：牙膏(1)	
货架 No.：18	制作人：王晓洁

180cm	心洁全效抗过敏牙膏 120g 6F　120009　3.5	田七珍珠亮白清凉薄荷牙膏 120g 8F　120010　5.2	蓝天六必治 95g 10F　120011　6.2

150cm	佳洁士全新三重炫白牙膏 90g 20F　120007　6.8	冷酸灵防蛀牙膏 120g 18F　120008　5.8

120cm	佳洁士盐白牙膏 90g 16F　120005　4.6	两面针中药固齿牙膏 120g 12F　120006　3.8

80cm	高露洁维 C 爽(清柠水晶)90g 12F　120003　4.5	纳爱斯儿童伢牙乐 65g 6F　120004　6.5

40cm	黑妹草本精华(薄荷香型)120g 14F　120001　21.6	中华健齿白牙膏 180g 18F　120002　18.0

商品代码	品名	规格/g	售价/元	单位	位置	排面	最小库存	最大库存	供应商
120001		120	21.6	袋	A1	14	3	8	美晨集团
120002		180	18	袋	A2	18	6	10	美晨集团
120003		90	4.5	盒	B1	12	20	60	广州高露洁公司
120004		65	6.5	盒	B2	6	12	30	浙江纳爱斯集团
120005		90	4.6	盒	C1	16	32	65	广州保洁公司
120006		120	3.8	盒	C2	12	36	80	美晨集团
120007		90	6.8	盒	D1	16	38	80	广州保洁公司
120008		120	5.8	盒	D2	12	34	75	重庆冷酸灵牙膏厂
120009		120	3.5	盒	E1	6	20	68	法国芭妍国际集团
120010		120	5.2	盒	E2	8	25	78	广西奥奇丽公司
120011		95	6.2	盒	E3	10	30	90	蓝天集团

注：1. 货架位置最下层为 A、二层为 B、三层为 C、四层为 D、最高层为 E。每一层从左到右，分别为 A1、A2、A3…B1、B2、B3…C1、C2、C3…

2. 排面是每个商品在货架上面向顾客陈列的第一排的数量，第一个为 1F，第二个为 2F，以此类推。

3. 最小库存以一日的销售量为安全库存量。

4. 最大库存是货架放满的陈列量。

4. 商品配置表的调整

商品的配置并不是永久不变的,必须根据市场和商品变化做调整。这种调整就是对原来的商品配置表进行修正。商品配置表的修正一般是固定一段时间来进行的,可以 1 个月、1 个季度修正 1 次,同时也要考虑到季节、时令、促销等因素作为修正商品配置表的依据,但是不宜随意进行修正。因为随意修正会出现商品配置凌乱和不易控制的现象。商品配置表的修正可按如下程序进行。

(1) 每月销售情况的分析。连锁经营企业门店必须每月对商品的销售情况进行统计分析,统计的目的是要找出哪些商品畅销、哪些商品滞销,配备 POS 系统的会很快统计出商品的销售情况,没有配备 POS 系统则要从商品的进货量和库存量中统计。

(2) 应季、应节商品的销售预测。商品的销售量并不是每天都一样的均匀一致,而是随季节、节假日情况发生很大变化,但这些变化也是基本可以预测的,例如,每逢周六、周日,商品销售会有一定比例的上升,称为周末效应;在节日前或节日期间,应节商品销售会呈现旺销现象,称为节日效应。周末效应和节日效应要求在制定商品配置表前,预测哪些商品要在节假日增加配置量,甚至对有周末效应的商品配置表需要按周末和平时分别制作两份。

(3) 滞销商品的淘汰。经销售统计可确定出滞销商品,但商品的滞销原因很多,可能是商品质量问题,也可能是销售淡季的影响、商品价格不当、商品陈列不好,更有可能是供应商的促销配合不好等。当清楚商品滞销的原因以后,要确定滞销的状况是否可能改善,如无法进行改善,就必须坚决淘汰,不能让滞销品占据货架而影响销售。

(4) 畅销商品的调整和新商品的导入。对畅销商品的调整,一是增加其陈列的排面;二是调整其位置及在货架上的段位。对由于淘汰滞销商品而空出的货架排面,应导入新商品,以保证货架陈列的充实量。

(5) 商品配置表的最后修正。在确定了滞销商品的淘汰、畅销商品的调整和新商品的导入之后,这些修正必须以新的商品配置表的制定来完成。新的商品配置表的下发(一般可以通过信息系统来传递),就是超市门店进行商品调整的依据。

📖 复习思考题

1. 商品陈列的功能、基本原则、工具有哪些?
2. 卖场商品陈列的基本方法有哪些?
3. 如何进行商品维护作业?
4. 什么是商品陈列图? 它有哪些作用?
5. 什么是商品配置表? 如何制作?
6. 假如你是店长,如何指挥员工进行商品陈列?

🗂 实训项目

1. 观察一家超市的洗化用品,分组分析并交流其采用的陈列方法。
2. 调查某超市商品陈列的现状与存在的问题,并撰写调查报告。

案例分析

胖东来的创意陈列

　　创意陈列为门店营造出了一种不一样的氛围。胖东来，作为一家非常注重品质的超市，不仅员工服务水准高，在商品陈列方面也是独具一格。下面一起看看胖东来商品陈列中那些小小的创意所带来的奇妙变化吧！

　　与其他品牌的门店相比，胖东来的门店中增加了许多场景式创意陈列。为什么要做创意陈列？创意陈列有什么作用？胖东来给出一个简单的回答：创意陈列对门店的作用首先是吸引眼球，其次对商品的销售也有推动作用；它是属于活化式陈列，能够有效刺激消费者产生冲动性购买。

　　随着生活水平的提高，消费者消费习惯也在不断改变。消费者购物动机逐渐从价格驱动转变为品质驱动和服务驱动。而门店服务和商品品质的背后一定要有一个重要的点来支撑，那就是活化和形象上的冲动，也就是我们所说的吸引眼球。

　　从这一角度来说，创意陈列就显得非常重要，因为商品吸引眼球的力度越高，消费者的购买欲望就强烈，一般好的创意陈列能够刺激消费者购买欲望的成功率可以达到30%～50%。

　　在胖东来的创意陈列中，小黑板发挥着重要作用，既可以介绍产品特色，又可以介绍产品挑选方法和使用方式，还可以教给消费者健康生活小贴士等。在罐装爆米花创意陈列中，小黑板和手机模型搭配使用，分工合作，小黑板介绍产品特点，手机模型直观展示产品包装创意，这样很容易抓住消费者的注意力（扫下面二维码查看小黑板和手机模型搭配彩图）。

　　创意陈列需要对顾客的年龄层次、消费习惯和消费需求等综合研究，包括不同的时间点所营造出的氛围都会对创意陈列的成效产生影响。创意陈列成功的前提是商品和环境等要协调起来，服务也必须要跟上。例如，在果汁创意陈列中，通过木质的车斗、鲜花营造出一种田园风格，体现了果汁的天然健康；而两瓶果汁的造型则更吸引年轻人的注意，从而激发年轻消费者的冲动型购买（扫下面二维码查看果汁创意陈列彩图）。

　　"作为一家精品超市，创意陈列的点缀能够提升门店形象，可以让高素质的顾客感到温馨，并更加融入这家超市。"胖东来相关人士这样评价创意陈列的作用。

小黑板和手机
模型搭配彩图

果汁创意
陈列彩图

【问题】

（1）创意陈列的优缺点有哪些？

（2）到连锁门店寻找创意陈列的实际应用，并对该应用进行分析。

项 目 八

连锁门店开发推广与开业准备

学习目标

【知识目标】

1. 了解门店开发推广的主要内容。

2. 了解门店开业前的各项准备工作。

3. 掌握连锁门店的推广策略。

4. 掌握开业庆典策划的实施方法与步骤。

【技能目标】

1. 能组织门店的开发与推广。

2. 能组织门店开业前的准备工作。

3. 会进行门店开业典礼的策划与实施。

【课程思政】

1. 坚持工匠精神,认识门店开发推广的严谨性和指导性。

2. 坚守一丝不苟的敬业精神,端正门店开发推广的重要意义。

案例导入

好又多西善桥店开业促销引发混乱

好又多购物中心西善桥店开业,这个面积达 3 000 多平方米的超市成为西善桥地区最大的超市。开业当天,超市推出不少限时特价商品,引来如潮的顾客。因秩序混乱怕酿成事故,昨天上午,超市方关起大门,分批迎客,才没引发严重后果。

开业促销引来如潮顾客

昨天近 11:00,该超市门口聚集着很多购物者,大门两侧的花篮被踩得东倒西歪,泥水里遍地是花。超市入口、出口处挤满了人,三四十名保安正在维持秩序。超市一楼通往二楼的电梯已经停运了,顾客们只好从电梯走上去。站在一旁的超市工作人员表示,电梯是超市主动关的,因为人太多了,怕出事。

超市内更是人头攒动,到处悬挂着"特价""每人限购一袋""限购一瓶"等促销广告。60 多岁的陈大妈被挤得满头大汗,她左手拎着一瓶食用油,右手则提着一大篮商品,气喘吁吁地说:"刚刚超市才开门,我在外面等了一个多小时才进来。先前,超市把大门都关了,外面的人根本进不来。人太多了，挤死了，我们这些上年纪的真是吃不消啊！还好，东西比外面的便宜些，还不算亏。"

在超市一楼收银处，等待结账的顾客排成了四五十米的长队。头发花白的李大爷焦急地说："我们好不容易买好了东西，现在已经等了半个多小时，可前面还有20多个人等着结账，唉，买东西就跟打仗似的，累死了！"

警察、城管赶来维持秩序

不少民警也赶来维持秩序。一位民警说，他们是西善桥派出所的，听说超市秩序混乱，派出所出动了30多名民警和保安到现场维持秩序。"现在秩序好多了，八九点的时候，超市内外全是人，走都走不动，万一要是发生什么事，后果不堪设想。"

在川流不息的顾客中，还有不少城管队员。一名负责人表示，他们是街道派来的，前一天他们就接到通知，要求他们在超市开业当天到现场维持秩序，"我们一共来了四五十个人呢，不过顾客太多了，八九点钟的时候，秩序很乱，超市大门关了两个多小时。"

据了解，8:00多，超市内已经挤满了顾客，但外面仍有大量顾客涌进来，为安全起见，超市决定关闭大门，先让部分顾客结账出门，再视情况分批放进顾客，"当时大门全关了，外面的人都堵在门口，太乱了。先放几个顾客出去，再放几个顾客进来，就这样，一直持续到了10:30，秩序稍微好一点了，超市大门才打开。"

店方：没料到顾客这么多

在拥挤的人流中，记者好不容易找到了超市一名姓章的店长。章店长一脸无奈地说："我们也没想到会有这么多人，7:00多时，顾客还很少，我们还在嘀咕人太少了呢，8:00多，人一下子多了起来，顾客不断地往里涌，工作人员根本控制不住。我们超市共出动了100多人维持秩序呢，还是没有用，只好把大门关起来，让顾客分批进来。"据了解，截至11:00，约有六七千名顾客涌入该超市购物。

章店长表示，开业之前，总部重申了秩序、安全问题，超市也做了准备，想不到短时间内顾客太多了，远超出了他们的预计，幸亏及时采取措施，才没有酿成事故。

区商贸局：不好处理

据了解，今年11月11日，针对重庆家乐福超市在促销活动中发生群众踩踏事件，国家商务部发出《关于进一步规范零售企业促销工作的紧急通知》，要求商业企业不组织容易造成交通拥堵、人身伤害、秩序混乱的限时限量促销，消除安全隐患。

在此情况下好又多超市搞促销活动是否和商务部的通知精神相违背？造成这种混乱局面是否会受到相应处罚？昨天下午，记者就此询问了雨花台区商贸局，有关人士说："好又多"超市在西善桥地区开业，我们都不知道，现在社会流通企业太多了，很多企业并没有到商贸部门备案。再说，市商贸局对于流通企业搞促销并没有明确的处理规定，我们不太好处理。

资料来源：顾元森. 南京：好又多西善桥店开业促销引发混乱［EB/OL］.［2007-12-29］. http://www.linkshop.com.cn/web/archives/2007/84313.shtml.

门店开发推广工作一般由连锁企业的营销企划部门配合门店开发筹备小组来进行，它比公司的其他企划工作难度要高，它类似于将门店作为一种新产品推广上市，所以推广人员必须掌握一定营销企划的相关知识和技能。有效的门店推广活动，是一个门店经营的良好开端。

任务一　实施连锁门店开发推广

对于发展中的连锁企业来说,开展有效的新闻宣传策略,为新店开张进行舆论造势预热,是非常有必要的。大多数正在扩张中的连锁企业,之前只是在某个城市具有较高的知名度,地域特征明显,这就为异地连锁扩张造成了一定难度,推广时就需要切实地解决这些问题,实现顺利开业的目标。

微课:连锁门店的
开发推广

一、门店开发推广的主要内容

1. 针对消费者的形象推广

由于消费者对即将开业的新门店不甚了解,因此,新开门店需要在消费者心中树立品牌意识,产生品牌效应。它要向商圈内的消费者传达一个全新的消费理念:该门店是该区域满足某种需求的最佳去处,同时通过新闻炒作,让门店名称深入人心,为树立美誉度做好铺垫。所以它必须注重前期宣传与形象塑造、中期宣传与市场炒作、后期宣传与推广强化的宣传力度及宣传频率的合理运用,宣传连贯性与统一性的充分保障,特别是前期宣传,必须一炮打响。

2. 针对供应商的招商推广

在宣传主题定位上,必须根据整体性、系统性的要求,体现招商总体效应。在宣传内容组织上,必须根据供应商对于想要建设门店的思考、疑虑、诉求、渴望,最大限度地表现门店的吸引力及竞争力,使其热点效应与亮点效应得以实现。在宣传媒体运用上,必须采用企业形象塑造效果好、宣传成本低、公众接受程度高的宣传媒体,从而保证达到经济、实效、超值的宣传效果。在宣传实施过程中,必须与招商工作亦步亦趋,通过招商手册、传单、互联网、报纸、电视、广播等,着重阐述经营定位、经营理念和经营模式,并对市场潜力予以肯定,对本项目招商政策进行必要的解释。

3. 针对员工的招募推广

通过门店形象的塑造来吸引员工的加盟,许多企业都会大力宣传招聘培训过程中的与众不同,体现企业的优势与特点,为招商以及在消费者心目中树立良好形象起到一定的促进作用。

二、新店媒体推广原则

1. 取信原则

宣传报道要实事求是、取信于受众,宣传策划不是目的而是手段,是要向受众提供最好的宣传报道,以使宣传报道更好地传达到目标受众。有一些百货公司喜欢用虚假数据夸大企业的实力,这样在前期宣传中固然能暂时地提高消费者对企业的认识,但是从长远来看,必将得不偿失。

2. 创新原则

报道策划的价值在于通过精心谋划、周密组织使报道取得不同凡响的传播效果,因此从选题策划到方案设计都要追求标新立异。在策划过程中,突破传统思维方式的创意、集思广益的智力碰撞、源源不断的创作灵感构成了策划的精彩内容,孕育出令人耳目一新的报道。

3. 变通原则

任何策划都是对未来行动的谋略和策划,媒体推广也是如此。策划者总是在报道客体发展变化的某一点上谋划,但客体的这种发展变化并不以人的意志为转移,随时都可能会出现策划者未曾预料到的新情况、新变动。因此,要把握传播的主动权,策划者就要善于审时度势、随时变通。策划报道时应尽可能对各种情况进行分析,使方案具有灵活性、应变性;在报道实施过程中,要紧密注视各方面情况的变化,随时对媒体推广方案做出修正和调整。

4. 可行原则

媒体推广的效果最终要在实践中得到检验,因此媒体推广方案必须具有可操作性,能够准确无误地指导新闻宣传活动,而不是纸上谈兵。在报道策划过程中,要注意对外部环境和内部条件进行分析论证,使每一步骤的设计都切合实际、能够扬长避短,具有可行性。

三、新店媒体推广步骤

一般将开业前媒体推广的时间安排为四个阶段,具体时间根据门店大小适当调整,中小型门店开业广告最好在开业前 1 个月开始实施,商圈范围较大的大型门店可在开业前 3 个月实施。下面以大型门店为例进行说明。

第一阶段:媒体推广导入阶段,开店前 85 天开始,时间为 1 个月以上,频率稍缓。

第二阶段:媒体推广发展阶段,开店前 55 天开始,时间约为 1 个月,频率正常。

第三阶段:媒体推广重点阶段,开店前 25 天左右,直至开店后 5 天,时间约为 1 个月,频率高。

第四阶段:媒体推广巩固阶段,开店后 5 天开始,时间为 1 个月,频率稍高。

作为新开张的门店,媒体推广可以围绕以下几个要点进行:商圈环境、筹备进度、经营定位、运营规划、形象、人才、服务、竞争、品牌、发展等内容。以上几个要点,按照周期来进行,根据各阶段适当安排,突显重点。

一般来说,在不同的阶段,媒体的选择要有所侧重,这样既不会花过多的广告费,又能使信息传播相对集中。推广前期主要采用报纸新闻、记者招待会、招商发布会来预热,到开业前 30 天,全面启动电视、报纸、电台三大主要媒体,将企业即将盛装开业的信息告诉消费者。考虑到媒体效果,开业广告一般适合选用路牌、入户传单等媒体,小范围、高密度地进行信息传播。路牌广告必须设置在商圈范围内,传单可直接送到居民家中。在开业前一个星期,全面启动报纸和电视广告,形成一个全方位宣传报道的态势。印制一定数量的宣传单,把门店的经营品种、开业时间以及开业期间的促销活动告诉消费者,与消费者进行面对面的宣传。如果情况允许,在城市主要干道悬挂横幅,在主要的十字路口悬挂氢气球,内容主要是与企业形象宣传和开业促销有关信息;开业当天邀请乐队演奏,演奏曲目要积极向上,具有较强的感染力,为开业助兴,吸引客源;将供货商的祝贺条幅悬挂半空,显示公司与供货商融洽、团结的关系;租赁一些汽车,并加以装饰,以新的、炫目的形象在市区主要街道来回穿行几天,同时在车上进行广播宣传,将开业信息和商店的概况传达给消费者等。

任务二　准备连锁门店开业

对于任何一家连锁企业来说,开新店都是一件值得庆贺的事情。然而,新店开业前的准备工作是一项系统工程,需要相关负责人潜心研究、认真计划并合理安排。好的开始是成功的一半,为赢得开门红,开业庆典的设计和安排工作十分关键。

一、开业前的准备工作

无论是哪一家连锁企业,开店的合理与否,都关系着这个店铺能否经营下去。随着零售业的发展,越来越多的企业提出了"终端为王"的概念,掌控终端成为企业家挂在嘴边的新名词。所以,在开业前必须认真准备各项工作,组织负责开业的精干队伍,进行周密有效的细致安排。开业前的准备工作如图 8-1 所示。

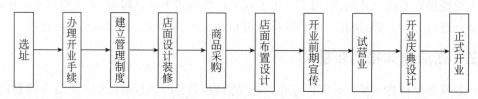

图 8-1　开业的主要流程

(一)选址

好的店址是成功的一半,店址的选择对开店的成功来说举足轻重,选址是一项长期投资,它关系着卖场发展的前途,当外部环境发生变化时,其经营因素可以随之进行调整,以适应外部环境的变化,而地址具有固定性、长期性的特点,一经确定就难以变化。因此,经营者在进行卖场的选址时,必须具有发展的眼光,不仅研究现状,还要正确地预测未来。因此,选址要步步谨慎,否则可能一步走错,全盘皆输。卖场的选址策略根据所经营的商品类别、卖场定位、经营理念等有所不同,同时,卖场地址选定后,店面装修、商品陈列、商品结构等都应根据地址的不同做相应调整。

1. 市场调研

在开业之前,应对所处的城市的商业现状、人均收入、消费习惯等进行调研分析,根据零售业发展趋势和本地情况,结合自身实力,提出自己要经营的门店定位初步构想。

2. 选择商圈

根据门店的初步定位,提出选址的筛选原则,选择商圈。如想要开一个便利店,宜选择在居民较多的地区(小区内也可),要求最大限度地靠近消费者;而如想要开一个灯具超市,则不宜距现有建材装饰商圈过远,以便分享该商圈聚集的人流。

3. 店址的分析与选择

寻找适宜开店的地址和店面,并做出比较,分析周边的交通、客流、竞争等情况,分析投资效益。另外,在选择的过程中,要分析该备选地址周边的市政建设情况,防止盲目开店造成损失,例如,有的店刚开业不久,即发现该店面临拆迁的尴尬境状。

4. 同店面所有者签订租赁合同

对符合筛选要求的店址,应通过对周边的租金和未来该区域的发展趋势,判断一个合理价格。同时,要详细调研该店址的所有者情况,有争议的房产存在较大风险,如果所开的店面积较大,还要考虑长期租用的可能性。

(二)办理开业所需的相关手续

门店经营者应派负责人到当地工商部门了解营业执照办理手续,了解需要准备的资料。办理个体工商户营业执照手续比较简单,而办理有限公司营业执照则手续比较多,到工商局咨询会得到详细指导。例如,江苏省常熟市办理个体工商户营业执照所需的手续有:开业申请书;个体工商户字号名称审批表(不取字号名称也可);无业证明(包括下岗、待岗、离退休人员等证明);身份证复印件(外地来常提供暂住证、身份证复印件);1寸照片1张;租房协议和产权证复印件;涉及前置审批行业需提供审批意见;到当地工商部门领取申请开业登记表格,共计8项。办理地点为当地的工商分局或工商所。

另外,办理完营业执照后,还需到当地卫生防疫站申请卫生许可证,到税务局申请税务登记证,到消费部门办理消防行政许可手续,还有刻章、办理组织机构代码、银行开户、购买发票等一系列手续要办理。

(三)建立基本管理制度和组织架构

开业前,应根据开店规模和定位等,拟定组织结构,并根据组织结构招聘选拔人员,拟定基本的管理制度。

1. 拟定组织架构

拟定组织结构应考虑公司的经营战略和经营策略,并对组织中的每一个岗位做出岗位说明、权责划分、职务规范等。

2. 招聘、甄选、录用人员

连锁企业通常会对门店的高层岗位人员进行配备,中层人员从其他门店的优秀员工中加以选拔,对门店而言,需招聘基层店员,如仓库保管员、理货员、收银员、采购员、内保人员等,可以通过当地人才市场或校园招聘的方式实现。

3. 制定门店运营管理制度

卖场管理制度可以分为两大类,一是基本层面的,如卫生、车辆、行政、考勤、薪酬、组织等制度;二是业务层面的,如采购管理、导购管理、订货管理、价格管理、样品管理、收银管理、店面形象管理、销售管理、客户管理、退换货管理、品类管理等制度。

4. 员工上岗培训

上岗培训可以增加员工的忠诚度和快速进入角色。员工培训也可分为两个方面:一是公司整体的培训,如人事制度、考勤制度、公司介绍等;二是岗位方面的培训,包括岗位职责、相关业务流程和要求、胜任岗位所需要的知识和技巧培训等。

（四）店面设计与装修

在洽谈好店面后,应立即着手店面设计与装修。好的设计与装修,既要符合店面定位和商品特色,又要使顾客容易注意到、方便进入和舒适购买。

在店面设计方面,包括店面布局设计、通道设计、色彩设计、灯光设计、通风与温度设计等方面,具体细节和设计注意事项请参考本书相关章节内容。

另外,在装修方面,门店负责人应同房东沟通,以免同房东发生纠纷,并保证装修安全性。同时,在装修过程中,要进行房屋辅助设施的维护与完善,包括水、电、消防、楼梯等,房屋辅助设施也可在签订租房协议时让房东负责;还应对店面周围的环境进行适当完善与修整,让顾客容易进出和有舒适的美感。

（五）商品采购

根据店面的定位和经营战略,开店人员应展开市场调查,筛选商品和供应商,并在谈判中争取获得适度有利的地位。在日本,连锁超级市场的经营者决定要在某一地区成立分店时,一定会请一位店长将他的家庭迁到这个区域,实际居住半年以上。其目的是要对该地区的消费对象有一个概括的认识,从而发现他们的消费需求,同时也可以了解区域内同业的商品结构概况以及竞争形势。这时候,这位店长就可以考虑公司的商品策略以及实际的地域情况,从而形成一种新的商品观念,最后再根据这个观念决定各部门的特征及商品的结构。

（六）店面布置和商品陈列设计

店面布置和商品陈列设计方案出台后,便需根据方案置备相应用品,如货架、办公用品、装饰用品等,然后随着商品的逐步到位,进行商品陈列。通过视觉来打动顾客的效果是非常显著的。商品陈列的优劣决定着顾客对店铺的第一印象,使卖场的整体看上去整齐、美观是卖场陈列的基本思想。陈列还要富于变化,富有层次感,陈列效果的好坏对商品的销售数量有很大影响。

（七）开业前期宣传

开业前应制定详细的开业方案,包括宣传方案、突发事件处理方案、预期效果、预计费用等。同时,在店面开业之前,集客与宣传工作就已经可以进行了,良好的前期集客宣传运作,会加强开业促销的效果,促使店面迅速进入良性运营状态。当然,宣传品要准备充分,包括各类开业海报、宣传单页等。

1. 广告公司的信息收集

广告公司的信息收集主要内容有媒体信息收集,包括媒体名称、费用、发行量、发行对象等;本地的目标客户群所喜爱的媒体调查,分析本地性价比高的广告形式;并同媒体联系好出场费用和报道方案;户外广告发布完毕。

2. 广告询价与制作发布

开业广告最好在开业前的两个星期左右开始实施,同时,广告的询价相当重要,店面相应负责人员应仔细调查和分析广告价格,最终获得一个较低价。询价可以通过直接和媒体联络、和代理公司联系、通过其他已经做过类似的广告客户了解信息等方式进行询价对比，选择合适的宣传媒体和宣传方案。其中，开业广告宣传内容应包括：告知顾客开业的准确时间和所处位置，以及开业期间有哪些酬宾活动等重要内容。

3. 公关宣传

店面开业前，还应和当地城管、交通部门建立初步关系，并和邻近的其他店面、企业客户等沟通，争取一个好的营业环境。同时，在开业前，还应对邻近的社区、机关、单位进行海报投递，建立初步的知名度和诱导客户购买。

（八）试营业

试营业可以看情况决定是否进行，一般来说，试营业时间不超过一周，主要是进行店面配套设施和相应业务流程、管理制度的检验，以便发现问题、及时调整。另外，试营业对员工来说，是一个熟悉流程和规范的过程，是一种实战培训，通过试营业可以提高员工在开业后的应对水平和工作效率。在试营业期间需注意下列问题。

首先，一切活动要按正式营业的要求加以约束，各岗位工作人员要各尽其责，并按照规范的作业流程进行操作，例如，员工必须要按规定的员工通道上下班，并穿着制服、佩戴证章等。

其次，在试营业期间的例会中，必须提高全体员工对试营业的认识，讲明注意事项，调动员工的工作热情和积极性。对于试营业中暴露出的问题要随时记录，并加以具体说明，以供参考。

最后，在试营业期间，各种设备都要启动，进行安全检查时不得走过场，而应逐项核查，特别是防火、防盗的检查更应认真、仔细。

（九）开业庆典

经过以上 8 个环节的辛苦工作，终于，店面要开业了，但是，真正的考验这才开始，开业初期的这一段时间，对店面的生存和发展起着至关重要的作用。因此，在各项工作准备妥当之后，应尽可能在开业时招徕更多的客户，通过多种促销手段渲染气氛，营造轰动效果。

二、门店开业庆典设计

待开业前期各项准备工作完备之后，门店将迎来隆重的开业庆典仪式。为树立良好的企业形象、突显开业庆典的热烈和喜庆，无论是哪个门店，都需精心准备开业庆典各项工作。

1. 请好嘉宾

嘉宾的构成及出席率是开业典礼是否成功的重要影响因素，为使仪式活动充分发挥其轰动及舆论的积极作用，在邀请嘉宾工作上必须精心选择对象，设计精美的请柬，尽量邀请知名度高的人士出席，制造新闻效应，政府领导、行政主管部门负责人、店铺领导、主要厂商领导、新闻单位领导及社区内各居委会的成员等都应成为被邀请的对象。请柬一般应在一周之前发出，如是名人需要提前预约。

2. 拟好程序

一般开业典礼的程序：宣布典礼开始、介绍到场来宾、致开幕词、欢迎词、来宾贺词、剪彩、进店。其中,需要确定致辞人员,并准备好简短的发言稿,剪彩人员也需要事先确定好。

3. 布置好现场

开业典礼一般在店前举行,现场的布置应包括下列内容:横幅、指示牌、胸牌或胸花、红地毯、背景墙、签到处、主席台或演讲台、花篮花门装饰、放万花筒、鞭炮、就餐、礼品等,门店应事先安排好工作人员。另外,对于剪彩、录像、播放背景音乐等方面的工作人员也要做好安排。

4. 店外气氛营造

使用玻璃贴,既能突出开业主题,又能体现视觉效果。在卖场门口使用拱门,但不能阻挡进店路线,可以起到宣传及吸引客流作用。在卖场门口略偏一点的地方搭建舞台,通过舞台表演吸引人气。在店面门口及附近社区悬挂横幅或条幅,可以宣传活动主题内容,诱发购买意向。在邻近街道、店头两侧穿插标旗,以及用 2 个或 4 个氢气球悬挂祝贺条幅升空,用于宣传企业形象、烘托现场气氛。在店面两侧摆放花篮,达到渲染开业气氛的目的等。

5. 店内气氛营造

首先,在进门处天花板、店内空旷天花板及主通道天花板等处悬挂标牌,可以引导顾客走向,营造氛围。但是需注意悬挂的标牌上下左右整齐、美观,不能遮拦灯体,相互之间间隔1m 左右等。

其次,在店外门柱、玻璃、大型广告板及店内通道附近等处粘贴促销海报,以便于详细介绍店内活动内容,方便顾客咨询了解。

最后,通过各种开业酬宾活动营造店内喜庆气氛。

例如,在店外视觉好的空旷位置或收银台附近放置幸运转盘,可以吸引消费者的好奇心。在门店外的促销台设置抽奖箱,进而激发消费者的购买欲。在特定产品展示摆放特价贴,达到突显主推产品,引起顾客注意的目的。结合活动海报布置产品堆头、礼品堆头等,从而渲染活动现场气氛、增加视觉冲击力。另外,还可安排礼品赠送、打折、有奖问答及表演活动等酬宾活动。

任务三　设计开业促销活动

一、开业促销准备

1. 促销企划方案准备

制订有效的开业促销方案前,必须对商圈范围内的具体情况进行详细的调研。调研的重点有商圈收入水平、商圈生活水平、消费者购买模式、竞争者促销动态等。在详细了解上述诸类因素的基础上就可以设计开业促销活动方案,这样可使促销方案的设计具有针对性和有效性,保证做到"一击必中"的效果。

2. 促销商品准备

连锁门店的大多数促销活动都可以使商品销量大幅度增加,而连锁店促销方法目前以商品特卖最具有效果,因此连锁门店销售业绩与供货商的配合有较高的依存关系。连锁门店事先应与供货商会谈,取得供货商的积极配合,要派专人与供货商就商品数量、质量、价格、供货时间等问题进行协商,并取得支持,保证及时、充足地供货。

3. 广告宣传准备

门店促销运用的促销媒体很多,要充分准备、及时发放。例如,最常用的媒体宣传单,印制特价商品目录,常配有彩色商品图形,放在卖场中效果极佳。宣传单在完稿前,应召集营业部、商品部有关人员确认促销商品的品种、价格等,才能发包印制。再如,POP 广告,为使手绘的 POP 广告统一、保证广告质量,可以统一广告大小,规范数字和字体。

4. 服务人员的岗前培训

门店的服务人员承担着上货、理货、介绍、引导、收银等工作,这些工作的质量如何将直接影响顾客对门店服务水平的感知。质量高,则会提高顾客满意度,进而使普通顾客向忠诚型顾客转变;反之,则会使门店失去顾客对其的支持。这一点对于刚刚开业的门店来说尤为重要,所以,一定要对新上岗的服务人员进行充分而有效的岗前培训,使其达到服务的高水平。

二、开业促销方案的实施

(一)开业促销内容

开业促销的内容主要包括明确促销的目的,选择有效的促销商品,选择合适的促销手段,选择有效的促销媒体。

对于刚刚开业的门店而言,促销的最大目的就是营造一种人气和商气,让顾客感知门店高质量的商品和服务,使其尽可能成为门店的常客。有效的促销活动同样离不开合适的促销商品,促销商品的选择一定要考虑商圈范围内顾客的消费习惯和重点关心的商品。一般而言,开业促销所选择的商品以消费者日常消费和关心的商品为主要促销对象。同样,有效的促销手段是促销取得良好效果的另一利器,打折、特价、买赠等都是消费者非常喜欢的促销手段,所以门店开业促销在选择促销手段的时候应根据商圈内消费者喜好而定。有效的促销媒体则是保证商圈内的顾客得知门店开业并开展优惠大促销的关键。传播媒体运用得好,则会使商圈内的顾客最大限度地得知信息。

(二)促销活动实施

1. 审理促销方案

在审理促销方案时,应对商圈内的竞争店、消费者、收入水平等情况进行评估,不可草率行事。促销部门为确认促销做法的有效性及获得有关部门的配合推动,应召开促销会议。邀请营业部、商品部相关人员与会讨论,对促销活动主题、时间、重点商品及品种、媒体选择与运用、供货商配合活动、竞争店促销活动分析等事项加以确认,以确保促销活动实施的成效。

2. 促销实施

作为开业促销这样重要的促销活动,要提前安排好电视或报纸广告,并保证准确地刊登出来。印制好的宣传单要在促销活动开始前3天准备好,以利于做好相应的准备工作。具体实施要求主要包括以下内容。

(1) 在开业促销活动前1天,将宣传单分发给商圈内居民,使他们了解促销信息。具体分发方法可以提前放在卖场,让开店顾客自取;也可以直接送住户信箱或放于路旁发放。

(2) 预估促销期间的商品促销量,及时订货以保证货物不断档,否则会挫伤顾客的购买积极性。

(3) 根据促销商品目录,及时在计算机中完成变价手续。卖场中的商品标签也要进行更改,避免发生错收货款的现象。

(4) 进行卖场促销环境的布置和促销商品的陈列,形成促销氛围,包括张贴海报、设置POP广告等,并把促销力度较大的商品置于主干道上,以吸引顾客注意。

(5) 要对活动效果进行预计,安排保安人员维持秩序和保证顾客的安全。

3. 促销过程的管理

开业促销活动需要对实施的整个流程进行监控和管理,需要门店相关管理者通过检查表来确保促销活动实施的质量,为顾客提供良好的服务及达成促销效果。促销活动的负责人对每一个步骤都必须进行认真而细致地检查和管理,稍有不慎就会影响促销活动的效果。

📖 复习思考题

1. 开业前的准备工作有哪些?
2. 门店开业庆典设计要做好哪些方面的工作?
3. 开业前推广的媒体选择有哪些?
4. 谈一谈开业前媒体推广的时间安排的几个阶段。
5. 新店媒体推广的原则有哪些?

📖 实训项目

为某一小型店铺撰写一份开业庆典方案。

🎀 案例分析

振江商厦盛大开业庆典策划方案

策划宗旨:隆重、大气、热烈、喜庆。

一、活动策划背景

2018年以来,随着信誉楼在泊头市零售业终端品牌运营的巨大成功,全市的百货流通业迅猛发展,大型商场、超市连锁、专卖店百花争艳般相继涌现,形成了以信誉楼为"旗舰",中小卖场各自争妍的局面。

作为以中高档时尚消费为定位、营业规模最大、经营模式新颖独特的振江商厦,以引领泊头商业理念创新和打造零售终端品牌为目标,自2019年立项、2020年动工兴建以来,备受泊头市民关注,知名度已经很高,人们对其开业翘首以待。它将以本市第一家面向中、高端市场消费群体,集购物、饮食、娱乐、休闲于一体的大型时尚商场形象推出,引领泊头商业行业从传统百货商场向现代百货零售业转变。

振江商厦大胆的市场定位、新颖的经营模式和管理理念的推出,在本市消费群体中尚未被普遍认知,振江的实力也有待进一步彰显,文化和品牌建设更需从零开始,这一切紧迫课题将考验振江的决策力和执行力。全市消费者也在疑惑中期待振江商厦的精彩亮相,企望它能以更加优越的服务惠及全市人民,能够成为泊头商业经营的新亮点。

二、开业庆典活动时间、地点

时间:2021 年 12 月 28 日

地点:泊头市裕华东路振江商厦

规模:主席台嘉宾 30 人左右,公司员工 300～400 人,顾客、群众不计

三、邀请嘉宾

嘉宾邀请,是开业庆典活动中极其重要的一环。为了使仪式活动充分发挥其轰动及舆论的积极作用,在邀请嘉宾工作上必须精心选择对象,设计精美的请柬,尽力邀请有知名度人士出席,制造新闻效应,提前发出邀请函(重要嘉宾应派专人亲自上门邀请或直接由公司老总出面邀请)。嘉宾邀请范围:

(1) 政府领导;

(2) 行政主管部门负责人,包括工商、税务、交通、公安、城建、消防等;

(3) 振江商厦主要领导人员;

(4) 同行业公司领导;

(5) 新闻单位领导和记者;

(6) 主要厂商、供应商代表;

(7) 市知名人士;

(8) 本市其他有影响力人士等。

四、广告宣传和新闻报道

开业庆典的目的之一是通过媒体广告、新闻报道、礼仪活动等形式对全市消费者作全面的立体式的宣传,把振江商厦良好的品牌形象树立于泊头广大市民眼前,创造出良好的宣传效应,为今后营造人气、经营发展写下精彩的一笔。

1. 广告内容

开业告示要写明事由,即振江商厦开业庆典仪式在何时何地举行,介绍有关振江商厦的建设规划、经营理念、服务宗旨。

2. 广告媒体安排

在前期造势宣传基础上,庆典仪式当天早上主要是现场广告宣传活动,如发放宣传单页、POP 摆放、海报张贴等。开业当天晚上主要是媒体广告和新闻报道,目的是让没有前来观看开业庆典仪式的市民了解振江商厦隆重开业的信息和盛大热闹的庆典场面。主要是泊头电视台和第二天的报纸。

五、会场布置

(1) 商厦门前搭建 6m×8m 主席台一座,东向,背景板为 3m(高)×8m(长),台上铺红

色地毯。

(2) 主席台前平行排放 3 个拱门,其中跨主席台放红色龙腾盛世(双龙)大拱门,上书会标 "振江商厦开业庆典仪式"红底黄字;另外两个最好为花拱门(或用花拱柱、灯笼柱+拱门)。

(3) 主席台两侧各摆放 8 个花篮(取意发! 发!),主席台上空悬放 6 个升空氢气球(取意六六大顺)。

(4) 商厦楼顶插彩旗、挂布标,商厦门前街道两侧(东西向)插五彩刀旗各 10 面。

(5) 主席台前、商厦门前留出燃放红鞭炮场地,并提前摆放好鞭炮 20 挂;街道上放大型花炮 6 个。

(6) 主席台对面为军乐队表演场地;最好再请当地一支锣鼓队,并在现场设两面大鼓。

(7) 在商场内过道上悬挂 POP 广告或吊旗;在出入口用彩色小球编扎成小型彩虹门,美化装点。

(8) 建议:为达到庆典活动的预期目的,建议在本次会场,围绕主席台四周将各大商家的品牌打出来,并在舞台的背景板上列出承办本次时尚发布活动的主要时装品牌的赞助商家名称等。

六、开业庆典仪式(议程,2021 年 12 月 28 日)

(一) 庆典仪式开始前

(1) 7:00 前,公司及相关工作人员到达现场完成准备工作,保安人员正式对现场进行安全保卫;公司礼仪小姐身披绶带发放宣传单,现场穿插播放轻音乐或欢快喜庆的歌曲。

(2) 7:30—8:20,邀请数名市歌手登台演唱,目的是烘托现场的气氛,为庆典活动造势,同时吸引过往群众停下来。歌曲主选《好日子》《好运来》《红红的日子》《欢天喜地》《恭喜发财》(男)等。

(3) 8:00—8:20 嘉宾和媒体签到,先到嘉宾由工作人员接引到休息室等候典礼开始,公司高层领导作陪接待。

(4) 8:25,司仪宣布庆典仪式开始,燃放鞭炮、花炮(约 5min)。

(二) 庆典仪式程序

(1) 8:30,典礼正式开始。播放迎宾典,军乐队演奏迎宾曲;礼仪小姐引领来宾走上主席台落座。(考虑方案:来宾佩戴胸花、胸牌,并派发礼品。)

(2) 升旗仪式。(升旗放在此处进行,目的是吸引人气、营造气氛。)

(3) 主持人(司仪)介绍贵宾,宣读祝贺单位贺电、贺信(鼓乐齐鸣)。(主持人的主持词,提前一天根据实际安排撰写。)

(4) 主持人:邀请市领导致辞。(掌声)

(5) 主持人:请厂商代表讲话。(掌声,讲话稿提前拟定。)

(6) 主持人:请来宾欣赏军乐队表演。

(7) 主持人:请振江商厦王总致辞。(掌声)

(8) 剪彩。主持人宣布剪彩人员名单,由礼仪小姐分别引导致嘉宾剪彩台。

(9) 主持人:宣布振华百货开业剪彩仪式开始,主礼嘉宾为开业仪式剪彩,鼓乐齐鸣,放飞小气球,楼顶抛洒五彩纸屑,将典礼推向高潮。

(10) 主持人:宣布振华百货开业仪式圆满结束。

(11) 振江商厦店门打开迎接顾客。

（三）活动建议

（1）"时尚生活"精品发布会。本环节将主要打破以往商场简单的开业庆典的剪彩模式。建议在剪彩环节完毕后，举办一场别开生面的"时尚生活"精品发布会，特邀青春靓丽的模特，穿着各种高贵的服装进行现场集中展示，并进一步宣传进驻该商场的著名品牌服饰及其他高档商品。在举办发布会时，建议将引入商场的各大型供应商邀请到场观看本次时尚发布活动。造成轰动和品牌效应以吸引更多市民前来观看。

（2）"现场寻宝大行动"（代替派发礼品的形式，此活动为参考）。在商场内设置几个活动区域，将活动所要用的商品分别摆列，将现场顾客分成几个小组，在活动开始后，分别进入活动区域，在规定的时间内（如 5min 内）找出价格约为规定金额（如 50 元）的商品，所选商品作为礼品送给参加活动的顾客。

（3）庆典当日的优惠购物活动内容待公司领导指示明确后再加入本方案。

七、开业庆典筹备安排

（一）前期准备工作

（1）12 月 5 日前，开业庆典方案由公司领导讨论通过，进入准备实施阶段。

（2）12 月 6—15 日，联系庆典活动所需外协人员，包括会场布置、军乐队、锣鼓队、歌唱演员、支持人（司仪）等。礼仪小姐开始培训（考虑商厦今后促销活动需要，建议开业庆典礼仪小姐由本公司选拔、培训）。主持人选：一女、一男。（说普通话，青春、时尚、能制造活跃气氛。）

（3）12 月 16—20 日，联系制作、采购所需物品。

（4）12 月 21—25 日，联系交通、城管等部门，申请举办开业庆典活动，并争取得到交通部门协助。

（5）12 月 22 日前，完成庆典仪式所需各种用品（印刷品、礼品及各种户外喷画、条幅广告、布标等）应完成制作、采购工作，并入库指定专人进行保管。

（6）12 月 25 日，开始发送请柬、回执，并在 3 日内完成回执的回收工作。

（7）12 月 26 日，公司专题会议，安排庆典活动具体事宜，检查各项准备工作落实情况。

（8）12 月 26、27 日，确定出席开业庆典仪式的嘉宾人数和名单。

（二）庆典活动物资筹办（粗略）

（1）车辆、请柬、饮水、礼品纪念品、文具、电源设备、宣传品，以及花牌、胸花、胸牌等。

（2）彩旗：60 面，0.75m×1.5m，绸面，内容是"振江商厦隆重开业"。路灯旗：16 对，0.45×1.5m，防雨布丝印。

（3）剪彩球 8 个；签到本 1 本、笔 1 套；绶带 10 条；椅子 200 张；胸花 200 个；胸牌 200 个；绿色植物 50 盆；盆花 20 盆。

（4）放飞小气球 2 000 个，材料是进口 PVC，布置在主会场上空，剪彩时放飞，使整个会场显得隆重祥和，更能增加开业庆典仪式现场气氛。

（5）花篮 16 个，五层中式，布置在主席台左右两侧，带有真诚祝贺词的花篮五彩缤纷，璀璨夺目，使庆典活动更激动人心。

（6）背景牌一块，材料是木板、有机玻璃字，内容待定。

（7）红色地毯。200m²，布置在主会场空地，突出主会场，增添喜庆气氛。

（8）主席台 1 座，材料是钢管、木板。音响 1 套（专业的）。充气龙拱门。以上必需的物品建议外包。

（三）庆典所需专业人员

（1）庆典司仪（主持人）。一男或一男一女，专业。

（2）礼仪小姐。10位，站在主席台两侧、签到处，礼仪小姐青春貌美，身披绶带，笑容可掬地迎接各位嘉宾并协助剪彩，是庆典场上一道靓丽的风景。

（3）军乐队、锣鼓队。30位，专业人员，站在主席台左侧。军乐队在迎宾时和仪式进行过程中，演奏各种迎宾曲和热烈的庆典乐曲，使典礼显得热闹非凡。悠扬动听的军乐声，余音绕梁，令每位来宾陶醉，难以忘怀，能有效地提高开业典礼仪式的宣传力度。

（四）开业典礼会场布置

（1）12月27日，上午完成所有条幅、彩旗、灯杆旗的安装工作；下午完成主席台基本搭建及背景牌安装，楼顶条幅、布标设置等工作；晚上完成签到处、指示牌、嘉宾座椅、音响的摆设布置，完成小气球的充气工作，有关人员检查已布置完成的物品。

（2）12月28日5:30—7:00，完成充气龙拱门、主席台前花篮等物品摆放工作。

（3）12月28日6:40前，全部工作人员到位，逐项检查开业典礼布置情况，查找遗漏和安全隐患。公司主要领导对全部环境布置情况进行全面检查、验收。至此全部准备工作完毕。

八、后勤保障工作

在具体的操作过程中，本次活动将有大量的后勤保障工作，需要受到足够的重视，后勤保障工作的好坏将直接影响本次活动的成败。

（1）现场卫生清理。配备5名清洁工，定时对活动现场进行清扫，确保活动现场的整洁。

（2）活动经费安排。对活动所需的经费应指定专人专项进行管理，确保活动得以顺利实施。

（3）活动工作报告。定期举行联席工作会议，通报各项准备工作的进展情况。

（4）活动当天安全保卫及应急措施。配备10名保安员对活动现场进行全面的监控。对典礼现场出现的突发事件准备应急预案，包括交通堵塞、突然发病、打架斗殴、拥挤踩踏、设施突然损坏或倒塌，以及小偷行窃等。预案要求：专人专车负责，迅速处理，妥善解决，避免引起不必要的麻烦，影响典礼正常进行。

（5）交通秩序。振江商厦门前街道交通秩序维持与疏导，应提前与交警队联系，请其派人协助维持；典礼活动现场周边交通秩序，由公司保安人员专门负责，路边不得停放任何机动车辆，自行车、电动车、摩托等由专人负责指定停放，嘉宾汽车指定停放位置（商厦后面院内）。

（6）消防。主要是商厦楼内，配置灭火器，保安员加强巡查。

（7）医疗。活动现场设置一个医疗预防点，配备2名医护人员。

（8）电工、音响。主会场配备专业电工一名，预备发电机一台，检测维护用电，配备专业音响师一名，保证典礼正常讲话播音。

（9）对嘉宾的迎送和招待由专人负责，纪念品发放由专人负责。

九、细节处理（注意事项）

（1）所有工作人员在开业当天活动中，无论遇到什么情况，都要保持说话和气、用语文明,尊重消费者。

（2）开门迎接顾客时,保安人员必须在商厦门口做好疏导工作,以防发生拥挤踩踏事故。

（3）考虑届时气温较低,庆典仪式应控制在30～40min;仪式开始前的垫场节目也不宜过长。

（4）如果天气变化,如下雪、刮大风等,考虑一套备选方案。

（5）本策划案如从典礼仪式档次考虑,前期准备工作复杂、变数大,应提前进入准备阶段。

资料来源:http://blog.sina.com.cn/huidacehua.

【问题】

（1）案例中的开业庆典活动的组织具体进行了哪些工作?

（2）开业庆典活动实施过程中,门店是否对开业中容易出现的问题进行相应的准备?请说明理由。

参 考 文 献

[1] 曹富莲,李学荟. 连锁门店开发与设计[M]. 大连:大连理工大学出版社,2010.

[2] 曹静. 连锁店开发与设计[M]. 上海:立信会计出版社,2012.

[3] 李卫华. 连锁店铺开发与设计[M]. 北京:电子工业出版社,2010.

[4] 李卫华,李轻舟,王菱. 连锁企业门店开发与设计[M]. 北京:中国人民大学出版社,2012.

[5] 周文. 连锁超市经营管理师操作实务手册:店铺开发篇[M]. 长沙:湖南科学技术出版社,2003.

[6] 王忆南. 连锁门店营运管理[M]. 北京:中国人民大学出版社,2010.

[7] 葛春凤. 连锁企业门店开发与营运管理[M]. 北京:中国财政经济出版社,2008.

[8] 王吉方. 连锁企业门店开发与设计[M]. 北京:科学出版社,2008.

[9] 张晔清. 连锁企业门店运营与管理[M]. 上海:立信会计出版社,2007.

[10] 祝文欣. 卖场策划[M]. 北京:中国发展出版社,2008.

[11] 付玮琼,杨晓雷. 商场超市布局与商品陈列技巧[M]. 北京:化学工业出版社,2008.

[12] 赵越春. 连锁经营管理概论[M]. 2版. 北京:科学出版社,2011.

[13] 姜登武. 连锁超市经营管理[M]. 北京:科学出版社,2008.

[14] 李先国,曹献存. 客户服务实务[M]. 2版. 北京:清华大学出版社,2011.

[15] 范征,石兆. 连锁企业门店运营管理[M]. 北京:电子工业出版社,2007.

[16] 刘宇. 理货管理实务[M]. 北京:电子工业出版社,2007.

[17] 胡钢. 现代超市、连锁店、特许店国际标准化运营通用管理与成功案例典范[M]. 北京:新华出版社,2003.

[18] 胡占友. 现代商场超市管理工具箱[M]. 北京:机械工业出版社,2007.

[19] 赵涛. 连锁店经营管理[M]. 北京:北京工业大学出版社,2006.

[20] 王吉方. 连锁经营管理教程[M]. 北京:中国经济出版社,2005.